拝み屋念珠怪談　奈落の女

郷内心瞳

角川ホラー文庫
23267

奈落へ下りて——

❖もくじ❖

奈落へ至る道

二〇一九年一月下旬、深夜零時半過ぎ。

宮城県中北部に位置する寂れた田舎町。月明かりの下、酷寒の北風に凍《い》てつく山の影。その山麓《さんろく》、冬枯れの樹々が鬱然《うつぜん》と生い茂る片端にひっそりと立つ、古びた小さな一軒家。

独りで過ごすようになってそろそろ一年が経とうとする、寒々しくも愛《いと》しき住み処《か》。

自宅の奥座敷に祭壇を構えた八畳敷きの簡素な仕事場に、私はいた。

座卓の上に並べた大学ノートの外容を、突き刺すような鋭い視線で見つめている。

ノートの表紙に手書きで記されたタイトルは「取材レポート」。

タイトルの末尾にアラビア数字で番号が振られた物が、全部で十二冊並んでいる。

一週間ほど前、都内へ出張相談に出かけた際、かつての相談客だった裕木真希乃《ゆうきまきの》から譲り受けた物である。

彼女が「取材」したのは、いわゆる「怪談実話」と呼ばれるものだった。

かつて不可思議な事象に見舞われ、奇怪な現象を体験したという人物から人物へ――。

先に話を聞き得た相手から新たな語り手を紹介してもらい、取材の線をつなげていく。

裕木の怪談蒐集《しゅうしゅう》は、斯様《かよう》に極めて特異なスタイルをもっておこなわれていった。

その結果、およそ三年半にわたる歳月をかけ、二百話にも及ぶ生々しい怪異の記録が、ノートの中にまとめあげられた。

初めはその凄《すさ》まじい成果に感服し、彼女の功績を素直な気持ちで称賛した。

完成までに要した労力といい、途切れることなく取材が続いていった運の強さといい、誰もが完遂せしめる芸当ではなかったからだ。掛け値なしに見事なものだと思った。

だが、五冊目のノートを読み終えた今は違う。

感嘆は戦慄《せんりつ》に掏《す》り替わり、裕木に対する称賛は、彼女の身を案じる疑懼《ぎく》へと豹変《ひょうへん》した。強い恐怖と不安に背筋はしんと凍りつき、歯の根は幽《かす》かに震えている。

裕木が長い時間と執念を費やした果てに編みあげたのは、ただの怪談集ではなかった。ノートを読み進める過程で薄々感じてはいたのだが、今は確信に変わっている。

彼女の取材記録には、特異な取材方式が霞《かす》んでしまうほどに異様な点がふたつあった。

まずはひとつめ。

前半五冊を読むだけでも、同一人物と思われる者が複数人、体験者が語る怪異の中にたびたび現れては消えるを繰り返していた。

話の背景になる時代も状況も全て異なり、話中で氏名が明示されない場合もあるため、ややもすると気づかなかった可能性もあるのだが、幸か不幸か、私は見過ごさなかった。

少なくとも三人、おそらくは互いになんの接点もない取材対象の口からもたらされた六つの話の中に、それぞれ怪異の中心となって顔を現す人物たちがいる。

ただの偶然などとは思えなかった。それぞれに勃発《ぼっぱつ》した怪異の異様さ、凄まじさから推し量っても、なんらかの意味があって裕木の許《もと》に集まって来たとしか思えない。

得体の知れない三人の謎めいた人物たちは、残り七冊となった取材レポートの中でも再び顔を現すだろうと私は確信している。今のところ、その顔出しが意図するところは不明ながら、続けてノートを読み進めていくうちに、あるいは全てを読み終えたのちに、事の真相が分かるだろうという予感も強く抱いている。

けれども一方、その確信と予感こそが、私の心胆を寒からしめる元凶にもなっていた。

取材記録の中に見つかったふたつめの異様な事実が、恐れにさらなる拍車を掛けている。

先ほど読み終えた五冊目のノート。克明な筆致で掉尾《とうび》を飾ったのは桐島加奈江《きりしまかなえ》という、この世ならざる少女にまつわる話だった。

体験者は柳原鏡香《やなぎはらきょうか》。都内西部の田舎町に暮らす四十代の霊能師である。

加奈江は私も知っていた。なぜなら彼女を創りあげたのは、私自身だからである。

加奈江は、タルパという存在だった。人の心が生みなす、いわば人工的な幽霊とでも言うべきものか。彼女は私が学生時代、無意識のうちに創造した空想上の産物だった。

私と鏡香の間に面識はない。彼女の存在自体も裕木のノートで初めて知った。

加奈江と私にまつわる複雑怪奇な因縁譚《たん》は、過去の著作で何度か紹介したことがある。

だから鏡香の体験談を読み進めるさなか、初めのうちは私が綴《つづ》った体験談に感化されて、こんな話をでっちあげたのではないかと思った節がある。

けれども流れが途中に至る頃には、そうした認識を改めざるを得なくなってしまった。鏡香の語った話には、拙著にも記されていない、加奈江に関する未発表の情報までもがあけすけに含まれていたからである。

無論、それは裕木も決して知り得ぬ情報である。鏡香が語り、裕木がノートに記した加奈江にまつわる新たな物語は、ふたりの捏造《ねつぞう》や妄想などにあらず、紛れもない真実と思うよりなかった。

これは一体、何を意味するものなのか。考えた時、脳裏を真っ先に掠《かす》めていったのは、「もはや他人事《ひとごと》ではない」という危機感だった。

元々、裕木に怪談集めを勧めたのは私自身である。なんの気もない軽はずみな提案で、進言したことさえ忘れていたのだけれど、私のひと言さえなければ「取材レポート」がこの世に生まれることはなかったと思う。そうした意味で顧みるなら、元より他人事で済まされる話でないのは自明の理である。

だが、よもやこんな形で取材の成果が顕現されるなどとは、夢にも思っていなかった。

不意打ちを食らった分、その衝撃は相当なものだった。

かてて加えて、件《くだん》の不審極まりない人物たちの存在である。

私と関わりの深い加奈江が取材記録に登場したことによって一転、この三人に対する警戒心が急激に高まった。現時点で加奈江とこれらの人物との間に接点は見られないが、今後を読み進めていくうちにどうなるかまでは分からないからである。

もしも点が線で結ばれることがあれば、その時は何か、我が身にとてつもない災厄が降りかかることになるだろう。そんな予感が切々と思い募って、理性は慄《おのの》き震えている。仮にそれが勃発した時、私にどんな対処ができるのか。自信は微塵《みじん》も抱けなかった。

昨年の早春、グルーヴ膵炎《すいえん》という特殊な病気を患っていることが分かった。同じ頃、妻の真弓《まゆみ》も重い病に倒れ、すでに一年近くも住まいを別に暮らしている。さらには昨年十一月からは、それまで当たり前のごとく有していた、この世ならざる者たちの姿を視たり、声や気配を感じたりする力もほとんど薄れてしまっている。おまけに身体に強い負担の掛かる魔祓《まばら》いや憑《つ》き物落としの儀式も、執り行うと背中にひどい痛みが生じるため、今は原則的に禁じ手としている。他にも自身が作る御札や御守りになんの力も宿らなくなるなど、ここしばらくの間で私の容態は健康問題も含め、ますます思わしくないものになっていた。

こうしたさなかに大きな災禍へ身を投じれば、果たしてどのような結末になるだろう。考えるまでもなく脳裏に浮かんでくるのは、胃の腑《ふ》が寒くなるような光景ばかりである。立ち向かうことはおろか、関わることさえ無謀であると、理性のうえでは分かっている。

だが、それでも私は六冊目のノートに取り掛かろうとしている。できれば朝が来るまで一瀉千里《いっしゃせんり》に、全てのノートを読みきるつもりである。

理由は加奈江だった。私と加奈江にまつわる物語は、未《いま》だ終わることなく続いている。それも彼女にとって、最悪の形で。

姿が視えなくなって久しいけれど、加奈江は今も私のすぐそばにいるような気がする。以前とはすっかり変わり果てた姿になって、それでも私を静かにずっと見守っている。

鏡香の話に加奈江が出てきたことで、私は希望を抱いた。全てのノートを読みきれば、あるいは彼女を元の姿に戻して、今度こそ綺麗《きれい》に決着をつけられるのではないかと。

昨年病気が発覚して以来、身体は日に日に弱っていく一方だったが、ぎりぎりの線でどうにか私が生きていられるのは、ひとえに加奈江の庇護《ひご》によるところが大きかった。斯様な現況にあって正気を保っていられるのも、彼女がそばにいてくれたからである。

そんな加奈江を救うことが私の生きる目的にもなり、この一年近く必死に手掛かりを探し求めていたのだ。拝み屋を辞めなかった理由もそこにある。

ゆえにようやく見つけた曙光《しょこう》の兆しに、私は背を向けることなどできなかった。たとえ一筋でも光が見えるのならば、それが漆黒の奈落《ならく》で幽かにちらつく光だろうと、私はこの身を投じねばならない。悪い予感と強い恐怖に激しく胸をざわめかせながらも、気持ちは少しも揺らぐことはなかった。

南無三。

おそらくはここから行き着く果てに、希望と絶望の両方が我が目に見えることだろう。

再び覚悟を決めると、私は六冊目のノートを静かに開いて読み始めた。

呼び水【対面取材　二〇一六年十一月十二日　土曜日】

取材レポートの六冊目、いちばん最初の語り手は、紗代子《さよこ》さんという名の女性である。彼女は柳原鏡香の古くからの知人なのだという。鏡香が現在暮らしている都内西部の住まいを紹介したのも、彼女とのことだった。

取材場所は、新宿《しんじゅく》駅の南口にある喫茶店。鏡香を取材した際にも利用した店である。

「怪談集め。それも人から人への紹介を繋《つな》いで、集めていっているんですよね？」

週末の昼下がり、周囲の方々からざわざわと賑《にぎ》やかな話し声が飛び交う店内。

ふたり掛けの小さなテーブル席の向こうから、紗代子さんが裕木に尋ねてきた。

顔には親しげな笑みが浮かんでいるが、幽かに当惑したような色も滲《にじ》んでいる。

「ええ。不精な性格なので、なんとなくこういう集め方を思いついただけなんですけど、ありがたいことにご縁が続いて、もうそろそろ一年半になります」

彼女の顔に浮かぶ奇妙な色も、およそ無理からぬ道理だろう。答えながら裕木は思う。

酔狂な趣味だと感じているのか、それとも変わった奴だと思われているのだろうか？

どちらも自覚しているつもりだけれど、少なくとも「変わっている」という意味では、自分よりも目の前に座る彼女のほうが、「変わった」ネタを持っているはずだった。

「さっそくで恐縮なのですが、お話を聞かせていただけますか？」

笑みを浮かべて水を向けると、紗代子さんは「では」とうなずき、語り始めた。

昭和五十年代の終わり頃、紗代子さんが高校時代の話であるという。

夏休みに彼女の自宅へ、仲のよい友人たちが五人ほど、泊まりに来ることになった。

当時、紗代子さんが暮らしていた家は、都内西部に位置する田舎町の一軒家だった。

築五十年余りの古い屋敷で、家は紗代子さんの父親で七代目になる。

敷地は広く、母屋の裏手に面した場所には、古びた大きな土蔵もあった。

明治時代に建てられた物らしく、小さな民家に匹敵する規模を誇っていたのだけれど、電気は通っておらず、母屋からの距離も少し離れているため、使い勝手はよくなかった。

だから父の代になって、庭にもうひとつ新しい物置が備えられると、古い土蔵は中の荷物をあらかた処分され、以後はほとんど使われることがなくなってしまった。

お泊まり会の当日、日暮れ時に夕涼みがてら、友人たちと庭を散歩していた時だった。

友人のひとりが件の土蔵に興味を示し、「あそこで怖い話をしない？」と言いだした。

中には嫌がる友人もいたけれど、紗代子さんはまんざら嫌いなほうではなかったので、これに応じることにした。

夕飯を食べ終え、庭先で花火を楽しんだ夜の八時過ぎ、蠟燭《ろうそく》を刺した燭台《しょくだい》に懐中電灯、茣蓙《ござ》などを持参して古びた土蔵の扉を開ける。

夏の盛りのことだし、中はさぞかし蒸し暑いだろうと思っていたのだけれど、予想に反して空気はひんやりと冷たかった。夜の闇にどす黒く染まった内部の暗さも相俟《あいま》って、背筋が少しぞくりとする。

雑多な荷物が取り払われてがらんとなった土蔵のまんなかに茣蓙を敷き、蠟燭に灯《とも》る薄明かりを囲んで、さっそく怪談語りが始まった。

紗代子さんを始め、自分自身が奇怪な体験をした者はいなかったので、話題は身内や知り合いなどから聞いた霊体験だとか、テレビや本で知った怖い話などが大半となった。暗闇の土蔵で始まった怪談は雰囲気満点で、弥《いや》が上にも怖さが増して盛りあがった。

みんなで楽しい悲鳴をあげながら、二時間近く話を続けていった頃である。

紗代子さんたちが座る頭上から、ふいに「ぱきり」と乾いた音が聞こえてきた。

びくりとなって顔をあげると、天井にまっすぐ通る太い棟木《むなぎ》の上から、何やら白くて長いものがふたつ、ぶらりと垂れさがっているのが見えた。

脚だった。

女の物とおぼしき、細みを帯びて生白い色をした脚が二本、棟木の上に腰掛ける形で横並びにだらりとぶらさがり、暗闇の中に淡い輪郭を浮かびあがらせている。

友人のひとりがすかさず懐中電灯を手に取り、棟木に向けて光を翳《かざ》すと、二本の脚はますます輪郭をくっきりと際立たせた。脚は幻や錯覚などではなく、紛れもなく棟木の上から垂れているのが分かる。

だが、棟木のすぐ上には天井板がある。棟木との間隔は僅《わず》か数十センチほどしかない。とても生身の人間が腰掛けられるような高さはないはずだった。

現に棟木からぶらさがる脚の上から先は何も見えなかった。ただ生白い脚だけが二本、頭上の暗闇から大蛇のごとく、長々と垂れさがっている。

直感的に「お化けだ」と思い、思ったとたんに背筋がぞわりとそそけ立った。

誰かが「ぎゃっ！」と悲鳴をあげるなり、紗代子さんを含む他の全員も叫び声をあげ、土蔵の外へ一目散に飛びだした。

母屋に駆け戻り、両親に事情を説明したのだが、ふたりとも呆《あき》れた顔をするばかりでまともに取り合ってはくれなかった。

それでもしつこく訴え続けると父が重い腰をあげ、渋々土蔵の様子を見に行った。

びくびくしながら帰りを待つ。

ほどなくして、父が涼しい顔で戻ってきた。怪しいことなど何もなかったという。

棟木のほうもしっかり確認したのか尋ねたのだけれど、懐中電灯を翳して見あげても、「脚などぶらさがっていなかった」と言う。

大方、怖い話に神経が昂《たかぶ》り、幻でも見たのだろうと苦笑して、父は話を打ち切った。

なんとも釈然としない気持ちだったが、これ以上は抗弁する術《すべ》もない。

仕方なく友人たちと自室へ戻り、床の支度を始めた。

ところが、その日の夜更け過ぎのことである。

ぐっすり寝入っているところを凄《すさ》まじい悲鳴で起こされた。

声は母のものだった。ぎょっとして飛び起き、部屋を出てみると、薄暗い廊下の床に母が真っ青な顔をして尻餅《しりもち》をついている。

「お化けを見たの！」と母は言った。

つい今しがたのことだという。

トイレへ行こうと寝室を抜けだし、廊下を歩いていたところ、まっすぐ延びる通路のどん詰まりに、真っ白い人影が突っ立っているのが見えた。

手足の細い華奢《きゃしゃ》な身体つきに加え、胸部がぷくりと膨らんでいるため、どうやら女。それも裸の女らしいのだけれど、顔には目も鼻も口もなかった。

髪さえ生えておらず、首の上に大きな卵が載っているような印象である。

こちらが竦《すく》みあがってその場に硬直したのと入れ替わるようにして、それは床の上を滑るような動きで一直線に向かってきた。堪《たま》らず母の口から悲鳴があがる。

そのさなか、それはあっというまに母の眼前まで迫り、のっぺりとした生白い顔面が視界一面を埋め尽くした瞬間、忽然《こつぜん》と姿を消してしまったという。

母の悲鳴を聞きつけ、父も寝室から起きてきた。

事情を聞かされ、初めのうちは半信半疑の様子だったが、歯の根も嚙《か》み合わないほど怯《おび》えきっている母の様子を見るにつれ、しだいに顔つきが強張《こわば》っていった。

紗代子さんたちが土蔵で見た脚の件も含め、一晩の間に二度もこんなことが起きると、いよいよもって只事《ただごと》ではないような予感を覚えた。

　怪異の原因も人影の正体についてもまったくもって分からなかったが、もしかしたら今後も何か怪しいことが起こるのではないか。

　そんな予感を抱いてしまい、ぞわぞわとした言い知れぬ不安に駆られた。


　それから数日後、望まぬ予感は的中してしまう。

　夕暮れ時、友人宅へ遊びに出ていた紗代子さんが自宅へ帰って来ると、家の玄関口に輪郭をぼんやりと曇らせた、白い人影が立っているのが見えた。

　形がもやついているため、仔細《しさい》は判別できなかったが、手足の細い華奢な身体つきは先日、母が夜中に廊下で見たという白い人影の特徴と一致した。胸元もぷくりと膨らみ、顔には目も鼻も口もない。

　呆気《あっけ》に取られて目を瞠《みは》っているうちに、人影は華奢な輪郭をさらに細め、線香の煙を思わせるか細い筋となってふっと消えた。

　時間にして十秒ほどの出来事だった。

　慄《おのの》きながらも玄関戸を開け、中の様子を探ってみたが、それの姿は見当たらなかった。台所にいた母に事情を話しても、家の中では特に変わったことはなかったという。

　だが、ふたりでひどく不穏な気分にはさせられた。

紗代子さんが玄関口で白い人影を見てから、さらに一週間近く過ぎた頃のことである。

今度は紗代子さんの父が、怪異に見舞われた。

週末の夜更け近く、居間で独り、テレビを観ながら寝酒を呑《の》んでいた時だった。

テレビの前に横たわってビールを呷《あお》っていると、ふいに背中の産毛が逆立った。

少し離れた背後では扇風機が首を振って動いている。少し肌寒くなってきたかと思い、風の力を弱めようと肩越しに背後へ顔を向ける。

振り向いたすぐ目の前には、生白い色をしたのっぺらぼうの顔があった。

のっぺらぼうは畳の上に両手を突き、前のめりになって父の顔を覗《のぞ》きこんでいる。

卵のようにつるりとした顔面からは判別がつかないが、ほっそりとした身体の線から推し量って、どうやら女であるらしい。

父が悲鳴をあげると、女とおぼしき顔のない異形は、頭上から降り注ぐ蛍光灯の光に溶けるがごとく、じわじわと姿を薄めて消えてしまった。

悲鳴に目覚めた紗代子さんと母が居間へ駆けつけると、父は畳の上に四肢を大の字に投げだし、昏倒《こんとう》していた。幸い、すぐに意識は戻ったものの、次の日から父は四日ほど、原因不明の高熱を発して悶《もだ》えながら床に臥《ふ》せった。

療養中、父は顔のない女の夢に何度もうなされたという。少し前に紗代子さんの話を笑っていたのが嘘のように、父は得体の知れない異形の影に怯えるようになった。

一連の事象を遡《さかのぼ》って考えてみると、顔のない女が家族の前に現れるようになったのは、紗代子さんが土蔵で怪談話をした晩からのことである。

怪異の発生になんらかの原因があるとするなら、土蔵がいちばん疑わしかった。

父曰《いわ》く、先代の頃から特にこれと言って因縁めいた話を聞いた覚えはないのだけれど、こちらが気づかぬうちに良からぬものが棲《す》みついたという可能性もある。神主を招いて、お祓《はら》いをしてもらおうという話になった。

紗代子さんの家に地元の神主が参じたのは、父の熱が引いてまもなくのことである。

老齢の神主はさっそく土蔵へ赴き、がらがらになった内部の中央付近に祭壇を設《しつら》えた。

「何か感じますか？」という母の質問に明確な答えはなかったが、皺《しわ》だらけの顔に滲《にじ》む重苦しい気《け》ぶりから、多くを語らずとも不吉な予感をありありと覚えた。

組みあがった祭壇を前に神主が立ち、そのうしろに紗代子さん親子が並ぶ。

神主が祝詞《のりと》を奏上し始め、祭壇に向かって両手に持った大幣《おおぬさ》を振り始めた時だった。

だしぬけに頭上で「ぼん！」と大きな音が轟《とどろ》いた。

反射的に顔をあげると、棟木のまんなか辺りの中空で埃《ほこり》が盛大に舞っている。

さらに視線を凝らしたところ、頭上に位置する棟木の縁から、何やら黒ずんだものが僅かにはみだしているのが見えた。質感からして、古びた木材のように思える。

父が梯子《はしご》を持ってきて、恐る恐る上へと上っていく。

梯子を上りきって棟木の上へ視線を向けるなり、父は「うおっ！」と叫び声をあげた。

つられて紗代子さんと母も悲鳴をあげる。

とんでもないものがあったという。

父が血相を変え、小脇に何かを抱えておりてくる。

それは全体が黒々と湿って半ば朽ちかけた、長方形の木箱だった。

大きさは工具箱と同じくらい。蓋《ふた》の上には黒い筆字で縦書きされた判読不能な文字と、角型の朱印が押された紙が貼られている。一見して御札と分かる拵《こしら》えである。

御札は波形の荒い線を描いて、上からジグザグに裂けていた。

同じく箱の四方の側面、蓋と本体の間にも御札とおぼしき小さな紙が貼られていたが、こちらも蓋と本体の溝に沿って、全て真っ二つに裂けている。

箱は棟木の上に置かれていたという。下へおろすのに閉め直したのだけれど、本当は斜めに蓋が開いた状態で置かれていたと父は語る。

再び蓋を開いた箱の中には、人の形をした真っ白い物体が収められていた。

頭部に毛髪はなく、顔も目鼻口のないのっぺらぼうである。

一方、胸元には大きな膨らみがふたつあり、華奢な身体の線と相俟《あいま》って女性を模した人形であることが分かる。

材質は粘土だろうか。つきたての餅《もち》を思わせる人形の表面は湿気をたっぷり吸いこみ、しっとりとした質感を帯びている。

木箱のほうはすっかり傷んで今にも壊れそうだというのに、中に収まっている人形は、小さな染みのひとつも見受けられないほど、異様な真新しさを保っていた。

加えて人形の拵えはどう見ても、紗代子さんたちが目撃した顔のない女の異形の姿に酷似していた。一目したとたん、肌身がぞっと凍りついてしまう。

「これは一体なんなのか？」という父の問いに神主は初め、「分からない」と答えた。だが一拍置いて「正体までは分からないが、悪いものには間違いない」と続けた。

木箱に貼られているのは、災いを封じる札ではないかという。

果たしてどんな事情があって、棟木の上に木箱が安置されていたのかは分からないし、中に収められている人形が、何を意味するものなのかも分からない。

それでも湿り気を帯びた真っ白い身からは、寒気がするほどの禍々《まがまが》しさが感じられる。

このままにしておいてよいものではないと、神主は言った。

とはいえ、この場でどうこうできる代物でもなさそうなので、人形は神主が引き取り、責任をもって処分するということになった。

箱が棟木の上にいつ頃から置かれていたのかも定かでなかったが、朽ち具合からしてかなりの長い年月が経っているのは明白だった。

自家の土蔵にこんな薄気味の悪い人形が存在していたことにも驚かされてしまったが、それにも増して、どうしてこんなものが今頃になって突然荒ぶり、自分たちの前へ姿を現したのだろうという疑問も湧いた。

紗代子さんが尋ねると、神主は「怪を語れば怪至る、という事ではないか」と答えた。

確証はないと前置きをしながらも、紗代子さんたちが土蔵で怪談語りを催したことが一種の呼び水となり、棟木の上に封じられていた魔性が目覚めたのではないかという。

前置きの通り、確かにそれを裏付けるものはなかったけれど、一連の流れを鑑《かんが》みれば辻褄《つじつま》は合うので、再び背筋が寒くなった。

父の証言が本当ならば、木箱は斜めに蓋が開いていたのだという。先日、友人たちと怪談語りをしていた折、頭上で「ばきり！」と乾いた音が聞こえてきたことを思いだす。あれは、箱の蓋が開いた音だったのではないかと紗代子さんは思った。

木箱の四方の側面に貼られた御札は多分、内側から蓋を突きあげられて破られたのだ。箱の中に横たわる、得体の知れない人形の手によって。

小さく真っ白な両手で御札に封印された木蓋を突きあげる人形の姿が脳裏に浮かぶと、ますます背筋が凍え、総身が竦《すく》みあがってしまったという。

述懐と忠告【対面取材　二〇一六年十一月十二日　土曜日】

「それ以来、この手の話を好んで語ることはなくなりました。まさに怪を語れば怪至る。あんな嫌なことはもう、二度と起きてほしくないなって思って」

俯《うつむ》き加減の面貌《めんぼう》に萎《しお》れた笑みを浮かべながら、紗代子さんが話を結んだ。

「怪談って、基本的に他人事《ひとごと》だから、怖いながらも安心して楽しめるんだと思うんです。でもそういう怖いことがもし、自分の身にも降りかかってきたとしたらどうですか？」

「まあ……そんなことになったら、単なる娯楽とは思えなくなってしまうでしょうね」

裕木が答えると、紗代子さんは「本当にそういうものですよ」とうなずいた。

「裕木さんは怪談集めをしているなかで、何か怖い思いをしたことはないんですか？」

ふいにだされた質問に少々面食らい、それから記憶をたどってみる。

まもなく脳裏に浮かんできたのは、緋色《ひいろ》のワンピースを纏《まと》った、異様な女の姿だった。

半年ほど前、今年の五月半ば過ぎのことである。

取材で平塚《ひらつか》へ出向いた帰り道、夕闇迫る電車の中で裕木は、対面の並列シートに座る綺麗《きれい》な女性に目を奪われた。艶《つや》やかな黒髪をまっすぐ伸ばした若い女性で、裕木は初め、彼女を十代半ばくらいの少女と誤認した。

小ぶりな面に並ぶ大きくつぶらな双眸《そうぼう》と、目蓋《まぶた》の上辺りで緩やかに切り揃えた前髪の様子が、彼女の顔に無邪気で初々しい印象を与えていた。

さらには彼女の身なりが、濃紺色のジャケットにプリーツスカートだったというのも、誤認へさらに拍車をかけた。ジャケットから覗く白いブラウスと、胸元に結ばれた黒いリボンの様子も相俟って、学生服のように見えてしまったのである。

だがつぶさに様子を検《あらた》めてみたところ、まもなく勘違いだったことに気づく。

確かに彼女は見た目こそ若々しく、その後も年齢不詳の感は否めなかったのだけれど、少なくとも成人であることに間違いはなかった。二十代の中頃ではないかと思い直すも確信は持てず、つかのま視線を釘付《くぎづ》けにされてしまう。

するとこちらの視線に気がついたのか、彼女もこちらにすっと面を向けてきた。

「やばい」と思い、すかさず目を伏せようとした時である。

今度は「あれ？」と思い、視線が途中で止まってしまう。

止まった視線の先には、向かい側に座る女性の脛《すね》と黒いパンプスが見えている。

そのすぐ隣に、生白い色みを湛《たた》えた裸足《はだし》の足首が二本並んでいるのが見えた。

即座に不審に感じて首を傾げる。こちらが視線を伏せようとする直前まで、向かいに座る彼女の隣にこんな足などなかったはずなのに。

しかも相手は裸足である。絶対におかしいと思い、裸足の足から視線をあげて見ると、座席に座る女性の隣に、見覚えのない女が突っ立っていた。

髪型はシートに座る女性と同じく、黒くてまっすぐな長髪である。ただ、前髪は顔の両脇にさらりと流して、艶《なま》めかしい色を浮かべた細い面が露《あらわ》になっている。

女は濃い緋色に染まった、長袖《ながそで》のワンピースを纏《まと》っていた。

女の背後に広がる車窓の向こうでは、紅蓮《ぐれん》の赤に色づく夕焼け空が煌々《こうこう》と輝いていて、車内に差しこむ夕陽が緋色の生地をさらに赤々と、血のような色へと染めあげている。

年頃もおそらく、シートに座る女性と同じくらいではないかと思った。

顔の造りもどことなく似ていたので、あるいは姉妹なのかもしれない。

ただ、おしなべて儚《はかな》い色を滲ませ、弱々しげな顔つきをしているシートの女性に対し、こちらの女性の顔つきは鋭く、いかにも近寄り難い雰囲気を醸していた。

切れ長の瞳《ひとみ》は、目蓋が僅《わず》かにさがって鋭く細まり、睨《にら》みつけるような眼差《まなざ》しで車内の宙に向けられている。まるで、静かな怒りに燻《くす》っているかのような顔つきである。

女は冷たく固い電車の床に足の裏をべたりと貼《つ》りつかせ、吊り革に摑《つか》まることもなく、両腕をだらりと身体の脇にぶらさげ、女性の傍らに屹立《きつりつ》していた。

「絶対その場にいなかったはずなのに、気づくと目の前にいたんですよね……」

「話の流れからお伺いすると、それは生身の女の人ではなかったんですよね？」

当時の状況を振り返りつつ、裕木が感想を述べると、即座に紗代子さんが尋ねてきた。

「まあ、結果としてはそうだったみたいです。でもちょっと変な話かもしれませんけど、わたしが本当に怖いと感じたのは、こっちの女のほうじゃなかったんですよね」

確かに緋色の女の存在は、異様だった。

こちらが視線をおろしかけた一瞬の隙を突くようにして、いきなり姿を現していたし、険しい形相や車内に裸足で屹立する姿も含めると、この世の者とは思えなかった。

だがその一方、裕木の目に映る女の姿は明瞭《めいりょう》で、生白い肌の色みや、服の生地の質感、果ては櫛《くし》の歯のように連なった睫毛《まつげ》の微細な様子までも視認することができる。

それに加えて、周囲の雰囲気も気になった。車内は比較的閑散としていたのだけれど、他の乗客らの視線をうかがっても、誰も女のことを気にする様子は見られなかった。

果たして女は、生身の人間なのか。それともこの世ならざる存在なのか。

真相をはっきりさせたくて、裕木は再び女へ向かって視線を戻した。

すると、女もこちらにゆるりと首を振り向け、針を刺すような目で睨みつけてきた。

ぎょっとなって身が強張《こわば》り、すかさず視線を逸《そ》らそうとする。

だがその刹那《せつな》、女の視線の他にもうひとつ、そのすぐそばでこちらをじっと見つめる大きな目玉があることに気がついた。

反射的に視線を向けると、シートに座る綺麗な女性が、裕木を見つめて微笑んでいた。

それは幼い少女が子猫に向けるような、天真爛漫《らんまん》であどけない笑みだったのだけれど、裕木は彼女と目が合った瞬間、冷や水を浴びせられたようにぞっとした。

笑いかけられたのではなく、人の顔をした大きな蛇に視線を射貫《いぬ》かれたような心地に陥ったからである。

「あとはもう駄目でした。理由は自分でもよく分からないんですけど、とにかく彼女の笑顔というか視線が恐ろしくて、すぐにぱっと目を伏せたんです」

降車駅に到着するまで裕木は自分の膝元《ひざもと》に目を伏せ続けていたのだけれど、その間も対面に座る女性の黒いパンプスと裸足の足は、ずっと見え続けていた。

ところが電車が降車駅に停まって席から立ちあがると、緋色のワンピースを着た女は再び一瞬で姿を消し、眼前にいるのはシートに座る女性だけになっていた。

今度こそ間違いない。決してありえないことが起きたと確信し、膝《ひざ》が笑った。

裕木は彼女と目を合わせぬよう、脱兎《だっと》のごとく電車を飛びだし、その場を逃げだした。

「わたしの幻覚でなければ、消えた女のほうはお化けの類《たぐい》じゃないかと思うんですけど、もうひとりの彼女は生身の人だったと思います。ふたりは一体、何者だったんだろう」

当時の情景を振り返りながら、ひとりごちるように所感をこぼす。

「過ぎたことだし、知らなくてもいいんじゃないですか？　寧《むし》ろ知らないでいたほうがいいことだって、世の中にはあると思いますよ。特にそういう気味の悪い出来事は」

寸秒間を置き、ぼそりとした声音で紗代子さんが言った。

「そういうものですかね」と裕木が答えると、彼女はさらに言葉を続けた。

「実はさっきの人形の話、まだ続きがあるんですよ。聞きたいですか？」

予期せぬ問いかけに少々面食らいはしたものの、裕木がすかさず「はい」と答えると、紗代子さんは小さくため息を漏らし、やおら話の続きを語り始めた。

土蔵で見つかった人形を神主に引き取ってもらい、二週間ほど過ぎた頃のことだった。

その神主が、変死体となって発見された。

遺体は、神社の近所の川に架かる橋の欄干に全裸の状態で首を括《くく》り、川面《かわも》に向かって身体がぶらさがる形になっていた。

遺書は発見されず、自殺に至る動機も不明だったという。

神主の変死からひと月近く経った頃、今度は彼の妻と娘、年老いた母親が亡くなった。

夜中に自宅が全焼し、焼け跡から三人の遺体があがった。

遺体は互いに折り重なった状態で、焼け崩れた居間から見つかった。いずれの遺体も灯油を被《かぶ》った形跡があることから、火災の原因は一家心中と断定された。

近隣の噂によれば、神主の死を苦にしたものと語られたが、真相は不明である。

ただ、家が焼けた同じ夜に紗代子さんは奇妙な夢を見ている。

夢の舞台は轟々《ごうごう》と燃え盛る家の中。件《くだん》の白いのっぺらぼうが、畳の上でのたうち回る神主の家族とおぼしき三人の女性たちを見おろしながら、四肢を滅茶苦茶《めちゃ》に振り乱して踊っている。紗代子さんの目には歓喜の舞のように映る、凄《すさ》まじく異様な踊りだった。

尋常ではない光景にぞっとして、紗代子さんは悲鳴をあげて目を覚ました。

起きると戸外からサイレンの音が聞こえていたという。

「その後は少なくとも、わたしの知る限りでは、身辺で怪しいことは起こっていません。例の人形があの後、どうなったのかは知らないし、神主さん一家が変死した件と人形にどんな関連性があるのかも分かりませんけど、仮にどんな理由があるにしてもわたしはこれ以上、この件に関して何も知りたいとは思いませんでした」

「だって怖いから……」と言葉を切ったあと、紗代子さんは「なんだか知ってしまうと、もっと悪いことが起こりそうな予感がして」と付け加えた。

「繰り返しになりますけど、世の中には知らなくてもいいことってあると思うんですね。それに加えて、知らないほうがいいことだってあると思います。例えばこういう世界に関する話とか。裕木さんが見かけた女の人たちだって多分、深く関わらないほうがいい存在なんですよ。話を聞いていると、なんだかそんな感じがしました」

「そうですか。まあ、そうかもしれませんね。ありがとうございます」

そこはかとなく物憂げな面持ちで語る彼女の言葉は、おそらく本心なのだろうけれど、裕木はあまりぴんとこなかった。

仮に怪異についての真相や深層を知ったからといって、それそのものが災いとなって我が身に直接降りかかってくるものだろうか？　振り返ればすでに一年半近くも人から怖い話を聞き集めているが、今までのところ特にこれといって、怪異が原因とおぼしき災禍に見舞われたことはない。怪異を取材する立場としてはむしろ、その背後に更なる〝奥〟があるならば、全てを知って記録したいという気持ちのほうが強かった。

「余計なことかもしれませんけど鏡香、あなたのことを少し心配しているみたいですよ。だからわたしに人形の話をしてほしいって、頼んできたのかもしれません」

果たしてこちらの心中を気取ったものか、柔和な声音で紗代子さんが言葉をこぼした。

「誤解のないように説明しておくと、こういう取材をしていることを非難しているとか、やめたほうがいいとか、そういうことは言ってなかった。でも鏡香ね、あなたのことをわたしに話している時、笑いながらもなんだかずっと、心配そうな顔をしていましたよ。付き合いが長いから分かるんです。あなたの今後の無事を気にかけているみたい」

微笑を浮かべて紗代子さんが言う。

「怪談の取材、一生懸命されているんだなってことは、今日の取材でよく分かりました。すごく聞き上手で話しやすかったです。わたしも心当たりがあるから、掛け合ってみて了解が取れ次第、次の取材相手を紹介させてもらいますね」

「ありがとうございます。わたしも貴重なお話を聞かせていただいて感謝しています」

「取材を続けるなかで万が一、何かあったら遠慮なく連絡してって鏡香が言ってました。わたしもぜひ、そうしてほしいと思っています。これからも変わらずお元気で」

紗代子さんの忠言と激励を最後に、この日の取材は終わった。

どちらも気持ちの籠《こも》った親切な声掛けだったのは理解できたけれど、それでも裕木は、なぜにここまで自分が心配されているのかいまいち実感が湧かず、釈然としない思いを抱えながら家路をたどることになった。

取材ノートの初期から前半までの内容に、裕木自身の所感や心の機微を陳ずる記述はほとんど見受けらない。しかし、ノートが五冊目の終盤に至る頃から怪談取材の記録に混じって、彼女自身が当時感じた様々な感想や印象などを表す描写が増えていく。形式的な記述が主体で、ドライな印象の強い取材記録の雰囲気を打開するためなのか、それとも何がしかの心境の変化があってのことなのか。動機は不明ながらこの後に続く取材記録の中にも裕木の所感は散見され、その数も目に見えて多くなっていった。

裕木の取材記録に基づき、著者である私が再筆した本書では、そんな彼女が取材中に思い抱いてノートへ書き留めた心情も、できるだけ正確に再現するよう努めている。

また、プライバシー等の問題を考慮して、取材相手を始めとする、登場人物の名前は原則的に仮名表記とした。話中に登場する地名や公共施設の名称については開示しても支障のない範囲までの表記に止《とど》めている。

その他、公序良俗に反する話題や、あからさまな差別を意図する表現などが話の中に登場する箇所については、私の判断で適宜修正、ないしは削除をおこなっている。

ただし、話の大筋そのものについて大きな手を加えたものは一切ない。

これは都内を中心に、およそ三年半をかけて蒐集《しゅうしゅう》された、臨場感と生々しさに溢《あふ》れる〝生きた怪異〟の記録、その後半である。

あれは誰？【対面取材　二〇一六年十一月二十日　日曜日】

紗代子さんへの取材からほどなくして、約束どおり今度は彼女から、賀川《かがわ》さんという勤め先の同僚を紹介してもらうことができた。

取材場所は前回と同じく、新宿区内の喫茶店である。


昭和五十年代の終わり頃、賀川さんが小学二年生の時の話だという。

一学期の終わり頃、プール開きがされてまもなくの頃、体育の授業でプールに入った。担任の若い女性教諭の指示に従って、授業時間の前半は主に泳ぎと素潜りの練習をし、後半はみんなで石取りゲームをすることになった。

ルールは至って単純。担任がプールのまんなか辺りに手のひら大の小石を放り投げる。そこへ五、六人ほどのグループになった児童たちがプールへ飛びこみ、誰が最初に石を拾えるかを競い合うというものである。

児童たちは、担任が放り投げた石を勝ち取るべく、我先にと水の中へ飛びこんでいく。他の児童たちはプールサイドに並んで座り、声援をあげつつその様子を見守る。

ゲームが始まり、賀川さんたちのグループの番になった時のことである。

石はちょうど、プールのまんなか辺りに没していた。石の投下地点まで大急ぎで泳ぎ、他のメンバーたちとほとんど同時に水中へ潜る。

勝負は僅差《きんさ》だったが、賀川さんが見事に石を掴《つか》んで拾いあげた。水の中から顔をだし、石を掲げてガッツポーズをとると、プールサイドの同級生たちから歓声があがった。

ところが声はすぐにやみ、代わりに不審そうな声音がざわざわと聞こえ始めてくる。

耳を澄ますと、「あれ、誰だよ？」と言っている声が聞き取れた。プールに向かって指を差している子たちもいる。

指の示すほうへ向かって振り向くと、プールの端の辺りに誰かがいた。

女の子だった。

女の子は水面に首から上だけを突きだし、虚《うつ》ろな表情で賀川さんの顔を見つめている。

年頃は自分と同じぐらいに思えたが、見たことのない娘だった。

賀川さんも不審に思うと同時に、なぜだか背筋がすっと冷たくなって、震えが生じた。とたんに女の子は賀川さんの顔をじっと見つめたまま、水の中へとっぷりと頭を沈めた。

あとはそれっきりだったという。彼女の頭が再び水面にあがってくることはなかった。プールの中を隈《くま》なく探し回ってみても、水中に女の子の姿は見つからなかった。

プールではだいぶ以前、低学年の女子児童が授業中に溺死《できし》しているらしいのだけれど、この時賀川さんたちが目撃した女の子が、その娘であったかどうかは確証がないという。

顔ずらり【対面取材　二〇一六年十一月二十三日　水曜日】

賀川さんからは、中堀《なかぼり》さんという会社の先輩を紹介してもらった。

賀川さんの取材から三日後、勤労感謝の日にアポをとり、喫茶店で取材をおこなった。

大学時代の夏、中堀さんが仲のよい友人たちと三人で、九十九里浜《くじゅうくりはま》の小さなホテルへ泊まりに出かけた時の話だという。

予約した三人部屋にはベッドがなく、クローゼットの中に入っている布団のセットを、フローリングの床上に直接敷くようになっていた。

電話も冷蔵庫もない殺風景な部屋だったのだけれど、三人で布団を並べて眠る分には申し分のない広さである。

おまけに宿泊料金は、近隣のホテルよりも段違いに安かった。

雨風が凌《しの》げれば文句なしということで、ありがたく一夜を過ごすことにする。

早々と布団を川の字に敷き並べ、真夜中近くまで酒盛りをして眠りに就いた。

中堀さんが異変を感じて目覚めたのは、それから二時間近くが過ぎた頃のことだった。

得体の知れない寝苦しさに襲われ、何度も布団の中で寝返りを繰り返しているうちに、ぱっと目が開いてしまった。

視界の先には、細く開いたクローゼットの引き戸が見える。

眠る前には、きちんと閉まっていたはずなのに……。

訝《いぶか》りながら寝ぼけ眼を上のほうへ向けてくと、真っ白な顔をした女たちと目が合った。

女たちは、細く開いた引き戸の真っ暗な隙間から縦に四つ、顔を重ねてずらりと並び、どろんとした眼差《まなざ》しでこちらを見おろしている。

悲鳴をあげて飛びあがると、引き戸が音もたてずにぴたりと閉まった。

恐ろしかったが、反射的にがらりと引き戸を開け直す。

黒々と滲《にじ》んだクローゼットの中には、ハンガーフックが数本ぶらさがっているだけで、あとは蛻《もぬけ》の殻である。女たちの姿は見当たらない。

改めて「とんでもないものを見てしまった……」と思い、がたがた震え始めたところ、背後から「……絶対いたよな？」と声をかけられた。

振り返ると、他の友人たちも布団から半身を起こし、顔じゅうに脂汗を浮かべている。

聞けばふたりも、クローゼットの中から覗《のぞ》く女たちの顔を見たのだという。

つかのま、フロントに行って抗議しようかとも考えたのだけれど、結局やめた。

もしかしたら、部屋に纏《まつ》わる妙な曰《いわ》くを知ってしまうことになるかもしれなかったし、下手に話がこじれて夜中に外へ放りだされるのも怖かったのだという。

中堀さんたちは抗議の代わりに、電気をつけた部屋の中でまんじりともせず耐え忍び、夜明けと同時に急いでホテルをあとにしたそうである。

深山《みやま》の顔【電話取材　二〇一六年十一月二十三日　水曜日】

　自身の体験談を語り終えた中堀さんに、裕木は「怖いですね」と率直な感想を述べた。すると中堀さんは、少し思案気な面持ちになって一拍置いたあと、「でも個人的には、もっと怖いと感じる〝顔の話〟があるんですよ」と答えた。

　彼の両親が、若い時分に見舞われた怪異とのことだった。

「聞きたいですか？」と尋ねられ、即座に「ええ」と答えを返す。

　裕木の返答に中堀さんは、その場ですぐに彼の母へ連絡をとってくれた。電話に出た中堀さんの母・喜久美《きくみ》さんは快く取材に応じ、電話で話を聞かせてくれた。

　喜久美さんが二十代前半、昭和四十年代半ば頃に体験した話だという。

　秋口の週末に、当時結婚前だった夫・義則《よしのり》さんの運転で、日光《にっこう》へドライブに出かけた。

　朝一番で都内を出発し、日中は東照宮《とうしょうぐう》や中禅寺湖《ちゅうぜんじこ》など、現地の観光名所を巡り歩いた。

　日暮れ近くに温泉に浸《つ》かり、帰途に就いたのは、夜の九時過ぎのことである。

　車は初め、順調に走りだしたのだけれど、一時間ほど経った辺りからハンドルを握る義則さんの顔つきが怪しくなってきた。どうやら道に迷ったらしいという。

　車はどこともも知れない山道を走っていた。行きには分け入らなかった山中である。

周囲は木立ちが連なるばかりで人家や店舗のたぐいは見当たらない。車通りも皆無で、街灯もろくにない真っ暗な道を走るのは、自分たちの車だけだった。

喜久美さんは「一度引き返してみたら？」と提案したのだけれど、義則さんのほうは「方角は間違っていない」と言って譲らなかった。道なりに進んで行きさえしていれば、そのうち都内へ通じる道へ出られるだろうと言う。

だが、それからまもなくして、道を進むことさえできなくなってしまった。

山中の細い道筋を何度も曲がっているうちに、おそらく脇道に入ってしまったのだと思う。道筋がさらに狭くなってきたなと思うさなかに路面の舗装は消えて砂利道と化し、やがて車は、目の前に草むらが生い茂る山道のどん詰まりに行き着いた。

Uターンしようとしたものの、道幅が狭すぎて無理だった。低速でバックも試みたが、道は微妙にくねっていてハンドル操作が難しく、少し加減を間違えると車体が草むらの中に突っこんでしまいそうだった。まもなく断念してしまう。

今のように携帯電話などなかった時代の話である。手軽に助けを呼ぶ手段もなかった。どうしようかと話し合ってまもなく、義則さんが「途中で電話ボックスを見かけた」と言いだした。先刻、山中に延びる道路脇の待避所に立っているのを見かけたのだという。喜久美さんも朧《おぼろ》げながら、目にしたような気がする。

現状で救援を呼べる唯一の手段ではありそうだったのだけれど、電話ボックスまでの距離はかなり遠く、徒歩で一時間はかかりそうだった。

それでも背に腹は代えられず、車載の懐中電灯を義則さんが手に取り、ふたり並んで真っ暗な山道を歩き始めた。

だが、奥深い山中を染めあげる闇は、こちらの想像以上にどす黒く、懐中電灯の放つ脆弱《ぜいじゃく》な光では、足元を微《かす》かに照らすぐらいがようやくのことだった。

目指す先は鼻先ほどの距離すらまともに視認することができず、でこぼこと隆起した地面に何度も足を取られそうになる。十分ほど歩いたところでこれ以上は危険と判断し、一旦《いったん》車へ戻ることになった。

ふたりでため息を漏らしながら元来た道を慎重に引き返し、まもなく道の先の暗闇に車の後部がうっすらと見え始めた時だった。

喜久美さんは車の後部窓に妙な違和感を覚え、続いてぎょっと目を瞠《みは》ることになった。

懐中電灯の薄明かりに照らしだされた車の中にのっぺりとした顔面が浮かびあがって、窓越しにこちらへ視線を向けていた。

距離が離れているせいで仔細《しさい》までは確認できなかったが、顔立ちの柔らかな印象から女のようだと感じた。同時に「生身の女」でもないと感じ取る。

車内に浮かぶ女とおぼしき顔は、肌が月のような淡い黄色味を帯び、真っ暗な車内で自ら発光しているかのような鈍い輝きを放っていた。首から下は視認できず、首だけが車内の宙に浮かんでいるように見える。

義則さんもすぐに気づいたようで、隣でびくりと肩を震わせるのが分かった。

「なんなのあれ?」と喜久美さんが囁《ささや》くと、義則さんはぐっと息を呑《の》みこみ、硬直した。

だが、一拍置いて「追っ払ってくる」と呟《つぶや》くなり、ずかずかとした足取りで車のほうへ向かっていった。

「やめなよ!」と制したのだけれど、義則さんは猛然とした足取りで歩を進めていく。

その間にも車内の顔は微動だにせず、暗闇の中で黄色い輪郭を仄《ほの》めかせていた。

そうして義則さんが車の後部へ二メートルほどの距離まで迫った時のことである。

ふいに車内がぼっと明るくなり、女の顔が窓をすり抜け、飛《と》びだしてきた。

やはり首しかなかった。黄色い顔をした女の首は、車外へ弾《はじ》かれたように飛びだすと義則さんのすぐそばをすり抜け、道の脇に広がる木立ちの中へ消えていった。

つかのま茫然《ぼうぜん》自失となったあと、少し遅れて凄《すさ》まじい恐怖に襲われる。ふたり揃ってあらん限りの悲鳴をあげながら車の中へ駆けこむと、あとは車が草むらに突っこむのもお構いなしに滅茶苦茶なハンドル捌《さば》きで夜道を後退していった。

幸い、車は一度も引っかかることなく、狭い小道を引き返すことができた。

どうにか広い山道まで戻ってきたあとも義則さんは憑《つ》かれたような勢いで運転を続け、真っ暗な山中を走り続けた。喜久美さんも生きた心地がせず、車が山から抜けだすまで助手席で嗚咽《おえつ》をあげながら震え続けたのだという。

迎えを見る【電話取材　二〇一六年十二月九日　金曜日】

中堀さんと喜久美さんの取材を終えて二週間後。今度は喜久美さんから、学生時代の友人に当たる節代《せつよ》さんを紹介してもらった。

節代さんは、都内の介護施設で清掃員をしている。数年前に職場であった話だという。

ある時、節代さんが同僚とふたりで施設の廊下を掃除していると、廊下の向こうから小さな女の子が歩いてきた。

五歳ぐらいで髪はおかっぱ。服装は長袖《ながそで》の白いブラウスに、黒のジャンパースカート。脚には黒いタイツを穿《は》いている。

年頃からして幼稚園の制服かと思ったのだが、よく見てみると喪服のような気もした。女の子はうきうきした笑みを浮かべながら節代さんたちの前を通り過ぎ、廊下に面した入居者の個室へ入っていった。

ノブには手を掛けず、スチール製の分厚いドアの表を霧のようにすり抜けて。

翌日出勤すると、件《くだん》の個室に入居していた老人が夜中に亡くなったことを知らされた。心筋梗塞《しんきんこうそく》だったという。

「思うにあの娘は、死神だったのかもしれない」と言って、節代さんは話を締め括《くく》った。

ここにいる【電話取材　二〇一六年十二月十八日　日曜日】

節代さんからは姪《めい》の渡美《わたみ》さんを紹介され、こちらも興味深い話を聞くことができた。

取材当時から五年ほど前、渡美さんは仕事の関係で世田谷《せたがや》にある古びた安アパートに暮らしていた。入居してそろそろ一年が経とうとする、真冬の晩のことだったという。

真夜中近く、キッチンで洗い物をしていると、出し抜けに背後から「ここにいる」と、声がした。威圧的な色を帯びた、野太い男の声だった。

はっとして振り向いた先には、トイレのドアがある。声はドアの中から聞こえてきた。

空耳ではないかと思った矢先、再びドアの向こうから「ここにいる！」と男の声。

思わず「きゃっ！」と叫んだとたん、ドアの内側を「どん！」と叩《たた》きつける音がして、勝手にドアが薄く開いた。恐る恐る中を覗《のぞ》きこんでみると、中には誰もいなかった。

後日、ふとした流れで同じアパートの古い住人にこの件を話したところ、節代さんの入居の三つ前に暮らしていた住人が、部屋で変死していることが分かった。

トイレの中で倒れたまま、十日近く放置されていたらしい。年配の男性だったという。

不動産会社に苦情を訴えにいったが、法的には説明する義務はないと突っぱねられた。

結局、気味が悪くてほどなく引越したそうである。

ダルマさんが転んだ【対面取材 二〇一七年一月二十一日 土曜日】

二〇一六年が終わり、新たな年を迎えて三週間ほどが過ぎた頃、渡美さんから次なる取材相手の打診があった。小学校の教師をしている孝枝《たかえ》さんという女性である。

数年前の春、孝枝さんが三年生の担任をしていた時の話だという。

孝枝さんは学校の遠足行事で、都内西部にある自然公園に出かけた。

周囲を森に囲まれた敷地内には広大な草地が広がり、アスレチック施設や昆虫館など、子供たちが喜びそうな施設が各所に点在している。

教え子たちを引率しながら公園内を散策したのち、昼食の時間になった。子供たちは草地の上へグループごとにピクニックシートを広げ、持参した弁当を食べ始める。

食事を終え、孝枝さんが人心地ついて休んでいると、女の子のグループがやってきて、「ダルマさんが転んだをやりませんか？」と誘われた。「いいよ」と答え、立ちあがる。

ダルマさんが転んだは、草地の一角にぽつんと立つ大きな欅《けやき》の前で始まった。

鬼になった娘が欅の幹に顔を伏せ、遠く離れた背後から他の娘たちが彼女に向かって近づいていく。他愛もない遊びなのだが、孝枝さんも小学校時代はよく遊んでいたので懐かしさも手伝い、楽しく興じることができた。

そうして遊んでいるうちに孝枝さんが鬼の番になった。欅の幹に凭《もた》れるような姿勢で両腕を押しつけ、腕の上に顔をうずめて「ダルマさんが転んだ」と唱える。

女の子たちの動作はなかなか巧みで、フェイントをかけるなどして急に振り向いても、へまをしでかし、こちらに動きを見せる娘はいなかった。一声唱えて背後を見やるたび、どんどん距離を詰めてくる。

女の子たちがスタート地点から半分近くの距離まで近づいてきた頃のことだった。

「ダルマさんが転んだ！」と唱えて振り返ると、すぐ目の前に大きな顔が迫っていた。

男の顔は古びたコンクリートを思わせるくすんだ灰色をしていて、皮膚も石のようにざらざらと乾いた質感を帯びている。両目は今にも飛びださんばかりにかっと見開かれ、孝枝さんの顔を真っ向から見据えていた。

孝枝さんが金切り声をあげるなり、顔は目の前から忽然《こつぜん》と消えた。孝枝さんのほうは仰天のあまり、その場にどっと尻餅《しりもち》をついてしまう。

すると地面に突いた右の手のひらが、何やら冷たく硬いものに触れるのを感じた。

見ると欅の根本に近い土の中から、くすんだ灰色をした平たい石が覗いていた。

石は、その大半が土の中に埋もれているらしく、全体像を見ることはできなかったが、表面に漢字のようなものが彫刻されているのが、かろうじてだが見て取れた。

どうやら何かの石碑らしかった。もしかしたら先刻まで踏んづけていたかもしれない。すっかり気味が悪くなってしまい、ただちに木から逃げるように離れたそうである。

足立区の異景【対面取材　二〇一七年一月二十七日　金曜日】

孝枝さんからは、彼女の従兄弟《いとこ》に当たる、大石《おおいし》さんという男性の紹介があった。

大石さんは足立《あだち》区の出身で、高校時代までを足立区内で過ごしている。

彼が小学校二年生の夏休み、やはり同じ足立区で体験した話だという。


当時、大石さんの自宅のすぐ近所に、健《けん》君という仲のよい同級生の家があった。

健君の家は、小さな自動車整備工場を営んでいた。工場は自宅のすぐ隣に立っていて、歩道に面した建物の前面が丸ごとシャッタードアになっている。外から見るとちょうど、大きなガレージのような形をしていた。

工場内には整備中の車の他にも、作業に用いる工具や機械類が至るところにひしめき、当時、車やメカニカルな物が大好きだった大石さんの好奇心を大いにくすぐった。

健君の父親は、見た目こそ怖そうな雰囲気だったが、その実、子供好きの優しい人で、大石さんが訪ねていくと工場の中で自由に遊ぶことを許してくれた。

二年生の夏休みだったこの時も大石さんは昼過ぎに健君の家を訪ね、いつものごとく工場内で楽しい時間を過ごしていた。

それからしばらくすると、父親は用事ができたらしく、車でどこかへ出かけていった。

続いて健君も「のどが渇いた」と言いだし、自宅へジュースを取りに行った。

つかのま、工場には大石さんだけがぽつんと独り、取り残されてしまう。

健君が戻ってくるまで、何をしていようかと思いながら周囲に視線を巡らせていると、工場内の裏手に面した壁にある、一枚のドアに目が止まった。

赤黒い錆《さび》が斑《まだら》状の模様を描いて表面に浮かぶ、鉄製の古びた四角いドアである。

それまで気にしたことはなかったのだが、開くのは一度も見たことがなかった。

建物の位置関係から考えると、ドアを開けた向こうには、裏庭でもあるのかと思った。

仕事で用済みになった車の部品やガラクタなどが、狭い敷地の上に堆《うずたか》く積まれている。

そんな光景が、頭の中に思い浮かんだ。

この際だから確かめてみようと思いたち、ノブに手をかけ、ドアを開ける。

ところが、開け放たれたドアの向こうに見えたのは、まったく予期せぬものだった。

ドアの外には、灰色に乾いてひび割れた大地が延々と続いていた。

まるで鋭い刃物で滅茶苦茶《めちゃくちゃ》に切り裂かれたかのごとく、細長い筋を無数に描きながら、果てが霞《かす》んで見えないほどに連なる大地の上には、草木の一本すらも生えていない。

おまけに空は一面、どす黒い雲で覆われ、昼だか夜だかすらも判然としなかった。

目の前に突如現れた異様な光景に啞然《あぜん》となっているところへ、ドアの向こうの死角になっている真横から、何かがぬっと姿を現した。

白い着物姿に、ざんばら髪を振り乱した女だった。

女は大石さんの前へ躍りだしてくるなり、満面に笑みを浮かべながら両手を突きだし、大石さんに摑《つか》みかかろうとしてきた。

とっさに背後へ身を引き、力任せにドアを閉める。

「ばあん！」という、金属質を帯びたけたたましい轟音《ごうおん》が工場内に鳴り響く。

整備中の車の陰に身を隠して様子をうかがうも、外からドアが開くことはなかった。

まもなく健君が戻って来たので、血相を変えながら今しがた目にしたものを説明する。

ところが話を聞いた健君は、まともに取り合ってはくれなかった。

それでも「本当なんだ」と食い下がると、彼は改めてドアを開いて見せた。

開け放たれたドアの外側には、前方を古びたブロック塀に仕切られた、猫の額ほどの小さな更地があるだけだった。

その後も健君の家には遊びに行ったし、問題のドアも何度か開けてみたことがある。

だが、この日の午後にほんのつかのま、目の前に現れた異様な光景と、得体の知れない女の姿を見ることは、二度となかったそうである。

流れの中に【電話取材　二〇一七年一月二十八日　土曜日】

大石さんからは、古い友人だという内藤《ないとう》さんを紹介してもらった。

内藤さんが大学時代、都内のプールへ出掛けた時のことだという。

大勢の客で賑《にぎ》わう流水プールに身を浸していると、前方に奇妙な人物の姿を見かけた。

白いブラウスを着た若い女で、胸の下辺りまでを水中に沈め、じわじわと押し寄せる水の流れに逆らうかのごとく、背筋をぴんと伸ばして突っ立っている。

あんな恰好《かっこう》をしていて、よく係員に注意されないものだな。

思いながら見ていると、女のそばをすれ違った男性の片腕が、彼女の身体に当たった。

腕は身体の中をすり抜け、男性は何事もなかったかのように流れの向こうへ進んでいく。

そこへ他の客たちも、流れに押されて次々と女の前へ近づいていった。

いずれの客も、女の身体を空気のごとくするりと通り抜け、流れの先へ消えていく。

啞然として目を瞠《みは》るうちに、内藤さんも流れに押されて女の許《もと》へ近づきつつあった。

慌ててプールサイドにあがると、その後は別のプールで泳ぐことにしたという。

いずこへと？【対面取材　二〇一七年二月七日　火曜日】

内藤さんの取材を終えてほどなくした頃。

今度は内藤さんが勤める職場の部下に当たる、横井《よこい》さんという男性の紹介があった。

二年ほど前、横井さんが大阪の梅田《うめだ》へ泊まりがけの出張に出掛けた時のことだという。

無事に仕事が終わって家路に就く最終日の朝、ホテルのフロントでチェックアウトの手続きをしていると、ロビーの片隅に突っ立つ奇妙な男に目が留まった。

五十絡みとおぼしき、頭がつるつるに禿《は》げあがった背の高い男で、死に装束のような純白の着物に紫色の羽織を纏《まと》い、背には黒い風呂《ふろ》敷包《しきづつ》みを結わえている。

男はホテルの玄関側に面したロビーの隅で浅く顔を俯《うつむ》かせ、携帯電話をいじっていた。

機種はだいぶ古めかしく、機体の上部にアンテナの付いたトランシーバー式の物だった。マッチ箱サイズの小さな液晶画面から、青白い光が漏れている。

奇抜な印象の和装といい、時代遅れの携帯電話といい、どうにもロビーの雰囲気から浮いている感の否めない、異質な風合いを醸す男だった。

横井さんがチェックアウトを済ます前に、男は玄関口から出ていった。

少し遅れて、横井さんもホテルをあとにする。

駅に向かって街中を歩いていると、歩道を行き交う人込みの中に、黒い風呂敷包みを背負った後ろ姿がちらついて見えた。視線を凝らすと、やはり先ほどの男である。男の姿を認めるなり、ふいに彼がどこへ向かうのか気になってきた。帰りの時間にはまだまだ余裕があったので、付かず離れずの距離を保ち、男のあとを追い始める。

人波に紛れて街中の大通りをまっすぐ歩いていくと、そのうち男はふいに進路を変え、歩道に面した古びたビルとビルの間に入っていった。横井さんも急いでそれに続く。

ビルとビルの間には、大人がひとり、ようやく通れるぐらいの狭い路地が延びていた。奥行きは十メートルほど。路地の先には灰色の壁が聳《そび》え立ち、行き止まりになっている。

男は路地の奥へと向かって、ずかずかと進んでいった。横井さんが路地の手前付近で様子をうかがっていると、まもなく男の背中は路地のどん詰まりまで達した。

そしてそのまま、壁の中へと吸いこまれるように姿を消してしまった。

思いがけない光景に横井さんはつかのま、その場で呆然《ぼうぜん》となってしまったのだけれど、まもなく我に返ると、躊躇《ためら》いながらも路地の奥へ向かって進んでいく。

男が消えた壁面を隈《くま》なく調べてみたのだが、抜け道のようなものは見当たらなかった。薄暗く染まった路地のどん詰まりにはただ、埃《ほこり》と水垢《みずあか》で薄汚れたコンクリートの壁が、のっぺり立ち塞《ふさ》がっているだけだったという。

水色の部屋【対面取材　二〇一七年二月十日　金曜日】

「こういう妙な光景を見てしまった人物でしたら、実は私の他にもまだいるんですよ」

そう言って横井さんが紹介してくれたのは、恋人の紗矢音《さやね》さんだった。

彼女が大学時代に体験した話だという。

週末の晩、仲のよい友人が暮らすアパートで一緒に食事をすることになった。

ところが約束の当日、アパートへ向かう途中で友人からメールが入った。

「急用ができたので、帰宅が少し遅れてしまいそう」とのことだった。

「どうしたらいい？」と折り返すと、「先に部屋に入って待っていて」と返信があった。

ドアの近くに合鍵《あいかぎ》が隠してあるのだという。

言われるままにアパートへ向かい、教えてもらった隠し場所を探ってみると、合鍵はすぐに見つかった。ドアを開け、部屋に入って電気をつける。

とたんに視界一面が、どぎつい水色で埋め尽くされた。

はっと息を呑《の》んで目を瞠ると、ワンルームでこぢんまりとした室内のあらゆるものが、パステル調の水色に染めあげられているのが分かった。

壁も床も天井も、電化製品や家具までもが、余すところなく全て水色に染まっている。

ペンキか何かで塗りたくったような感じだったが、壁に指を触れてみると乾いていた。他も全て乾いている。友人から、こんなことをしたという話は聞かされていなかったし、そもそもこんな狂気じみた真似をするはずがないと思った。

では一体、誰がどんな目的でこんなことをしたのだろう？

戸惑うさなかに友人から着信が入った。「もうすぐ到着する」という。

事情を説明すると案の定、友人はひどく驚いた様子で「嘘でしょう？」と叫んだ。

「嘘じゃないよ！」と声を張りあげ、再び周囲に視線を向ける。

水色だった部屋の光景が一転、何事もなかったかのようにいつもの色へと戻っていた。

我が目を疑いながら、思わずその場にへたり込んでしまう。

その後、友人が帰宅してからも部屋の中は元の色を保ったままだった。

自分が一体、何を見たのか分からなかったし、部屋が水色に見えた原因も分からない。

友人も、そんな妙な現象にはまったく心当たりがないとのことだった。


アパートの近所を流れる河川から友人の遺体があがったのは、それから二週間ほどが過ぎた頃のことである。

遺書は見つからず、争った形跡なども見られないことから、事故死と断定された。

件《くだん》の水色に染まった部屋の光景は、友人の最期を予兆するものだったのではないかと、紗矢音さんは思っているそうである。

不平等【対面取材　二〇一七年二月十二日　日曜日】

さらに紗矢音さんからは、職場の後輩に当たる千奈美《ちなみ》さんを紹介してもらった。

彼女が小学四年生の時の体験談である。真夏のある日、学校が終わった千奈美さんは、ふたつ年下の妹とふたり、いつもの下校路を歩いていた。

そこへ突然、頭上で空が壊れる音がして、たちまち周囲が激しい雨に煙り始めた。折しもふたりが歩いていたのは、住宅地の只中《ただなか》だった。辺りには民家のブロック塀や生け垣が並ぶばかりで、どこにも雨露を凌《しの》げる場所はない。

仕方なく、ふたりで目配せをし合うなり、全速力で家へと向かって駆けだした。ほどなく帰り着き、ぜえぜえと息を喘《あえ》がせながら玄関を潜り抜けると、千奈美さんの身体は頭のてっぺんからつま先まで、全身ぐしょ濡《ぬ》れになっていた。

「やんなっちゃうよねえ……」と呻《うめ》きながら妹のほうに視線を向けると、彼女の身体は衣服も含め、髪の毛一本すらも濡れていない。靴すら乾いたままだった。

「嘘。どうして？」と尋ねてみたのだけれど、当の妹自身も訳が分からないとのことで、頻《しき》りに首を捻《ひね》るばかりだったという。

狭霧《さぎり》の娘【電話取材　二〇一七年二月二十三日　木曜日】

千奈美さんの従兄弟《いとこ》に当たる、小平《こだいら》さんの体験である。
・
九月のシルバーウィークに、妻の実家がある信州《しんしゅう》の田舎町へ泊まりに行った時のこと。朝方早くに目が覚めた小平さんは、ひとりで近所へ散歩に出掛けた。折しもこの日、戸外は濃い朝霧が立ちこめ、見慣れた田園風景は乳白色に煙っていた。実家の裏手に延びる農道を歩き始めてまもなくした頃である。朝霧に霞《かす》んだ道の前方に、小さな女の子の後ろ姿が見えてきた。歳は五、六歳くらいで、白いブラウスに黒いジャンパースカートを穿《は》いている。女の子は小平さんから十メートルほど離れた先をゆったりとした足取りで歩いていた。不審に思い、素性を確かめるべく足を速めて女の子に近づいていく。

ところがどれだけ早足で歩いても一向に距離が縮まらない。向こうは何食わぬ調子でゆっくり歩いているというのに、小さな背中には少しも近づくことができなかった。

しだいに気味が悪くなってしまった小平さんは慌ただしく踵《きびす》を返すと、やはり早足で実家に引き返していったそうである。

最大筋力【対面取材　二〇一七年二月二十五日　土曜日】

小平さんの取材を終えたのち、すぐさま弟の大哉《だいや》さんを紹介してもらうことができた。

小平さん曰《いわ》く、彼のほうがはるかに生々しい体験をしているのだという。

「火事場の馬鹿力ってあるじゃないですか？　人がとんでもない状況に追い込まれた時、無意識に本人の限界以上の力が出てしまうってやつです」

約束の日、取材場所に指定した喫茶店の席に着いてまもなく、大哉さんは顔じゅうに神妙そうな色を浮かべ、自身の体験談を語りだした。

人がとんでもない力を発揮する様を目の当たりにしたことがあるのだという。

取材当時から十年ほど前、大哉さんが社会人になって最初の夏のことだった。

八月のお盆休みに大学時代の友人らと埼玉県の山間部へキャンプに行くことになった。

参加メンバーには、大哉さんが当時交際していた佐由美《さゆみ》さんという女性も含まれていた。

キャンプ初日の夜更け過ぎ、焚《た》き火を囲んで酒盛りをしていた時のことである。

友人のひとりが「肝試しをしたい」と言いだした。

キャンプ場の外れにある森の中に古びた墓地らしきものがあるのだという。

ちょうど酒盛りにも退屈し始めた頃だったので、みんなで行ってみることにした。

懐中電灯を携え、森の中に敷かれた小道を歩いていくと、ほどなくして青草に塗《まみ》れた道端の向こうにごつごつとした石の影が群立しているのが目に入った。

草むらを掻《か》き分け、間近で石を照らしてみると、いずれの石の表にも漢字とおぼしき彫り物が打ち刻まれているのが見て取れた。間違いなく墓石だろうと思う。

「ここで待ってたら幽霊、出てきてくれねえかな？」

肝試しを提案した友人が墓石を見おろしながら、誰ともなしにひとりごちる。

「出るわけねえじゃん。幽霊なんて迷信だから」

他の友人が缶ビールを呷《あお》りつつ、へらへらしながら頭を振る。

「そんなの分かんねえじゃねえか。もしかしたら出てきてくれるかもしれねえじゃん」

「馬鹿だなお前。幽霊なんか出やしねえ。出るのはこっちのほうだけだよ」

言い終えるや、友人はビールの残りをぐっと飲み干し、墓石に向かって小便を始めた。

びしゃびしゃと派手な水音を弾《はじ》かせ、墓石はみるみるうちに小便でずぶ濡れになる。

たちまち周囲から「お前、何やってんだよ！」と非難の声があがり始める。

大哉さんもさすがに引いてしまい、「やめろよ！」と声を張りあげた。

だがそこへ。

「この痴《し》れ者めがッ！」

声は地の底から轟《とどろ》くような、さらなる大きな怒声で掻き消された。

誰だと思って振り向いた先には、両肩をわなわなと怒らせた佐由美さんの姿があった。

けれども声は彼女のものではなかった。がらがらに嗄《しわが》れた男の声になっている。

佐由美さんは怒声を張りあげるなり、墓石に小便をしている友人に猛然とした勢いで詰め寄り、彼の片腕をがっしりと摑《つか》んだ。

次の瞬間、友人の身体は大哉さんの目線を越え、真っ暗闇の空中へ高々と舞いあがる。

佐由美さんが片手で放り投げたのである。

投げ飛ばされた友人は、墓石から数メートルも離れた草地でどさりと鈍い音を鳴らし、ごろごろと転がりながら着地した。そこへ佐由美さんがずかずかとした足取りで近づき、倒れこんでいる友人の片腕を再び摑みあげる。

「おい、何やってんだ！　やめろ！」

ようやくはっと我に返った大哉さんと他の友人たちが佐由美さんの周囲に駆け寄って、彼女の身体へしがみついた。ところが佐由美さんの力は凄《すさ》まじく、異様な叫びとともに彼女が上半身を一捻《ひとひね》りしただけで、全員がいともたやすく吹き飛ばされてしまう。

「うぬは万死に値する！　そこに直って神妙にせい！」

大哉さんらの制止を振りほどいた佐由美さんは、小便をした友人の首筋に両手をかけ、ぐいぐいと絞めつけ始めた。その力もやはり尋常ではなく、友人の顔はみるみるうちに赤紫へと変色し、かっと開いた双眸《そうぼう》が眼窩《がんか》から飛びださんばかりに迫りだしてくる。

このままでは死んでしまう。今すぐどうにかしなければ。

一計を案じた大哉さんは、佐由美さんの背中めがけて渾身《こんしん》の勢いで身体をぶつけた。

衝撃でバランスを崩した佐由美さんは友人の首を絞めつけたまま、彼の身体もろとも、ぐらりと前のめりに傾いた。草むらの上にふたりの身体が折り重なるように倒れこむ。

そこへすかさず大哉さんたちが一斉に覆《かぶ》い被さり、佐由美さんの下敷きになっていた友人を引き剝《は》がした。そこへ佐由美さんのほうも跳ねるような勢いで地面から飛び起き、なおも異様な叫び声をあげつつ、大哉さんたちに向かってくる。

「やめろ！」と言っても彼女は聞く耳を持たず、凄まじい力で大哉さんたちを追い回し、摑みかかり、投げ飛ばし、滅茶苦茶《めちゃくちゃ》な勢いで暴れまくった。

ようやく騒ぎが収まったのは、それから三十分近く経った頃のことである。

怒声を張りあげながら大哉さんたちを襲っていた佐由美さんが、ふいに声を搔き消し、身体をぐらりと斜めに揺らしたかと思うと、そのまま地面に倒れこんでしまった。

警戒しつつもそばへ近づいて声をかけてみたところ、まもなく彼女は意識を取り戻し、「身体が痛い」と泣きだした。最前までのことは何も覚えていないという。

現場を引きあげ、病院へ連れていくと、四肢が筋挫傷《きんざしょう》を起こしていると診断された。いわゆる肉離れである。他にも両手首の捻挫《ねんざ》と、全身に重度の打撲が認められた。

医師からは、肉体の許容量をはるかに超える激しい運動によって生じた結果だろうと説明されたが、こんなにひどい症状を見たのは初めてだと驚かれてしまった。

その後、佐由美さんは十日近くも入院することになった。

入院中にも自分が当夜、何をしたのかについては一切思いだすことがなかったという。

雨に溶けゆく【対面取材　二〇一七年二月二十六日　日曜日】

大哉さんからは、職場の同期に当たる富美代《ふみよ》さんを紹介してもらった。

八年ほど前、やはり夏場に起きた話だという。

その日の夜、富美代さんは都内の自宅から千葉県にある実家へ車を走らせていた。

折しも出発まもなくから空はぐずついて小雨が降り始め、車が都県境を越える頃には、視界一面に白糸のごとく雨露が降りしきる本降りとなってしまった。

出発から二時間近くが経ち、実家にほど近い農免道路へ差し掛かった時のことである。

ヘッドライトが照らしだす道の前方に、人影が浮かびあがった。

目を凝らしてよく見てみると、セーラー服姿の少女である。少女はこちらに背を向け、頻降《しきふ》る雨の中を傘も差さず、とぼとぼとした足取りで歩いている。

水飛沫《みずしぶき》が掛からないよう、少し減速して少女の真横を通り過ぎる。

だが追い越してまもなく、彼女のことが気に掛かった。

農道の近くに人家や商店のたぐいはなく、雨宿りができるような場所もない。少女がどこへ向かおうとしているのかは知らないが、こんなひどい雨降りの中、独りで夜道を歩かせるのは酷だと感じた。

ルームミラー越しに背後を見やると、少女の姿が小さく見える。緩やかにバックして少女の横に車を停め、助手席側の窓を開ける。

「よかったら乗っていかない？」と声をかけると、少女は歩を止めてこちらを振り向き、それから「ばしゃり！」と大きな水音を立てながら、窓枠の下へ向かって姿を消した。

「え？」とたじろぎ、窓から顔をだして外を見る。

少女の姿はどこにもなかった。最前まで彼女が立っていた路面には、荒らかな雨粒を絶え間なく弾かせる、大きな水溜《みずた》まりがあるだけである。

道の脇には落花生畑が延々と広がっているのだが、畑の中にも少女の姿はなかった。

初めのうちは少女の姿を探していたのだけれど、そのうちしだいに怖くなってきた。

背筋にぞわりと粟《あわ》が生じ始めたのを合図に、富美代さんはアクセルペダルを強く踏み、驟雨《しゅうう》に煙る農免道路を一気に走り抜けたそうである。

緋花里さん【対面取材　二〇一七年三月四日　土曜日】

富美代さんの取材を終えてまもなく、次なる取材相手の紹介があった。

河相《かわい》さんという三十代半ばの男性で、富美代さんの親戚《しんせき》なのだという。

取材は目黒《めぐろ》区の住宅地にある小さな公園でおこなった。河相さんからの指定だった。

取材当日の昼過ぎ、約束の時間に公園の正面入口へ向かうと、河相さんは裕木よりも先に到着し、門柱の前で待っていた。

「こんにちは。ご無理を言って申しわけありません。今日はよろしくお願いします」

裕木が声をかけると、彼は控え目な笑みを浮かべ、丁寧に頭をさげた。

「こちらこそ、お忙しいところありがとうございます」

挨拶《あいさつ》を交わしたのち、公園内のベンチに並んで腰掛け、さっそく話を聞かせてもらう。

まだ三月に入ったばかりだったが、ここ一週間ほどで気候は徐々に春めいてきており、この日も肌身に感じる空気がぬくぬくとして心地よかった。空は青々と澄みきっている。

「ここは色々と忘れがたい思い出のある場所なんです。これからお伝えする話の中にも出てきますし、できれば現地で当時のことを思いだしながら話したいと思って」

遠い目をして空を見ながら、河相さんが笑った。

周囲を緑の樹々に囲まれた、のどかな雰囲気の公園である。樹々は手入れが行き届き、明るく色づき始めた緑の葉っぱが暖気を孕《はら》んだ微風に吹かれて揺らめいている。

ベンチの前方に見える砂場や遊具の回りでは、母親に付き添われた小さな子供たちが元気に動き回って、はしゃいだ声をあげていた。

こうして見る限りでは、なんら怪しい気《け》ぶりの見られない光景である。

どんな話を聞かせてもらえるのだろう。なんだか少し、不安な気分になってくる。

顔にだしたつもりはなかったのだけれど、裕木が子供たちを眺めながら思い始めるや、

「それじゃあ、そろそろ話を聞いていただきましょうか」

まるでこちらの思いを見透かしたかのような具合に、河相さんがつぶやいた。

慌てて「お願いします」と応《こた》え、静かな口調で始まった彼の言葉に黙って耳を傾ける。


今から十五年ほど前、河相さんが大学生だった頃の話である。

当時、河相さんは品川《しながわ》区にある大学に通っていた。住居は世田谷区に立つ安アパート。

元は栃木の出身で、進学を機に上京してきた。

生活費の大半は親からの仕送りで賄うことになったのだが、物価の高い都内において仕送りだけで暮らしていくのは現実的に困難だった。

ゆえに入学から早々にアルバイトを始めた。折よくアパートの近所にあるコンビニに勤めることができたので、シフトをたくさん入れて稼ぐことができた。

おかげで暮らし向きはまずまず順調だったのだけれど、勤め始めておよそ二年余り、河相さんが三年生になった二〇〇二年の初夏に、店は経営不振で潰《つぶ》れてしまう。

アパートの周辺や最寄り駅の界隈《かいわい》を中心にさっそく新たな勤め口を探し始めたのだが、コンビニと比べると時給に満足がいかなかったり、シフトに折り合いがつかなかったり、様々な条件が噛《か》み合わず、二の足を踏むことになった。果たして時期も悪かったものか、大学の近くで探しても結果は似たり寄ったりである。

しだいに焦りを募らすさなか、バイト専門誌の求人募集でようやく見つけだしたのは、目黒区にある小さな鳥獣店だった。

自宅からも大学からも大してアクセスはよくなかったが、時給は当時の相場で見るとダントツで高かった。加えてシフトが自由に組めるというのも大きな魅力だった。

主な業務は鳥獣の世話と接客。愛玩《あいがん》鳥を中心に珍しい獣を取り扱う店とのことである。

三つ歳の離れた姉が小学生の頃からインコやジュウシマツを飼っていて、河相さんも姉の影響で何度か小鳥を飼ったことがある。鳥の世話なら一通りは分かるつもりだった。

さっそく店に連絡を入れて、面接に向かう。

店は駅から少し離れた住宅地の片隅に、悄然《しょうぜん》とした風合いを滲《にじ》ませながら立っていた。

構えは全体的に古めかしく、玄関ドアの真上に掛かる看板はすっかり色褪《いろあ》せて錆《さび》が浮き、店名を判読するのも一苦労といった具合である。薄暗い店内には、見たことのない鳥や小動物のたぐいが収められた無数の檻《おり》が、薄汚れた壁に沿ってびっしりと並んでいた。

若干戸惑いながら面接に臨んだのだけれど、結果は採用。

五十絡みとおぼしき丸々と太った店主は、持病のせいで身体の自由が利きづらくなり、とにかく今は人手が必要とのことだった。都合のつく時であればいつでも構わないので、少しでも店の手伝いになってくれればありがたい。時給もきっちり払ってくれるという。

求人募集の要項どおり、河相さんにとっては願ったり叶《かな》ったりの好条件だった。

さっそく翌日の昼過ぎから勤め始めることになる。


ところが翌日、午前の授業を終えて店へ行くと、店内に店主の姿は見当たらなかった。

代わりに店の奥に面したカウンターには、若い女性が座って本を読んでいる。

歳は自分と同じくらい。すらりとまっすぐ長く伸ばした黒髪が印象的な美人だったが、目つきが異様に鋭く険しい。

カウンターの上に開いた文庫本の紙面を見おろす双眸《そうぼう》は、研ぎ澄まされた針のごとくぎゅっと窄《つぼ》まり、あたかも眼力で紙に穴を穿《うが》とうとしているかのようにさえ思える。

迂闊《うかつ》に中へ入ったものの、彼女の顔をひと目見るなり、戸口でぴたりと足が止まった。かける言葉はおろか、どうしていいかも分からなくなる。

そこへ女性のほうが、すっと面をあげた。目つきは変わらず、異様に鋭いままである。

「新しい人？」

ゆるりと小首を傾げ、女性が問う。

「はい……そうです」と上擦った声で答えると、彼女はすぐに本を閉じて立ちあがった。

細身の体軀《たいく》は見事なまでに五体の均衡が整い、どことなく人形めいた印象を抱かせる。

「河相さんですね。オーナーから、仕事の基本を指導するようにと言われています」

「ああ、よろしくお願いします。あの、正社員というか、お店の身内の方ですか？」

「いいえ、わたしもバイト。霜石緋花里《しもいしひかり》です。こちらこそ、よろしくお願いします」

言葉を紡ぐさなか、彼女はくすりとも笑みを浮かべることはなかったが、声のほうは鈴のように軽やかだった。言葉のあとに続いた一礼も、折り目正しく慇懃《いんぎん》なものだった。

その後、店が閉まる午後の九時まで、緋花里さんから指導を受けつつ労働に勤《いそ》しんだ。

初日の仕事を終えた感想は、楽過ぎず、辛過ぎずといったところだったが、慣れればどうとでもなりそうだった。店内に漂う鳥獣たちの独特な臭気には少々嘔吐《えず》かされたが、こちらもおそらく慣れの問題だろうと思う。就業中の作業内容を考えると、高い時給はやはり破格であると言える。

緋花里さんの話によると、店の従業員は河相さんと彼女のふたりのみ。店主のほうは河相さんが勤めるようになったことで、今後は持病の療養に重きを置くのだという。

店主が店に来るのは開店前。その日の作業指示を緋花里さんに申し伝えて帰っていく。緊急時には顔をだすとのことだったが、あとは基本的に緋花里さんが独りで業務を担い、河相さんが都合に合わせて彼女の補助に当たるという流れらしい。

指導を受けながら話していくうち、緋花里さんは別段怖い人ではないことも分かった。

目つきは鋭く、常に仏頂面で彼女の面差しに笑みを認めることはなかったのだけれど、こちらの質問に対しては逐一丁寧に答えてくれたし、雑談にも快く興じてくれた。

歳は河相さんよりひとつ上。二十一歳なのだという。実家は都内の西部にあるのだが、今は都心で独り暮らしをしている。

小さい頃から生き物が好きで、特に鳥が大好きだったので、今の仕事は天職だという。勤め始めてそろそろ一年になるが、ほとんど休むことなく働いているとのことだった。

「昨日はいなかったよね？」と尋ねると、「昼休憩」と彼女は答えた。

休憩時間は、店の近くにある蕎麦屋《そばや》で本を読みながら、身体を休めているそうである。それ以外の時間は毎日、店主とふたりで店を切り盛りしてきたのだと彼女は語った。

「仕事は好きなんだけどね。それでもオーナーが体調を崩してからは、正直大変だった。オーナー、朝から具合が悪くて休むことが多かったし、早びけすることも結構あったし。何度か新しい人も入って来たんだけど、誰も長続きしなくって」

眉間《みけん》に深々と皺《しわ》を寄せ、「わたしのせいかな？」とつぶやいたあとに続けたひと言が、河相さんの労働意欲を掻《か》き立てた。

「できればなるべく、長めでよろしく。ずっと困っていたから、来てくれて助かった」

目元はなおも鋭く、頬筋も少しも緩むことはなかったが、こういう人なのだと思った。

話は弾んだし、うまくやっていけそうな気がした。

「分かりました」と応《こた》え、初日の業務は無事に終わった。

午前中で講義が終わる日と休日には、かならずシフトを入れるようにした。午後から講義を受ける日も、予定が入っていなければ夕方から店に向かって仕事を手伝った。

まず、緋花里さんは変わった人だった。

絶対に笑わない。目つきは常に鋭く、唇は絶えず真一文字に引き結ばれている。一見すると、凄《すさ》まじく機嫌が悪そうにしか思えない。

だが、実際にはこれが彼女の常態であり、決して他意があるわけではないのだった。喜怒哀楽もしっかりある。慣れてくると面貌《めんぼう》の端々や仕草に表れる微細なサインから、その時々の感情を容易に汲《く》み取ることができるようになった。

嬉《うれ》しい時には小さく首が傾ぎ、驚く時には細い眉《まゆ》が吊《つ》りあがり、困った時には眉間に深々と刻まれる皺とともに、両の眉頭が下を向く。口数も人並みに多いほうだったので、声音の感触や大きさなどからも緋花里さんの機嫌はよく分かった。

勤務中は多様な話題について語り合ったし、彼女の口から様々な話も聞かされた。

趣味は読書。とりわけ海外小説が好みだった。ジャンルは問わない。琴線に触れれば、どんなジャンルの本でも手に取る。これまで読んできた本の中でいちばん好きな作品は、アントワーヌ・ド・サン゠テグジュペリの『星の王子さま』とのことだった。

「意外にロマンティストなんだね」と河相さんが笑うと、いつもより五割増しで両目をきつく細め、「余計なお世話」と返された。これは本当に怒っている。

音楽も洋物を好み、映画も洋画が好きだった。好きなアーティストはカーディガンズ、映画はミュージカル・ムービーの古典的名作『サウンド・オブ・ミュージック』が好き。

生き物も好きなのだけれど、自分で飼ったことはほとんどないのだという。

実家の事情があって飼うことができず、現在暮らしている住居もペットの飼育は禁止。飼いたい気持ちはあるのだけれど仕事が忙しいし、他にも何かとすべきことがあるので、いずれにしても今は無理だと、緋花里さんは言った。

好きな本や音楽、映画、動物などの話題についてはすらすら答えて話を弾ませる半面、彼女は実家のことやくわしい生い立ちについては、あまり多くを語ろうとはしなかった。だから河相さんも、敢《あ》えて尋ねることをしなかった。実家に関する話題で緋花里さんの口から出たのはせいぜい、歳の近い妹がいるということぐらいだった。

変わった人で、少々謎めいた部分もあったが、緋花里さんは優しい人でもあった。

バイトを始めてひと月近くが経った、七月半ば頃のことである。

茹《う》だるような蒸し暑さのなか、昼過ぎに出勤して鳥獣たちの世話を始めたのだけれど、作業に取り掛かってまもなくすると、息があがって頭がくらくらしてきた。

夏バテの影響ではないかと思う。数日前からなんとなく、身体がだるいと感じていた。あれこれ精のつく物を食べていたつもりだったが、あまり意味はなかったらしい。

ぜえぜえと喘《あえ》ぎつつ、獣の入った檻の柵《さく》を摑《つか》んでへたりこむと、すぐに緋花里さんが異変を察して、「大丈夫？」と声をかけてきた。

「大丈夫」と答えたのだけれど、彼女は河相さんの顔をじっと覗《のぞ》きこみながら首を傾げ、「そんなわけないでしょう」とつぶやいた。

続いて「少し待ってて」と言いつけるなり、ひらりと身をひるがえして外へ出ていく。十分ほどして戻ってきた緋花里さんの手には、店の近所にあるコンビニのビニール袋がぶらさがっていた。中から出てきたのは、冷たいコーラとポッキーである。

「はい、ポッキー」

コーラを受け取った河相さんの前に、彼女は箱から抜いたポッキーを差しだした。

「なんでポッキー？」

「甘い物を食べないから夏バテ起こすんだよ。いいから食べて」

緋花里さんの言うとおり、ここしばらくはなるべく甘い物を摂《と》らないようにしていた。仕事の小休憩中、彼女からポッキーやチョコ菓子などを勧められることもあったのだが、それすら固辞して、そこはかとない顰蹙《ひんしゅく》も買っていた。

暑い時期に糖質を摂りすぎると、夏バテを引き起こす原因になる。うろ覚えだったが、そんな情報をテレビで知ったからである。だから甘い菓子類は控えるようにしていたし、飲み物も無糖のお茶やコーヒーなどで賄うようにしていた。代わりに夏バテを予防する効果があるという、豚肉や豆類などを率先して食べるようにしていたのだ。

説明すると、緋花里さんは鼻から長い息を漏らしつつ、「いいから食べて」と応《こた》えた。説明のつもりが、なんだか言い訳したような気分になってくる。

言われたとおりに冷たいコーラを流しこみながら、手渡されたポッキーを齧《かじ》り始める。

久しぶりに舌の上で花開いた強烈な甘みに、なんだか頭がすっきりとした。

結局、ポッキーはひとりで完食。食べ終わってまもなくすると、目眩《めまい》は綺麗《きれい》に治まり、身体のだるさも嘘のように引いていった。

「糖質って、いちばん大事なエネルギー。摂らなかったらバテるに決まってるじゃん」

緋花里さん曰《いわ》く、夏バテ予防に推奨される豚肉や豆類が含むビタミンB1というのは、糖質をエネルギーに代謝する補酵素で、これだけ過剰に摂取しても夏バテには効かない。肝心な糖質もしっかり摂取しなければ、本末転倒なのだという。

「なんでもバランス良く、ほどほどに食べるのが大事。糖分摂りたがらないのを見てて、いつかこうなるんじゃないかって思ってた」

「思ってたんなら、もっと早くに教えてくれればよかったのに……」

「うるさく言いたくない。つまらない話を押しつけて、ウザがられるのも嫌だから」

眉間に皺を寄せ、両の眉頭を目元に向かってずりさげながら、緋花里さんは答えた。

彼女のレクチャーにしたがい、その日から豚肉と豆類の摂取を続けつつ、糖質制限を解除したところ、その後は身体に不調を来たすことはなくなった。

小休憩の時間に緋花里さんから勧められる菓子類も漏れなく食べるようになったので、無益な顰蹙を買うこともなくなった。喜び勇んで菓子を頬張る姿に気を良くしたらしく、振る舞われる菓子の量や種類も目に見えて増していった。

さらにはこんなこともあった。夏バテの件からまもない頃のことである。

午後の九時過ぎ、いつものように戸締りを済ませ、緋花里さんと一緒に店を出た。彼女はいつも自転車で帰宅する。河相さんは最寄り駅から電車に乗って家路をたどる。その夜も住宅地の途中で別れ、河相さんは近くのコンビニに立ち寄った。

連日、厳しい熱帯夜が続くなか、この日は少し気温が低く、夜風が心地よかったので、住宅地の中にある公園で缶ビールを呑もうと思いついたのだ。

買い物を済ませて公園に行くと、緋花里さんの姿があった。園内の片隅に植えられた灌木《かんぼく》の前にしゃがみこんで、こちらに背を向けている。

声をかけると、彼女は「あ」と声を漏らして立ちあがった。その足元には白茶模様の猫がちょこんと座り、紙皿の上にのったキャットフードを食べている。

「猫、餌付《えづ》けしてんの？」

「うん。ノン太《た》くん。昔、少しだけ飼ってた猫と同じ名前。模様が一緒なんだよね」

小さく首を傾げながら、緋花里さんが言う。

「ビール、吞《の》む？」と誘ったら、「うん」と答えた。ベンチに並んで座り、乾杯をする。

食事を終えたノン太くんも緋花里さんの足元にやって来て、地面にのたりと寝そべった。頭の上半分と背中の茶色い、典型的な白茶模様の猫である。瞳《ひとみ》は薄い緑に輝いていた。

少し前から、公園の周囲で見かけるようになったのだという。飼い猫ではないらしい。出会った日から縁を感じて、ご飯をあげているのだと緋花里さんは言った。

強面《こわもて》な彼女の口から「ノン太くん」という名前が出たのが、河相さんには面白かった。「自分で付けた名前？」と尋ねると、緋花里さんはもどかしそうに耳の裏を掻きながら、「うん」と答えた。「くん」まで含めて名前なのだという。

「かわいいじゃん」と返したら、尖《とが》った瞳を斜めにすっと逸《そ》らして「まあね」と言った。頬は少し膨らんでいる。そんな緋花里さんのことも、可愛らしいなと感じた。

和やかなムードに加え、酒が入っていた勢いもあった。ベンチの上に貼りついている彼女の淡く白い手の甲に、片手をそっと重ねてみる。

緋花里さんは嫌がらなかった。ビールをちびちび呑みながら、視線を前に向けている。

河相さんはどきどきしていた。女の子の手に触れるのは、高校時代に付き合っていた、以前の彼女以来のことだった。できればずっとこうしていたいと思う。

だが、まもなくすると動悸《どうき》が急激に加速し始め、吐く息もしだいに重たくなってきた。

初めは興奮によるものかと思ったのだけれど、鼓動は尋常ではないほど気忙《きぜわ》しく高まり、無数の小人に胸を殴りつけられているような感覚に見舞われる。

首筋にじわりと冷や汗が滲《にじ》み始めた時、動悸の原因が興奮ではなく、得体の知れない恐怖によるものではないかと思った。理由はなぜだか判断としないが、自分はおそらく、緋花里さんに触れていることを恐ろしいと感じている。

思い始めるや、緋花里さんが静かに手を引っこめた。とたんに動悸が治まっていく。

はっとなって視線を彼女の顔に向けたが、彼女は黙って空を見つめるばかりだった。

加えてこんなこともあった。公園の件から数日経った、八月初めのことである。昼下がりに出勤すると、緋花里さんが「かき氷食べない？」と訊《き》いてきた。見ればカウンターの上に、年季の入った手動式のかき氷機が置いてある。自宅の近所にある駄菓子屋が最近、電動式の新しいかき氷機を導入し、不要になった古いほうを半ば強引に押しつけられてしまったのだという。

「食べる」と答えたら、続いて緋花里さんは「何味がいい？」と尋ねてきた。

かき氷機の隣には色とりどりのシロップが詰まったガラス瓶が、ずらりと並んでいる。イチゴ、メロン、レモン、ブルーハワイの四種類があった。

気遣いはありがたかったものの、無意味な質問だとも思ってしまう。

かき氷のシロップというのは、単に色が違うだけで、実際はどれも同じ味なのである。シロップの主な原材料は、果糖ブドウ糖液糖と着色料、そして香料の三つ。着色料に味などないので、何色のシロップを選ぼうが、味は果糖ブドウ糖液糖の甘みだけなのだ。

それでも人がシロップの色ごとに味の違いを感じてしまうのは、視覚と嗅覚《きゅうかく》の作用が大きいのだという。シロップの色と香りに感化された脳が、ある種の錯覚を引き起こし、舌の上にもイチゴやメロンの味を感じてしまうのだそうである。

夏バテ防止の知識については誤解があったが、シロップの件に関しては自信があった。先日の名誉挽回《ばんかい》というわけではないのだけれど、緋花里さんに事の真相を告げてみる。

ところが彼女の反応は、思っていたより険しいものだった。

「同じじゃない。全部違う」

冗談めかしながらも得意げに説明したところ、緋花里さんは鋭く尖った両目を珍しく猫のようにまん丸く膨らませ、いかにも「信じられない」といった顔つきで応えた。

「嘘じゃない。本当だって。色と匂いで騙《だま》されているだけだよ。味は全部同じだから」

再び言い聞かせても、彼女の顔に浮かんだ疑惑の相はまったく薄まる気配がない。

「いいよ。だったら全部の味を当ててみせる」

ばかりか急に意を決したかのように、こんなことを切りだしてきた。

目隠しをしたうえで、全てのシロップの味を当てるのだという。できるわけがないと思ったのだけれど、緋花里さんはかき氷機の置かれたカウンターの椅子にでんと腰掛け、頑として譲らなかった。渋々応じることにする。

「わたしが全部当てたら、自分の言っていることが間違いだったって素直に認める？」

「分かった。約束するよ」

公平を期すため、緋花里さんからの指示で、河相さんが彼女の目元に手拭《てぬぐ》いを巻いた。

続いて小ぶりな器にかき氷を四つ作り、それぞれに違った色のシロップをふりかける。

「鼻も摘まんで」

さらには河相さんの指で鼻を摘ませ、嗅覚も遮断する。

細みを帯びてすらりと伸びた彼女の鼻筋は、夏だというのに少しひんやりとしていた。

初めて触れる滑らかなその感触に、意識せずともどきりと胸が高鳴ってしまう。

念には念をと、緋花里さんの前に並べた四つの器を片手で何度かシャッフルしたのち、スプーンで掬《すく》ったかき氷を彼女の口へそっと運ぶ。最初はメロンを模した緑色だった。

「メロン」

氷を口に含んでまもなく、彼女は特に悩む素振りもなく、さらりと答えを言い当てた。

「レモン」

続くふたつ目も正解。やはり戸惑うような様子は見られず、口の中で味を確かめるや、即座に低い鼻声で言い当てる。

ひとつ目は偶然だろうと思って「すごいねえ」と笑ったのだが、ふたつ目も当たるとさすがに驚きを禁じ得なかった。目隠しの隙間から器が見えているのではないようだし、鼻もしっかり摘まんでいるため、匂いで区別しているとも考えづらかった。

驚愕《きょうがく》しているところへ動悸がふいに速まりだした。鼓動はみるみるうちに間隔を狭め、呼吸が苦しくなってくる。一瞬、まさかと思ったが、身体のほうはしっかり覚えていた。それは先日、夜の公園で見舞われた、あの異様な恐怖から生じる動悸と同じものだった。

「イチゴ」

三つ目のシロップの色も緋花里さんが当てる。必死で平静を装いながらも震える手で四つ目の器から氷を掬い、彼女の口へ運んだ。

「ブルーハワイ」

正解。彼女の答えを確認するなり、鼻先を摘まんでいた指をさっと離す。

とたんに得体の知れない恐怖が薄れ、動悸も緩やかなものへと治まってゆく。

「ほらね、全部違うでしょう？」

目隠しを外した緋花里さんが、ゆらりと首を傾げて言う。

河相さんは「ああ……」と答えるのが、ようやくだった。


緋花里さんは変わった人だけれど、優しい人でもある。ただ、一度ならず二度までもこんなことが起きると、さすがに困惑を禁じ得ないものがあった。

かき氷の件があったのち、それとはなしに彼女の様子を見ていると、漠然とながらもなんとなく、他にも不審を感じる点が見つかった。

「動物が好き」という割に、緋花里さんは店の動物たちにほとんど触れることがない。給餌《きゅうじ》や掃除で世話をする際、ケージの中にいる鳥や動物たちを一時的に他のケージへ移すことがあるのだが、そうした時も軍手を嵌《は》めた両手で素早く作業を終えてしまう。

河相さんなどは、ウサギやフェレットの世話をする時、和毛《にこげ》の手触りが気持ちよくてついつい撫《な》でてしまうことが多いのだけれど、彼女のほうはそうしたことを一切しない。鳥獣たちをひたすら素早く慎重に扱うだけで、余計な触れ合いをすることはなかった。

店の商品だからと割り切って、過度に仲良くしようとしないのか。

そんなふうに解釈しようと思っても、鳥獣たちにかける彼女の声と言葉は常に優しく、直《じか》に撫でたり抱いたりする以上に、まっすぐな気配りと慈しみを感じられるものだった。

それはノン太くんに対しても同じだった。

店を閉めたあと、河相さんも緋花里さんと一緒にノン太くんの様子を見にいくことがあったのだけれど、彼女はノン太くんにさえほとんど触れようとしなかった。

ノン太くんのほうは、いつでも甘えた声をだしながら緋花里さんに擦り寄って来るし、彼女もノン太くんの額や鼻先を撫でるぐらいのことはした。頻《しき》りに声もかけて可愛がる。だが、決してノン太くんを抱きしめたり、背中を大きく撫でたりすることはなかった。

意識して見ていなければなかなか気づきづらいことだったが、紛れもない事実だった。緋花里さんは、動物たちに触れることを意図して忌避しているようにしか見えなかった。経験則から推察して、理由として思い浮かぶのはひとつしかない。彼女が動物たちに極力触れないのは、あの異様な恐怖を彼らに感じさせないようにするためなのだ。

観察を始めてまもなく、ほとんど確信めいた答えが導きだされてしまったのだけれど、敢《あ》えてそれを彼女に直接確認することはしなかった。

そうした不審な要素以上に、彼女のことが好きだったからである。

知り合ってまだ、ひと月ほどしか経っていなかったが、連日仕事で接していくうちに、いつのまにか恋心を抱くようになっていた。

顔に笑みなど浮かばなくとも、緋花里さんは女性として素晴らしく魅力的な人だった。たとえ彼女の身体に触れることができずとも、これから先も一緒にいたいと思ったし、できればもっと親しくなりたいという願いもあった。

だから勇気をだして、想いを打ち明けることにした。

八月に入ってまもない、ひどく蒸す暑い晩のことである。いつものごとく閉店作業を終えた午後の九時過ぎ、緋花里さんがノン太くんにご飯をあげに行くと言うので、河相さんも同行した。

公園に到着するとノン太くんはすでにベンチの近くで待っていて、緋花里さんの姿を見るなり、「にゃーにゃー」と甘えた声をあげて近づいてきた。

緋花里さんはノン太くんの鼻先を少しだけ撫で、ベンチの前で食事の支度を始める。紙皿の上によそったキャットフードをノン太くんが食べ始めると、ふたりでベンチに並んで腰掛けた。その後はコンビニで買ってきたペットボトルのジュースを飲みながら、徒然《つれづれ》なるままに言葉を重ね合っていく。

最近封切られた映画の話、新しく買ったCDの話、今読んでいる本の話、消夏法の話、渋谷パルコの話、ユニバーサル・スタジオ・ジャパンの話……。

そうして話題が動物園や水族館の件に及んだ時、河相さんはとうとう意を決する。

「よかったら今度、一緒に行かない？」

緋花里さんの目をまっすぐ見つめながら誘い、それから続けて想いと願いを伝えた。

「緋花里さんのことが好き。できれば付き合ってほしい」

告白を聞いた彼女はつかのま目を伏せ、長い髪を揺らしながら小首をゆったりと傾げ、それから再び視線を河相さんのほうに向けた。どきどきしながら答えを待つ。

「ありがとう。でもごめん。できないよ」
眉間《みけん》に浅く皺《しわ》を寄せ、くたりと眉尻《まゆじり》をさげながら緋花里さんが言った。
「そうか……。でもどうして？　好みじゃなかった？」
「違う。そうじゃない。でもごめん。できないんだよ……」
河相さんの言葉に彼女は一層顔色を曇らせ、それから河相さんの手首をそっと握った。
続いて握った手首を自分の胸のほうへと持っていく。
え？　と思うさなかに河相さんの手のひらが、彼女の胸のまんなかに貼りつけられた。
とたんに目の前が真っ暗になり、脳味噌《のうみそ》が引っくり返るような感覚に見舞われる。
続いて鼓膜をびりびりと震わす甲高い耳鳴りが始まり、鼓動が急速に速まりだした。
同時に黒々と染まった視界の前方に、黒よりもさらに黒い漆黒の影法師が見え始める。
緋花里さんではないようだったが、さりとて誰なのかは分からない。
男か女かも分からない。そもそもそれが、人であるのかどうかさえ判然としなかった。
漆黒の影は、もやついた黒で縁取られた朧《おぼろ》げな輪郭を陽炎《かげろう》のごとく揺らめかせながら、
目と鼻のすぐ先にあり、河相さんの顔を覗《のぞ》きこんでいるようだった。
心拍がさらに跳ねあがり、全身に冷や水を浴びせられたような慄《おのの》きに悲鳴があがる。
そこへ視界がぱっと元へ戻った。
目の前には緋花里さんの顔がある。貼りつけられていた手のひらは彼女の胸から離れ、
今度は己の胸元でぶるぶると雷に打たれたようにわななないている。

もう一方の手に持っていたジュースのペットボトルは、ぐしゃりと握り潰《つぶ》されていた。注ぎ口から中身が泡を立てて溢《あふ》れだし、だらだらと腿《もも》の上に滴り落ちている。

「ね？　知ってたでしょう。わたしこういう感じだから、やっぱり無理だと思う」

鋭い瞳《ひとみ》に幽《かす》かな悲哀の混じった色を滲《にじ》ませ、囁《ささや》くような声で緋花里さんが言った。

「なんなの……今の……。君って本当は……どういう人なの……？」

ぜえぜえと荒い息を切らし、小刻みに震える歯の間から乾いた声を絞りだす。

「破壊の罪に生まれし娘。そういうふうに言われてる。あとはくわしいこと、話せない。ごめんね。でも、うれしかった。ありがとう……」

小さく頭をさげると緋花里さんはベンチから立ちあがり、道路へ向かって歩きだした。

彼女の足元にいたノン太くんもうしろを追い始めたのだが、何かを察したかのように途中で歩みを止め、公園から出ていく緋花里さんをそれ以上、追おうとはしなかった。

河相さんのほうは追いかけるどころか、ベンチから立ちあがることすらできなかった。全身が激しく震えてまともに動くことができないせいもあったのだけれど、それ以上に今しがた、この目で見てしまったものにすっかり心を打ちのめされてしまった。

緋花里さんに抱いた好意は変わらぬままだったけれど、それをはるかに上回る恐怖に心がへし折れ、彼女の背中を追うことがどうしてもできなかった。

代わりに河相さんはベンチの上でずっしりと項垂《うなだ》れ、しばらく声をあげて泣き続けた。

翌日店へ行くと、緋花里さんの姿はなかった。

開店前の店内では、しばらくぶりに見る店主が鳥たちに餌をやっていた。

彼女は仕事を辞めたのだという。昨夜遅く、電話で退職願いがあったとのことだった。

「いい娘だったんだけどね。急にどうしたんだろう……」と、店主はため息を漏らす。

昨夜の別れから予期していたことではあったのだが、覚悟が足りなかったのだと思う。

店主の話を聞くなり、背骨がすっと抜け落ちるような感覚に見舞われ、身がふらついた。

彼女の携帯電話に連絡も入れてみたが、通話に応じることはついぞなかった。

その後も半年ほど、鳥獣店に勤めた。

もしかしたら緋花里さんがまた、店に戻って来てくれるかもしれないと信じながら。

けれども、そんなことは絶対にないだろうということは痛いくらいに分かっていたし、

事実、彼女が河相さんの前に姿を現すことは二度となかった。

緋花里さんがいなくなったのち、ノン太くんの餌やりは河相さんがするようになった。

夏が終わって秋が深まる頃までは、夜に公園へ向かうとかならず待っていたのだけれど、

秋が終わって冬の気配が強まる頃になると、どこかに姿を消してしまった。

緋花里さんが店から去ってひと月ほどは、店主とふたりでどうにか店を動かしていた。

だが、そこから先は新しいバイトが数人入ってきたので、すでに店は窮状を脱していた。

だから公園からノン太くんの姿も見えなくなったのを機に、河相さんも店から去った。

それでようやく自分の心に踏ん切りをつけることができたのだという。

「今は結婚して子供もふたりいますし、変な未練はないんですけどね。でもあの人との楽しかった思い出の最後があんな形で締め括《くく》られたのは、今でもつらいと思っています。あの時、自分の気持ちを伝えさえしなければ、彼女ともっと一緒にいられたはずなのに。未練というよりは後悔に近い思いが、未《いま》だに疼《うず》いているんですよ」

「でもそんな感慨も含めて、思い出って言うんでしょうね」と河相さんは笑った。

初春の麗《うら》らかな陽光が降り注ぐ公園のベンチ。裕木と河相さんが並んで腰掛けているこのベンチが、緋花里さんとの最後の別れになった舞台なのだという。

「独りでここに来るの、ずっと怖かったんです。でも今日はようやく来られてよかった。お付き合いいただき、ありがとうございます」

河相さんの丁重な挨拶《あいさつ》を機に、この日の取材は終わりとなった。

帰り道、ノートに記録した彼の話を電車の中で読み返していると、なんともいえない既視感のようなものを抱いてしまう。

実は話を聞いているさなかにも幽かな違和感を抱いていたのだけれど、自分の文字で書き起こした河相さんの話を読み返しても、やはり妙な感触を覚えてしまった。

こんな話を聞いたのは初めてのはずなのに、なぜだか全てが初めてではない気がする。

その原因はなんなのか？　つらつら思いを巡らせても答えが導きだされることはなく、そこはかとなく奇妙な心地に呆《ほう》けながら、裕木はしばらく電車に揺られ続けた。

存在の証明【対面取材　二〇一七年三月十日　金曜日】

河相さんの取材から数日ほどが経ったのち、彼から次なる取材相手の紹介があった。

河相さんの大学時代の友人で、貴船《きふね》さんという男性である。

貴船さんが二十代半ばの頃、週末の晩に仕事仲間のアパートへ遊びにいった時のこと。

総勢五人ほどの面子《メンツ》で楽しく酒を酌み交わしているとあっという間に過ぎ去り、気づけば深夜を過ぎる時間になっていた。

誰ともなしに「そろそろ帰ろうか」という雰囲気になり始めたところへ、部屋の主が出し抜けに「こっくりさんやろうぜ」と言いだした。

貴船さんは「くだらねえ」と笑い飛ばしたのだが、意外にも他の仲間たちは乗り気で、さっそくカレンダーの裏に不出来な五十音や鳥居のマークなどを書きこんでいく。

準備が整ったところで部屋の主を含む三人の仲間が、こっくりさんを呼びだした。

まもなく盤上に置いた十円玉がゆるゆると動きだし、彼らのだした質問に答え始める。

いずれの質問も「今年のボーナスは去年よりも多いか？」とか「今シーズンの野球はどの球団が優勝するのか？」とか、他愛のないものばかりで、十円玉はそれらに対して当たっているのか外れているのか、よく分からない答えを示し続けた。

貴船さんは渋い顔を浮かべつつその様子を眺めていたのだが、こっくりさんに興じる仲間たちはすっかり興奮している様子で、なかなかやめる気配がない。

そうこうしているうちに質問のほうも知人の寿命だとか、今年死ぬ芸能人は誰だとか、過激なものになっていく。そうした質問を続けるさなか、仲間のひとりが調子に乗って盤面に向かい、「本当にいるんだったら、存在を証明してみせろよ！」と叫びつけた。

するとまもなく、盤面をのせていたテーブルがゆさゆさと揺れ始めた。

続いて床が揺れ始め、部屋じゅうの家具も左右にぐらぐらと動き始める。

揺れはみるみるうちに大きくなって、その場にじっとしていられないほどになった。

皆で「地震だ！」と叫び、慌てて部屋から飛びだす。

とたんに揺れがぴたりと収まった。いくらか拍子抜けしたものの、安堵《あんど》の息を漏らし、震度を確認すべく、再び部屋へ戻ってテレビをつける。

ところがいくら待てども、テレビの画面に地震速報が現れることはなかった。

不審に思って窓から近所の様子をうかがってみたのだが、家々の大半は明かりが消え、特に騒ぎが起きている様子は見られなかった。

その後はすみやかにこっくりさんを取りやめ、皆でまんじりともせず、仲間の部屋で一夜を明かした。

少なくとも震度5クラスはあろうかという、凄《すさ》まじく強い揺れだったという。

這っては落ちる【対面取材　二〇一七年三月十八日　土曜日】

貴船さんからは、知人の瀬森《せもり》さんを紹介してもらった。

数年前の夜、瀬森さんが突然の腹痛に見舞われ、妻の運転する車で隣町の総合病院へ行った時の話である。

診察の結果、幸いにも軽い食当たりだろうとのことで、すぐに帰宅することができた。それでも鈍い痛みを発し続ける腹を庇《かば》いながら、駐車場に停められた車のほうへ向かい、病院内の敷地を歩きだす。

するとまもなく、視界の端に妙なものが映って歩みが止まった。

五階建てになっている病院の薄白い壁面に真っ黒な人影がへばりつき、上に向かってひたひたと這《は》い上っている。まるでヤモリのような動きだった。

影は四階付近まで達したところで力尽きたのか、壁からぺらりと身が剝《は》がれ、地上に向かって落下した。

妻とふたりで「あっ！」と声をあげ、すかさずその光景を目で追いかける。

ところが人影は、地面に到達したとたん、夜の闇に溶けるようにして消えてしまった。姿が見えなくなったことも奇妙だったが、物音さえも聞こえなかった。

目の錯覚だったのだろうかと瀬森さんが思い始めた時である。妻が再び「あっ！」と声をあげ、暗がりの上空を指差した。

見ると、病院の二階部分に当たる外壁にまたぞろ黒い影がへばりつき、上に向かってひたひたと這っている。輪郭を見る限り、先ほどと同じ影のようだった。

嘘だろうと思いながら固唾《かたず》を呑《の》んで様子をうかがっていると、やはり影は四階付近の壁まで到達したところで壁からぺらりと剝がれ、地面に向かって落下した。

衝撃に身構えながら視線でそれを追ったのだけれど、やはり影は地面に到達した瞬間、音もなく、地面の暗がりへ染みこむように消えてしまった。

もしやまた……と思いはしたが、視線をもう一度、上へと向ける気にはなれなかった。隣の妻も顔色を悪くしていたので、短く「行こう」と促し、車へ向かって歩きだす。

病院の敷地を出る間際、三月ほど前にこの病院で投身自殺があったらしいという噂を思いだしたが、妻には何も語らず、黙って家路に就いたそうである。

ミラー越しに背後をちらりと見た時にも、影は病院の壁を這い上っていたという。

首ふわり【電話取材　二〇一七年三月十八日　土曜日】

同じ日には瀬森さんの姉・朋《とも》さんからも話を聞かせてもらうことができた。

彼女が大学時代、ひとりで関西地方へ泊まりがけの旅行に出掛けた時のことだった。

夜、ホテルのベッドで眠っていると、ふいに頭が痛くなって目が覚めた。

うめき声をあげながら目を開けると、自分が寝ていたベッドが視線の真下に見える。

一瞬、何が起きているのか分からなかったのだけれど、まもなく自分の身体が部屋の宙に浮いているのだと悟った。とたんに蒼《あお》ざめ、必死で身体をもがかせようとする。

ところが首から下の感覚がない。手足を動かそうとしてみても、どちらも反応がなく、まともに動くのは首だけである。ますますわけが分からなくなり、眼下の薄闇に見える自分の布団に視線を凝らしたとたん、思わず我が目を疑い、ぎょっとなる。

空っぽになった枕の下側には、首のない朋さんの身体が布団に包まり横たわっていた。

宙に浮いているのは自分の首だけということになる。

あまりの光景に悲鳴が出るなり、視界が枕に向かってすとんと落ちた。

分離していた首は身体へ再びくっつき、手足の自由も利くようになったのだけれど、今度はひどい悪寒に見舞われ、しばらく震えが止まらなかったという。

お褒めの言葉【対面取材　二〇一七年三月二十六日　日曜日】

朋さんからは、大学時代の友人である美智香《みちか》さんを紹介してもらった。

美智香さんが社会人になった年、それまで暮らしていた実家を離れ、世田谷区にあるマンションで初めての独り暮らしを始めた頃のこと。

ある週末の晩、仕事から帰宅した美智香さんは、キッチンで夕食の支度をしていた。

翌日は休みなので、少し手の込んだものを作ろうと思い、この日の献立に選んだのは牛ヒレ肉の赤ワイン煮込み。下拵《したごしら》えを済ませたヒレ肉をニンニクや玉ねぎと一緒に炒《いた》め、最後に赤ワインでじっくりと煮込んでいく。

落とし蓋《ぶた》をしたフライパンの前に立ち、煮え加減をうかがっていると、蓋の隙間から食欲をそそる香ばしい湯気が立ち上ってきた。

「いい出来になりそう」と思って香りを楽しんでいると、美智香さんのすぐ真後ろから「うまそうな匂いだね」と声がした。

喉《のど》に痰《たん》が絡みついたような、濁った男の低い声だった。

一度きりの体験だったのだけれど、怖くてとても住み続けることができず、翌月にはマンションを引き払い、実家へ逃げ帰ったそうである。

些《さ》末《まつ》なこと【二〇一七年三月二十六日　日曜日】

裕木自身の体験である。

美智香さんの取材が終わった日の夜、裕木も自宅のリビングで奇妙な声を聞いた。

時刻がまもなく日付を跨《また》ぐ、二十三時五十分過ぎのことだった。

愛用のテーブルに齧《かじ》りつき、下書き用のノートに記した取材の記録をまとめていると、ふいに背後で「ふはっ」と声がした。

声質からして、おそらく女のものだろうと思う。年代までは分からなかった。

だが、言葉というより笑い声の感触に近く、人を嘲《あざけ》るせせら笑いのように聞こえた。

この当時、裕木は杉並《すぎなみ》区高円寺《こうえんじ》の街中に立つタワーマンションに独りで暮らしていた。

一月半ば頃から港《みなと》区にある実家を離れ、以後は親の仕送りとバイトで生計を立てている。

独り暮らしは裕木の意志で始めたものではなかった。両親の意向によるものである。

彼女の父、裕木弦一《げんいち》と母の篠《しの》は、大学卒業からすでに十年近くも実家に居座り続ける娘の境遇を長らく憂えていた。裕木としては、自分が本気で望む仕事が見つかる時までまだまだ実家に暮らしていたかったのだが、先に両親のほうが痺《しび》れを切らしてしまった。

年明けを機に、娘に独立の第一歩を促すための環境を宛てがったのである。

それが高円寺に買い与えた、このマンションだった。築十年ほどで、間取りは1DK。部屋は六階にある。独りで暮らすには十分な広さだったし、雰囲気も明るく快適だった。幽霊が出るような部屋とは思えなかったし、実際、入居してからおよそふた月余りの間、この部屋で怪しいことが起きたことなど一度もない。

声が聞こえた瞬間、ぎくりとなって背後を振り返ったが、そこには誰の姿もなかった。慄《おのの》いてかすかにひくつく瞳《ひとみ》に映るのは、壁際に並ぶ木製のチェストと姿見だけである。

そのまま片膝《かたひざ》を突いて腰を浮かし、聞き耳を立ててみる。

次に備えて身構えながら待ったのだけれど、声が再び聞こえてくることはなかった。呆然《ぼうぜん》とした心地で首を捻《ひね》りつつ、視線を巡らせているうちに姿見のほうへ目がいった。抗菌クロスで曇りひとつなく磨かれた鏡面には、パジャマ姿の自分が映っている。

柔らかな艶《つや》みを帯びた黒髪は首筋を伝い、毛先が肩口へ触れるくらいまで伸びている。以前は額の生え際に沿って切り揃えていた前髪も、今は眉毛《まゆげ》の辺りまで垂れ落ちていた。

元々のヘアスタイルは、ピクシーカットと呼ばれるベリーショートだったのだけれど、綺麗《きれい》な形で短くキープしておくのは、それなりに手間も時間も要するものである。

怪談取材を始めた当初は、頃合いを見計らって行きつけの美容院に通っていたのだが、いつのまにかすっかり億劫《おっくう》になってしまった。今ではメンテナンスの頻度を減らすため、お気に入りだったピクシーカットを諦《あきら》め、ただのショートに切り替えている。

ただ、それにしても伸びてきたなと感じた。そろそろ美容院に行くべきかと考える。

面倒くさいと思いながら鏡に映る自分の顔を見ているうちに、ふと思いだした。

昨年初夏、毛髪がまだベリーショートだった頃、怪談取材を始めるきっかけとなった拝み屋の郷内心瞳《ごうないしんどう》からは、『ドラゴン・タトゥーの女』みたいだと言われたのだ。

劇中でルーニー・マーラが演じた主人公のリスベット・サランデルのヘアスタイルやメイクの雰囲気が、当時の自分とよく似ていたのだという。

振り返ってみると確かにあの時期は、ANCIENT MYTHにドハマりしていて、推しのメンバーのメイクに感化された、軽めのゴスメイクをするのが定番になっていた。だから短い髪の印象も相俟《あいま》って、彼の目には一層リスベットぽく映ったのだろうけれど、それは大きな誤解である。

女優は女優でも、裕木のヘアスタイルは、ウィノナ・ライダーを意識したものだった。厳密には、彼女が主演を務めた映画『17歳のカルテ』の影響によるものである。

同作は若き日のウィノナが演じる、境界性パーソナリティ障害を患う女性スザンナが、入院先の精神病院で過ごした日々を描く青春映画で、裕木が最も好きな映画でもあった。

ただ、それを公に語ることは久しくない。馬鹿にされてしまうのが嫌だからである。

高校時代のある時、同じクラスの友人たちに『17歳のカルテ』のファンだと言ったら、「マジで?」と笑われたことがある。自分のような良家のお嬢さまが、心に病を抱える女性の映画にシンパを感じるのはおかしいというのが、友人たちの漏らした感想だった。

こちらもとんでもない誤解だと、裕木は当時憤慨した。

確かに自分は、いわゆる良家のお嬢さまである。それは否定しようのない事実だった。だが、そうした家柄に育った人間が、心になんの悩みも抱えず生きているわけではない。友人たちの無遠慮な哄笑《こうしょう》は、なんだか自分の内面を強く否定するようなものに感じられ、裕木は少なからず傷ついた。

そもそもウィノナ演じるスザンナと自分の間に、まったく共通点がないわけでもない。映画を観もせず、勝手な印象で人が好むものまで嘲らないでほしいとも思った。

スザンナも裕福な家に生まれた女の子だったし、それに加えて両親との確執もあった。裕木の場合、劇中で描かれるような親子間における露骨な諍《いさか》いはなかったのだけれど、両親との関係は昔からあまり芳しいものではなかった。

裕木の目から見る両親は、常に見栄《みえ》や世間体に気を取られる中身の薄い人たちだった。ふたりは常々「全ては家の品格を保つため」と語り、いかにも良家のお嬢さま然とした立ち振る舞いや、上品ぶった嗜《たしな》みを長らく裕木に押しつけてきた。

窮屈過ぎて食欲も消え失《う》せるようなテーブルマナーを幼い頃から徹底的に叩《たた》きこまれ、毛ほども興味がなかったピアノやバイオリンを無理やり習わされ、日頃はなんの役にも立ちはしない乗馬の技術や茶道の作法なども習得させられた。

未《いま》だに乗馬教室以外で馬に乗る機会などなかったし、嫌々習わされたおかげで裕木は馬という生き物が大嫌いになった。お茶に関してもそうである。あんなものは飲んでもただ苦いだけで、裕木の舌にはコーラやサイダーのほうがよほど美味《おい》しいと感じる。

「家の品格」云々《うんぬん》などという話は、確かに聞こえはいいかもしれないが、実際のところ、両親は家という名の「器」を、世間により良く見せることに執心しているだけだと思う。「器」の中身の一部たるもの、一人娘である自分の幸福などは二の次なのである。

そんなふたりの不当な思惑に対し、裕木は時にわずかな不平をこぼすことはあっても、基本的には従順に従い、期待に応《こた》える努力をしてきた。どんなに辛《つら》くて泣きたい時でも、人前では明るく気丈に振る舞う努力も続けてきた。

けれどもそうした負担は、自《おの》ずと心に悪い影響を与え、暗い影を落とすようにもなる。両親や周囲から褒められれば褒められた分だけ、胸が張り裂けそうな気持ちに駆られて、自分は一体、なんのために生きているのかという疑念に悶《もだ》えるようにもなっていった。

そんな頃に出逢《であ》った映画が『17歳のカルテ』である。中学三年生の時だった。どことなく自分と境遇が似ていて、心の形も似ていたスザンナに己の姿を重ね合わせ、何度も飽きることなく見返しては、多大な共感を抱いたものだった。

その後は以前より気持ちが少し楽になり、嫌なことを無理にすることも減っていった。親の意向で勧められた大学だけは卒業したが、就職に関しては好きにさせてもらったし、そこから先の生き方についても自由にさせてもらうということで話をつけた。

意外なことに父も母も、こちらの意向を割かしすんなり受け容《い》れてくれたのだけれど、ようやく自由を手に入れたと喜んだ半面、なんだか自分が見限られたようにも感じられ、複雑な思いに胸がざわついたのも事実である。

実際、裕木が以前勤めていた会社を辞めた時もふたりは大した反応を見せなかったし、バイトをしながら理想の仕事を探すと宣言した時も、露骨に反対されることはなかった。心配されこそしたが、ふたりの口から特に何をどうしろという話は出なかった。

だからこちらも長らく実家住まいを続け、怪談集めなどをしながらのんべんだらりと過ごしていたのだが、今にして思えばやはり、自分が娘として見限られていたからこそ、ああした暮らしを続けられていたのかもしれないと思った。

ならば年明けに独り暮らしを提言されたのは、娘に独立の第一歩を促すというよりも、ある種の追放という意味合いだったのかもしれない。そんなことも考えてしまう。

確執はあるといっても、裕木はふたりを心から憎んでいるわけではなかった。

たとえば誕生日にはかならず贈り物を用意して、ささやかなお祝いをしてあげるのが好きだったし、どんなことでもいいからふたりを喜ばせたいという娘心もあった。

それに加え、たとえどんなに失望されても、見捨てられたくないという気持ちもある。今さらどうしようもないことだと分かっていながらも、ふたりが期待していたであろう、賢く立派な娘になれなかったことに多少なりとも負い目を感じることもあった。

結果を顧みれば、裕木は未だに親の脛《すね》を齧りながら好きなことだけやっているという、悪い意味でのお嬢さまである。こちらについても自覚はあった。

たとえ心が人並みに傷付くことはあっても、その境遇は多分に世間離れしたものだし、差し引きで考えれば、自分という人間はあまりに恵まれすぎているのだと思う。

少し客観視するだけで、そんなことは容易《たやす》く理解できるのだけれど、そうした半面、ひどい自己嫌悪に駆られてしまうのも嫌だから、なるべく考えないようにもしていた。

現に今も、気分がわずかにぐらつきかけている。

鏡に映る自分の顔からはいつしか恐怖の色が薄まり、代わりに打ち捨てられた人形を思わせる、物憂げで寂しげな色が浮かんでいた。あまりよくない兆候である。

視線を鏡からテーブルに戻し、取材レポートの清書を再開することにする。

その後、日付を跨《また》いだ二時頃まで黙々と作業を続けたのだけれど、笑い声とおぼしき怪しい声が再び聞こえてくることはなかった。

くたりと消える【電話取材　二〇一七年四月十五日　土曜日】

裕木と同じく、独り暮らしのマンションで「声の怪異」を体験した美智香さんからは、職場の上司である春子《はるこ》さんを紹介してもらった。

数年前の冬場、彼女は仕事の出張で、中越《ちゅうえつ》地方の小さな温泉旅館に泊まった。

夜更け過ぎ、部屋の中で人の気配がするので目を開けると、掃き出し窓に掛けられたカーテンの陰から小さな女の子が顔を突きだし、こちらに笑みを浮かべていた。

はっとしたとたん、身体が勝手に動きだし、女の子に向かって猛然と駆け寄っていく。

向こうは春子さんが布団から飛びだすなり、カーテンの中に顔を引っこめてしまった。

「ちょっと！」と声をあげながら、窓際で小さく膨らむ布地に両手を掛ける。

その瞬間、布地はくたりと萎《しぼ》んで、形をすっかり失ってしまう。

恐る恐る端から捲《まく》って、中の様子を確かめてみたのだけれど、カーテンの向こうには漆黒に染まる窓ガラスがあるだけで、誰の姿も見当たらなかった。

窓には鍵《かぎ》が掛かっていたそうである。

どこから落ちた？【電話取材　二〇一七年四月十五日　土曜日】

春子さんからはもう一話、別の体験談も聞かせてもらうことができた。

こちらは昨年の夏場にあった話だという。

休日の昼間、春子さんは池袋《いけぶくろ》のマンションに暮らす友人の許《もと》を訪ねていた。

友人とふたり、リビングに置かれたテーブルを挟んで寛《くつろ》いでいると、ふいに頭上からばさりと何かが落ちてきた。

テーブルの上へ仰向《あおむ》けになって着地したそれは、古びた日本人形だった。

ばさばさに乱れた黒髪に、生地のあちこちが解《ほつ》れて擦り切れた赤い着物を纏《まと》っている。

見あげた天井には、丸くて平たい形のシーリングライトがあるだけで、どこを見ても人形などを引っ掛けておける物はない。そもそも友人は「こんな人形、知らない！」と金切り声を張りあげている。

出処も素性も不明な怪しい人形は、触れることさえ気味が悪くて嫌だったのだけれど、どうにかふたりでゴミ袋へ詰めこみ、すぐさま外に捨ててきたという話である。

廃病院の女【対面取材　二〇一七年四月十五日　土曜日】

続いて春子さんから紹介があったのは、彼女の従兄弟《いとこ》に当たる浅井《あさい》さんだった。

彼は三十代半ばの会社員で、その昔はかなりの心霊マニアだったのだという。

「今でも心霊関係とか怪談関係は大好きなんですけどね。でも若気の至りっていうのか、昔は今よりもっと、こういう方面に積極的だったんですよ。今からお話しするのはまあ、信じてもらえるかは分かりませんけど、その頃に体験した話です」

取材場所に指定したファミレスのテーブル越しに萎《しな》びた顔を浮かべつつ、浅井さんは自身の体験談を語り始めた。


十年ほど前の盛夏、浅井さんが二十代前半だった頃の話だという。

ネットで知り合った心霊仲間三人と、都内の心霊スポット巡りをすることになった。

真夜中近く、仲間の運転する車で最初に訪れたのは、多磨《たま》霊園。府中《ふちゅう》市と小金井《こがねい》市に跨《また》る広大な霊園で、東京ドーム二十七個分の土地面積を誇る国内最大級の墓地である。

これだけ広いロケーションなら、何かひとつぐらい不思議な現象が確認できるだろう。

そんな期待を抱きつつ、カメラを片手に一時間ほどかけ、真っ暗な園内を巡り歩いた。

ところが浅井さんたちの期待に反して、特に怪しいことが起こる気配はない。

「がっかりだよな」とぼやき合っていたところ、仲間のひとりが「だったら別のとこに行ってみないか」と言いだした。彼曰《いわ》く、八王子《はちおうじ》の町外れに大きな廃病院が立っていて、そこには幽霊が出る噂もあるという。距離も近いため、提案に応じることにした。

ほどなく到着した廃病院は、雑巾《ぞうきん》色の不気味な外壁をした、三階建ての構えだった。

正面ゲートにはバリケードが張られていたが、構わずよじ登って敷地の中へ踏みこむ。

バリケードの封鎖が功を奏していたものか、懐中電灯を携え踏み込んだ病院の内部は、予想していたよりは荒らされた形跡がなかった。

待合ホールに置かれた長椅子は綺麗《きれい》な配列のまま並んでいたし、ガラスが破られたり、壁が壊されたりした形跡も見当たらない。せいぜい汚れた床のあちこちにカルテの束や医療器具の残骸《ざんがい》が散らばっていたり、強い湿気の影響でそこいらじゅうから黴《かび》の臭いが漂ってきたりするくらいのものである。

待合ホールを取っ掛かりに、まずは一階を探索してみた。

ホールの奥に向かって延びる廊下には、通路に沿って診察室や検査室、手術室などが並んでいた。中へと順番に入り、様子をうかがってみたものの、単に薄気味悪いだけで特にこれといって怪しいことが起きるわけではない。

続いて再びホールへ戻り、今度は階段を上って二階へ向かう。

踊り場の案内板を見ると、二階と三階は入院病棟になっているようだった。

長い廊下の両側に等間隔で並ぶ病室のドアを適当に開けては中を覗《のぞ》き、奥に向かって慎重に歩を進めていく。

そうして廊下の中ほどまで来た時だった。

出し抜けに廊下の奥から「ふふっ」と笑い声が聞こえてきた。

それはほんの小さな声だったが、確かに耳に届いてきた。

笑い声はその場にいた全員が聞いていた。どうやら女が発したものとおぼしい。

仲間のひとりが「マジかよ……」と呻《うめ》いた直後、今度は前方の暗がりから「ぎぃ」と乾いた音が聞こえてきた。明かりを向けると、廊下のどん詰まりに面した病室のドアが開いて、中から誰かが出てくるのが見えた。

黒い半袖《はんそで》のワンピースに身を包んだ、若い女だった。

首筋から胸元にかけてぞろりと長く垂らした髪の毛も、衣服と同じくらい、どす黒い。

一方、髪の合間から覗く面貌《めんぼう》と、ワンピースから伸びる四肢はぞっとするほど生白く、あたかも内側から発光しているかのごとく、暗闇の中でくっきりと輪郭が際立っている。

女は部屋から出てくるなり、こちらにぱっと目を向け、迷いのない足取りで一直線に向かってきた。突然の遭遇に声をあげるまもなく、女はみるみる距離を詰めてくる。

女ははっとするほど綺麗な顔立ちだったが、異様に大きな目をしていた。

額の肉を張り裂けんばかりに力いっぱい突っ張らせ、ただでさえ大きく見える双眸《そうぼう》を皿のようにまん丸く見開いている。それはまるで獲物を狙う蛇の目のようだった。

たちまち凄《すさ》まじい恐怖に襲われ、その場を逃げだしたい衝動に駆られる。

だが、ぎょろりと剝《む》いた女の目玉を見つめていると、吸いこまれるような心地に陥り、身体がぴくりとも動かなくなってしまった。声すらわずかもだすことができない。

他の仲間たちも同じだった。その場を一歩も動くことができず、黙って女の目を見て突っ立っている。

硬直しながら慄《おのの》いていると、女はあっというまにすぐ目の前まで迫ってきた。

間近で見る女の目玉はますます大きく、禍々《まがまが》しいものに感じられた。

女は浅井さんたちから拳《こぶし》ひとつ分ぐらいの距離まで達すると、測ったようにぴたりと歩を止め、口元に薄く笑みを浮かべて見せた。

続いてぼそりとひと言、彼女が何かをつぶやいたのだけは覚えている。

そこから先の記憶はない。


次に覚えているのは、仲間の運転する車の助手席に座り、真っ暗な旧甲州《こうしゅう》街道を走る光景だった。場所は調布《ちょうふ》辺り。八王子からはそれなりに距離の離れた地点である。

うっすらと痺《しび》れを帯びた頭で記憶を思い返していくと、まもなく廃病院で出くわした女の顔が脳裏に色濃く蘇《よみがえ》った。たちまち怖《お》じ気がぶり返し、肌身がぞっと凍りつく。

車に乗る仲間たちに尋ねたところ、彼らもみんな、女のことは覚えていた。

けれどもあれからどういう流れがあって、車に乗っているのかは分からないという。

どれだけ必死に記憶をたどろうと、廃病院から今へと至る「空白の時間」については、誰も何も思いだすことができなかった。代わりに頭に浮かんでくるのは、大きな目玉をぎょろりと剥きだした、気味の悪い女の薄笑いだけである。

結局、自分たちの身に何が起きたのかは一切分からず、得体の知れない恐怖と不安に慄《おのの》きながら、浅井さんたちは家路をたどったそうである。

「未《いま》だに女の正体は分からずじまいなんですけどね。けれども当時の光景を振り返ると、あれは多分、お化けじゃなくて生身の人間だったんじゃないかと思うんです」

大仰に眉《まゆ》を顰《ひそ》めながら浅井さんが言った。

お化けにしてはあまりにも像がはっきりしすぎていて、彼女が間近にまで迫ってきた時には、かすかな温《ぬく》もりさえも感じたような気がしたのだという。

だがそのうえで浅井さんは、「生身といっても、普通の人間でもなかったんだろうと思うんですけどね……」と付け加えた。

廃病院での怪異を体験して以来、浅井さんは自らの足でこうした場所へ出向くことはなくなったのだという。

今でも心霊関係や怪談のたぐいは好きなのだけれど、一線を越えるような真似はせず、安全かつ健全な立ち位置からこうした世界を楽しむようにしているのだと語った。

三つ編みに【電話取材　二〇一七年四月十六日　日曜日】

続いて浅井さんから紹介があったのは、園香《そのか》さんという四十代の女性である。

彼女が高校時代の話だという。

夏休みに仲のよい友人たちと、夜中に心霊スポットへ肝試しに出掛けた。

場所は当時、園香さんが暮らしていた神奈川県の山間部に立つ、古びた小さな廃屋で、その昔、一家心中があったとされる家だった。

皆で肩を寄せ合い、びくびくしながら家内を回って歩いたけれど、とうとう最後まで不審なことが起きることはなかった。

「怖かったねえ」と笑い合いながら、玄関口を抜けだしてきた時である。

ふいに友人たちが園香さんの顔を見て、一斉に悲鳴をあげ始めた。

「どうしたの！」と尋ねると、みんな口を揃えて「髪ッ！」と叫ぶ。

なんだと思って自分の髪に手を当てたとたん、園香さんも悲鳴をあげることになった。

おろしていたはずの髪の毛は、いつのまにか首筋の両脇で三つ編みの形になっていた。

おさげを結っていたのは、誰のものとも知れない異様に長い黒髪の束だったという。

弁天町の幽霊坂【対面取材　二〇一七年四月二十一日　金曜日】

「幽霊坂ってご存じでしょうか？　その名のとおり、幽霊が出るという言い伝えのある坂なんですけど、こういう名前のつく坂は、実は都内にいくつもあるんですよ」

園香さんの取材から数日後、彼女から紹介されたのは、伯母《おば》の一恵《かずえ》さんである。

遡《さかのぼ》って二十年ほど前、彼女はこの幽霊坂にて奇怪な体験をしたことがあるのだという。

場所は新宿区内にある幽霊坂とのことだった。位置を尋ねると、市谷柳町《いちがややなぎちょう》と弁天町《べんてんちょう》のちょうど境界線に当たるところにあるのだという。

折しもこの日の取材も、新宿駅の近くにある喫茶店でおこなっていた。ここからだとそれなりの距離があるが、地下鉄を使えばほんの数駅の場所だった。

新宿にある幽霊坂は、正式名称を宝竜寺坂《ほうりゅうじざか》というそうである。

その昔、坂の上にあったとされる寺の名前で、当時の坂は寺の樹々が頭上に生い茂り、昼でも薄暗く気味が悪かった。ゆえに幽霊が出るとの噂が流れ、いつしか幽霊坂の名で呼ばれるようになったのだという。

とはいえ幽霊坂の呼称がそれなりの迫真性を帯びていたのは、あくまで昔の話である。今現在は寺もなくなり、坂に陰気を生み成していた樹々も切られて久しい。

明るくなった坂には手すりの付いた階段が組まれ、両脇にはマンションが立っている。知らずに通れば幽霊が出るような場所とは思えないだろうと、一恵さんは語った。

実際、彼女自身もそうだったのだという。

二十年ほど前のある晩、一恵さんは神楽坂《かぐらざか》にある居酒屋で取引先の人物らを接待した。店を出て、先方をタクシーに乗せて見送ったのは、そろそろ午前零時を回る頃だった。急いで駅へ向かえば終電に間に合いそうだったので歩き始めたのだけれど、この日は大して呑《の》んだつもりはないのに、だいぶ酔っていたらしい。

飯田橋《いいだばし》駅を目指して歩いていたはずだったのが、はたと気づけば新宿方面に向かって狭い路地の中をぶらついていた。

周囲は繁華街から大きく離れた住宅地である。時計を見ると、すでに零時を半分以上回っていた。今さら駅を目指しても終電に間に合うはずもない。仕方なく大通りに出て、タクシーを捕まえることにする。

「やってしまったなあ……」と項垂《うなだ》れながら路地の中を進んでいくと、ほどなく前方に手すりのついた下り階段が見えてきた。下り口の先には外苑東《がいえんひがし》通りも見えている。

足取りを慎重に下り始め、階段の中ほどまで進んだ時だった。

出し抜けに背後から「ねえ」と声をかけられた。

振り返ると青白い顔をした女の子がいて、一恵さんを見あげていた。

歳は七、八歳くらい。灰色のセーターに黒いスカートを穿《は》いている。

突然声をかけられた驚きに加え、脳裏に浮かんだ現在時刻を呑みこむなり、ぞわりと背筋に粟《あわ》が生じた。子供が外をうろつくような時間ではない。

女の子は能面のような表情で一恵さんを見あげていたのだけれど、こちらが慄《おのの》くのと同時にくしゃりと鼻を縮めて笑い、真横をぱっと駆け抜けていった。

反射的に振り向いた先には薄闇に染まった階段が見えるばかりで、女の子の姿はない。

まさかと思い、今度は突かれたように一恵さんも階段を駆けおりた。

通りの歩道に出て左右に視線を巡らせて見たが、女の子の姿はどこにも見当たらない。

「まさか」と「やはり」が頭の中で交錯し合い、動悸《どうき》が急速に乱れ始める。

そこへとどめを刺すかのように、とんでもないものが視界の端に飛びこんできた。

階段の下り口付近には細長い木柱が立っていた。

柱の表に記された「幽霊坂」の文字を目にすると、嫌でも自分が先刻目にしたものが「そういうもの」だと認めざるを得なくなってしまったのだという。

実地検分【二〇一七年四月二十一日　金曜日】

一恵さんの取材が終わり、彼女と別れて店を出たのは、午後の四時過ぎ。

日差しは少し翳《かげ》り始めていたが、日没までにはまだ二時間ほどある。

夜の予定は入っていなかった。ないからなんでもすることができた。

裕木は喫茶店を出ると靖国《やすくに》通りのほうへと向かい、日没頃まで映画館で時間を潰《つぶ》した。

その後は近くのファストフード店へ入って夕食を摂《と》りつつ、さらに時間を潰し続けた。

店を出たのは午後の九時過ぎ。

夜の闇に染まった街路を闊歩《かっぽ》して裕木が向かった先は、新宿西口駅だった。

スマホで調べたところ、幽霊坂は牛込柳町《うしごめやなぎちょう》駅からすぐの距離にあった。西口駅から地下鉄に乗りこめば、牛込駅までは十分も掛からない。あとは少し歩くだけで苦もなく現地へたどり着くことができる。

浅井さんから聞いた廃病院の女の話、園香さんから聞いた廃屋における三つ編みの話、そして今日、一恵さんから聞かされた幽霊坂にまつわる怪異。

奇《く》しくも三話連続で「場所」にまつわる怖い話を取材することになった裕木はこの日、気分が妙に高揚していた。

二年前の初夏から始めたこの取材も、すでにかなりの数をこなしている。

二年という歳月のうちには何件か、実際に怪異が発生したとされる現場に直接参じて、取材主から話を聞かせてもらったこともあった。

たとえば、ホームレスの幽霊らしきものが何度も姿を現したという八王子のコンビニ、さらには、得体の知れない小人のような異形が店内を駆けずり回ったという平塚のバー。つい先月も河相さんの指定で、緋花里さんとの異様ながらも悲しい別れの舞台となった、目黒区内の公園に足を運んだばかりである。

けれども俗に「心霊スポット」と呼ばれる場所や、怪異にまつわる伝承が残る土地へひとりで出向いたことは一度もない。幽霊坂は距離も近めだし、せっかくの機会なので、暗闇に押し包まれた現地の空気を我が身で感じてみたいと思ったのである。

それに加えて、先週自宅で起こったことも、裕木の心中で脈々と反復され続けていた。

取材記録をまとめるさなか、背後からふいに聞こえた気味の悪い笑い声。

「ふはっ」という身の毛もよだつひと声は、今でも耳にこびりついて離れなかった。

あれから今日に至るまで、自宅を含め、身辺で怪しげなことは何ひとつ起きていない。

笑い声の正体についても不明のままだけれど、あれが果たして本物の怪異によるものか、それとも自分の勘違いによるものなのか、真相が分からないのは釈然としなかった。

仮にである。あれが空耳などのたぐいではなく、長らく怪談取材を続けてきた過程で自分に霊感のようなものが芽生えて聞こえたのだとしたら、どうだろう。

怪異にまつわる場所へ自ら身を投じれば、あるいはその正誤も分かるのではないか？

幽霊坂のくわしい場所を知った時、ふとしてそうしたことも期待してしまったのである。

好奇心と逸る心が前のめりになってしまったせいか、怖さは大して感じなかった。

西口駅から地下鉄に乗りこみ、牛込柳町駅へ降り立つ。

地図アプリを起動させて歩道を歩き始めると、五分足らずで外苑東通りの歩道沿いに、目指す幽霊坂が見えてきた。一恵さんから聞いたとおり、坂はやはり階段になっている。

階段の手前に立ち、上り口のほうを仰ぎ見る。

両脇に立つマンションの窓からこぼれ落ちる光芒《こうぼう》と、周囲に点在する街灯の明かりにほんのりと照らされた幽霊坂は、夜でも比較的視認性が高かった。

加えて背後に延びる道路もそれなりの交通量があるため、怖いという印象はなお薄い。

怖いという以前に、怪しい雰囲気すら希薄なのである。

さすがに深夜ともなれば、もう少しぐらいは暗くて不気味な感じになるかもしれない。

そんなことも思ったのだが、改めて出直すほどの気持ちにはなれなかった。

いろいろ失敗したなと思いつつ、それでも「一応は」と思い、階段を上り始める。

緩やかな歩調で一段一段を踏みしめるように、階段を半分近くまで上った頃だった。

ふと、どこからか視線のようなものを感じる気がして、足が止まった。

とはいえ、階段のすぐ両脇にはマンションがある。誰かが窓やベランダからこちらを見おろしていても不思議ではない。

「なんだ……」と思いながら、頭上に首を向けて見る。

ところが視線の主は、裕木が思い描いていたものではなかった。

階段の真上を走る電線の上に赤い鳥が一羽留まって、こちらをじっと見おろしていた。

熟した苺《いちご》、あるいは鮮血を思わせるような、異様に赤い色をした鳥である。

大きさは九官鳥と同じくらい。薄闇の中とはいえ、その姿は茫漠《ぼうばく》とした視界の中でも一際浮き立つようにくっきりと目に映る。

鳥はつかのま、裕木と視線を重ね合わせると、おもむろに真っ赤な両翼をばたつかせ、まもなく階段の頂きに面した暗がりの向こうへ飛び去っていった。

一瞬、あとを追いかけようと思いはしたが、同時になんだか嫌な予感も覚えてしまう。

お化けに感じるそれとはまた、異質な気味の悪さを抱いてしまった。

そのまま踵《きびす》を返すと、裕木は不穏な心地で幽霊坂をあとにした。

お婆ちゃん【電話取材 二〇一七年四月二十八日 金曜日】

一恵さんから紹介を受けた、磯足《いそたり》さんの話である。

彼が中学生の時のこと。放課後、最近友達になったクラスメイトの家に寄り道をした。

友人に促されて家の中へ入ると、玄関口に面した居間の中で友人の祖父母がテレビを観ているのが見えた。「こんにちは」と挨拶《あいさつ》をすると、祖父が「どうも」と声を返した。

それから二階にある友人の自室へ行き、ふたりでテレビゲームに興じた。

遊び始めて一時間ほどした頃、トイレに行きたくなってテレビの前から立ちあがると部屋のドアが細く開いて、隙間から友人の祖母がこちらを見つめて笑っていた。

ぎょっとなって声をあげるなり、祖母はドアからぱっと顔を引っこめた。

「どうした?」と友人に問われ、すかさず事情を説明すると、彼は怪訝《けげん》な顔をしながら「うちに婆ちゃんはいないよ」と答えた。祖母はだいぶ前に亡くなっているのだという。

「そんなはずはない」と食い下がったのだけれど、友人に連れられて向かった居間には、祖父の姿しかなかった。

さらには仏間にも連れていかれ、長押《なげし》に掛かっている祖母の遺影も見せられたのだが、そこには先ほどまでの老女とは似ても似つかぬ老女の顔が写っていたそうである。

シースルー【電話取材　二〇一七年四月三十日　日曜日】

磯足さんから紹介された甥《おい》の繁村《しげむら》さんからは、こんな体験談を聞かせてもらった。
数年前、彼は大学生だった頃に一度だけ、妙なものを見たことがあるという。
真冬のひどく寒い朝方のことだった。
大学へ向かうため、住宅地の中に延びるいつもの通学路を歩いていると、道の先から
ひとりの女性が歩いてきた。白いコートに身を包んだ、三十代前半くらいの女性である。
綺麗《きれい》な雰囲気の人だったので、それとなく姿を盗み見ながら歩を進めた。
女性も道の向こうからやって来るため、互いの距離は歩を進めるごとに縮まっていく。
初めのうちは女性に見惚《みと》れつつ歩いていたのだが、まもなくするとまったく別の意味で
どきりと心臓が高鳴り、その後は目を伏せながら歩き進むことになった。
女性はよく見ると、華奢《きやしや》な姿が曇りガラスのようにぼんやりと透け、身体の表越しに
背後の景色が薄白く濁って映りこんでいた。
すれ違う間際、再びちらりとその身に視線を向けたが、身体はやはり薄く透けていた。
少し間を置き、背後を恐る恐る振り返ってみると、女は半透明の背中を揺らしながら
住宅地の奥へと向かい、何食わぬ様子で歩き去っていったという。

いるはずない【対面取材　二〇一七年五月三日　水曜日】

都内で飲食関係の仕事をしている真央美《まおみ》さんは、繁村さんの従妹《いとこ》である。

数年前の夏場、遅い時間に寝苦しさで目覚めた真央美さんは、ひどい喉《のど》の渇きを覚え、近所のコンビニへジュースを買いに出かけた。

肌身が蒸されるような外気の不快さにげんなりしながら夜道を十分ほど歩いていくと、夜陰に染まった道の先に、目指すコンビニが見えてきた。冷房の効いた店内の涼しさを想像しながら、早足で店の前まで近づいていく。

店の正面ガラスに面して並ぶ雑誌コーナーでは、ひとりの女性が立ち読みをしていた。

何気なく彼女の顔へ視線を向ける。

とたんに身体がすっと冷たくなって、真央美さんはそのまま急いで踵を返した。

雑誌を読んでいたのは、自分自身だったという。

着ていた服や髪型まで同じだったと、真央美さんは語った。

荷ケツ【対面取材　二〇一七年五月五日　金曜日】

「自分の中でも未《いま》だに整理がついてなくて、わけの分かんない話になっちゃいそうだと思うんですけど、いいっすかね……？」

「大丈夫ですよ」と裕木が応《こた》えると、彼はしどろもどろながらも話を始めてくれた。

真央美さんの友人で、都心のガソリンスタンドで働く深堀《ふかぼり》さんの体験である。

高校を卒業してから彼が勤めているガソリンスタンドはセルフ式で、二十四時間営業。大手町《おおてまち》に延びる幹線道路沿いに立っている。

以前は常時、二名体制でシフトが組まれていたのだけれど、勤め始めて四年目頃から人件費削減のため、深夜のみ従業員一名で勤務させられるようになった。

深堀さんは主に深夜のシフトだったため、仕事はひとりでこなすのが大半だった。

半年ほど前の冬場に起きた話だという。

深夜二時半過ぎ、事務所のデスクの前に座っていると、監視カメラのモニター越しに一台のスクーターが入ってくるのが見えた。

運転手はフルフェイスマスクのヘルメットを被《かぶ》っていたが、シートに腰掛ける姿勢や体形から推し量って、多分女性だろうと思う。

そのままモニター越しに様子を見ていると、まもなくスクーターは事務所に一番近い給油レーンの前に停まった。続いて運転手がスクーターから降りる。

すぐに給油を始めるのかと思ったら、運転手はおもむろにヘルメットを外した。

やはり女性である。歳は二十代の半ばほど。長めの茶髪を後ろでひとつに束ねている。

ヘルメットを外した女性は、事務所に隣接しているトイレの中へ入っていった。

再び給油レーンのほうへ視線を戻す。するとスクーターのリアタイヤが接地している地面で、何かがもそもそと動いているのが見えた。

一瞬、猫かと思ったが違った。人間の赤ん坊だった。

裸の赤ん坊が四《よ》つん這《ば》いになって、リアタイヤの傍らをのろのろと這いずっている。

モニター越しにどれだけ目を凝らしても、やはりそれは紛《まが》うかたなく赤ん坊である。

どうしてこんなところに赤ん坊がいるのかと考えたが、理由はひとつも浮かんでこない。

代わりに事務所を飛びだし、給油レーンのほうへと向かう。

ところがスクーターの近くに赤ん坊の姿などなかった。周囲に視線を巡らせてみても、どこにも姿は見当たらない。

狼狽《ろうばい》しているところへ女性がトイレから戻ってきた。深堀さんも急いで事務所へ戻り、彼女の準備が整うのを見計らって、給油ボタンを押す。

女性が給油している間、モニター越しに様子をうかがい続けていたが、赤ん坊の姿は見つからなかった。幻覚でも見たのかと思い始め、口から重い息が漏れる。

けれども女性が給油を終え、スクーターにエンジンを掛けた時だった。

リアタイヤの陰から、またぞろあの赤ん坊が這いだしてきた。

赤ん坊は短い手足でマフラーを伝ってスクーターの上までよじ登ると、シートに跨《また》がる女性の腰にぴたりと身体を張り合わせ、脇腹にしがみついた。

女性は何食わぬ様子でスクーターを発進させると、暗く静まり返った道路の向こうへ呑《の》まれるように消えていく。

あとには監視モニターを見つめながら呆然《ぼうぜん》と固まる、深堀さんの姿だけがあった。

後日、店長に事情を話して当夜の映像記録を見させてもらったのだけれど、カメラに映っていたのはスクーターと女性だけで、赤ん坊など映っていなかったという。

再び同じ女性が来たらどうしようと思い、深夜の仕事は未だに気が気でないそうだが、今のところ、スタンドで彼女の姿を見かけることはないそうである。

命令【対面取材　二〇一七年五月六日　土曜日】

「お化けとかが出てくる話じゃないんですけど、すごく気持ちの悪い話ではあるんです。本当にこういう話でも大丈夫なんですか……？」

深堀さんの取材を終えたのち、今度は彼が勤めるスタンドの後輩で、穂美《ほみ》さんという二十代半ばの女性を紹介してもらった。

三年ほど前、二〇一四年の冬場に起きた話だという。

週末の晩、久しぶりに仲のよい友人たちが一堂に会し、飲み会をすることになった。繁華街の大通りに構える居酒屋で始まった一次会には、十名ほどの若い男女が集まり、しばらく楽しいひと時を過ごした。

その後、近所の焼き鳥店で催された二次会にも六名ほどの面子《メンツ》が参加した。

だが、やがて時刻も深夜を大きく回り、三次会の話が出る頃には、残ったメンバーは穂美さんを含む女性ふたりと、男性ふたりのみとなった。

三次会に選んだのは、繁華街の裏通りにひっそりと看板を揚げる小さな居酒屋。

メニュー料金は他店と比べ若干割高で、酒と料理の品揃えも決して豊富とは言えない。ただその代わり、いつ行ってもさほど混み合うこともなかった。

時間を気にせず、なおかつ周囲に対して過度な気兼ねもせずに騒げるため、繁華街でハシゴ酒の締めをする際は、大概この店を利用していた。

馴染《なじ》みの店員に案内され、店の奥側に面した上がり座敷の席へ着く。

新たに乾杯をし直してまもなくすると、穂美さんたちから少し離れたテーブル席にも、別の客が通されたのが目に入った。

長い黒髪をまっすぐに伸ばした、若い女性だった。

肌の色は抜けるように白く、大きくつぶらな瞳《ひとみ》が印象的な美人である。

服装は黒のジャケットにロングスカート。顔立ちがあどけないので、最初に見た時は未成年ではないのかと思ったが、再び席へやって来た店員にオーダーを伝える口ぶりは、とてもしっかりしたものだった。二十代の前半ぐらいではないかと穂美さんは思い直す。

女性はグラスワインの白とカプレーゼを頼んでいた。

まもなく運ばれてきたそれらを喫する所作は、横目で眺めているだけでも驚くほどに優雅で洗練されたものだった。まるで楽器を奏でるかのように酒と料理を愉《たの》しんでいる。

一方、穂美さんたちのテーブルにのっている酒は酎《ちゅう》ハイにハイボール。料理のほうも煮込みやゲソ揚げといった、ざっかけないものばかりである。

これに加えて彼女の美貌《びぼう》と自分の容姿までをも比べ合わせてみると、如何《いかん》ともし難い落差を感じてげんなりしてしまう。勝手に比べているのは自分のほうだし、彼女自身になんらの罪もないと理解はしているつもりでも、あまりいい気はしなかった。

そうした穂美さんの心情とは対照的に、テーブルの向かい側に陣取る男友達ふたりは、彼女に早くもぞっこんの様子だった。赤ら顔をにやにやさせながら彼女の様子を盛んに盗み見ては、「やばくね？」「マジで超やばくね？」などと囁《ささや》き合っている。

「やめなよ。聞こえるじゃん」

穂美さんの隣に座る女友達の沙理《さり》が、露骨に顔を苛《いら》つかせ、ふたりに釘《くぎ》を刺した。

「いいじゃん、別に！　だってほんとにやばくね？」

けれども男どもは沙理の苦言などお構いなしに、彼女へ熱をあげ続ける。

「ねえ、お姉さん！　よければ俺らと一緒に呑みませんかあ？」

そこへとうとう男友達のひとりが意気揚々と、彼女に声をかけてしまった。

短い空白があったのち、女性はこちらへ小さく首を振り向け、きょとんとした表情で男たちの顔を見た。続いて目元をわずかに綻《ほころ》ばせ、つまやかな笑みを浮かべて見せる。

「せっかくですけれど少し考え事をしていますので、遠慮させていただきます」

笛の音のように澄んだ声で女性は言った。

穂美さんは内心、「ざまあみろ」と思ったのだが、彼女の綺麗《きれい》な声を聞いた男どもは「おおーっ！」と歓喜の声をあげ、さらに調子づいてしまう。

「えー？　いいじゃん！　なんなら俺らが一緒に考えてあげる！　呑もうよ呑もう！」

自前のハイボールを呷《あお》りながらもうひとりの男友達が、さらに大きな声で女性を誘う。

けれども彼女は靡《なび》かない。代わりに小首を傾げ、困ったような笑みを浮かべて見せる。

男どもの誘いは止まることなく続いた。「いいじゃん、いいじゃーん！」を連呼して、傍《はた》から見ているこちらが恥ずかしくなるほど、なりふり構わずがっつきまくる。

それに対して彼女のほうは苦笑いを浮かべつつ、何度も「申しわけありませんが」と頭をさげ続けた。こちらはとても気の毒な光景である。

酔いの勢いもあるとはいえ、さすがにしつこすぎだろうと思い、穂美さんはふたりに注意を促そうとした。ところが先に口を開いたのは、隣に座る沙理のほうだった。

「つうかさあ、流れがもうウザいのね。一杯ぐらい付き合ってやったらいいんじゃね？お高くとまって勿体《もったい》ぶったりしてねえでよ」

予想外にも沙理が嚙《か》みついたのは男たちではなく、女性のほうだった。

沙理は沙理でだいぶ酒が入っていたのに加え、どうやら女性に対して穂美さん以上の劣等感を抱いていたようだった。先刻から男どもにちやほやされる彼女に強い敵愾心《てきがいしん》を滾《たぎ》らせているのは、ねちねちとした声音や歪《ゆが》んだ唇の形から推して明白だった。

「いえ、そういうつもりはないのですが……」

寸秒間を置き、女性が躊躇《ためら》いがちな素振りで沙理に言葉を返す。だが、そのひと言が沙理の気持ちを一層苛つかせ、彼女の言葉をますます強いものにしてしまった。

「は？　お高くとまってんじゃんよ。金、いっぱい持ってそうだね。何で稼いでんの？キャバ？　ヘルス？　AV？　どうせそんなとこだろ？　違うかよ？」

女性の着ている服を値踏みするような目つきで舐《な》め回しながら、沙理が大声で毒づく。

「いいえ、違います」

今度は微笑を浮かべながらも、毅然《きぜん》とした声風《こわぶり》で女性が答えた。

「あっそ。だったら単なるパパ活ビッチ？　いっつもこんな感じで呑み屋に張りついて、金持ちそうな親父を物色しまくってるとか？」

「それも違うんですけれどね……」

緩やかな微笑に少々困惑した色を滲《にじ》ませ、それでも声風はそのままに彼女が答える。

「やめなって！　悪いのは完全にこっちじゃん。この人がうちらに何したって言うの？　うちらが勝手に絡んでるだけだよ。最低じゃん！」

さすがに限界だろうと感じ、沙理の肩をきつく摑《つか》んで怒鳴りつけた。沙理はこちらをちらりと一瞥《いちべつ》したあと、わずかに目を伏せ、小さな声で「悪い」と言った。

「すいませんでした。もう絡んだりしませんので……」

女性に向かって穂美さんが頭をさげると、彼女はわずかに首を斜めに傾げて微笑んだ。

言葉は何も返ってこなかった。

せめてひと言くらい、何かあってもいいだろうに。

彼女の顔を見ながら出方をうかがったのだけれど、いくらも経たず穂美さんは視線を自分が座るテーブルのほうへと戻した。

大きくつぶらな彼女の瞳は、見つめているとなぜだか奈落《ならく》の底へ吸いこまれるような感覚を覚え、視線を長く留め置くことができなかった。

「ごめんなさいね、お嬢ちゃん」

せせら笑いを浮かべながら再び飛び出た沙理の皮肉めいた謝罪にも彼女は何も答えず、代わりに視線をテーブルの上に置かれたワイングラスへ落とす。

「トイレ行ってくる」

重苦しいため息を吐きながら、沙理がつまらなそうな顔で席を立った。

「頭冷やしてきなよ」と声をかけ、トイレに向かう沙理の背中を見送る。

テーブルの対面に座る男たちは、しょんぼりとした様子でちびちびと酒を呷っていた。

穂美さんもため息を漏らし、酒宴は一転、お通夜のような雰囲気にすり替わってしまう。

沙理がトイレに立って、一分近く経った頃だった。

隣の女性も席から立ちあがり、傍らに置いていたハンドバッグを片手にぶらさげると、静かな歩調で通路の奥へと姿を消した。

それからさらに十分ほどが過ぎた頃、ようやく沙理が席へ戻ってきた。

彼女の顔を見たとたん、穂美さんと男たちは思わず一斉に目を瞠《みは》って凍りつく。

沙理は両目を真っ赤に泣き腫《は》らし、顔面が無数の引っ掻《か》き傷でいっぱいになっていた。

流血こそしていなかったが、傷口は縫い糸ほどの太さがあり、主には頰と口元を中心に赤黒く染まった細い線が、幾重にも折り重なるような形で走っている。

「どうしたの！」と声をあげるなり、沙理は両目から大粒の涙をこぼしてしゃくりあげ、「自分でもなんだか、よく分かんない……」と答えた。

先ほど、トイレに向かってまもなくのことだという。

用を足し終え個室から出ると、洗面台の前にあのいけ好かない女が立っていた。

彼女は沙理のほうに身体の表を向け、通せんぼをするような恰好《かっこう》で立っている。

「なんだよ?」

女を睨《にら》み、鋭い声で牽制《けんせい》すると、彼女はくすりと鼻を鳴らして笑った。

続いて沙理の目を見つめたまま、洗面台の上に置いてある大きな花瓶に指を向ける。

「それ、飲んでください」

笛の音のように澄んだ声音で、女は言った。

細長い円筒形をしたガラス製の花瓶は、目算で五十センチほどの高さがある。

中には真紅の薔薇《ばら》がぎっしりと活《い》けられていた。花瓶の形状や大きさから推し量って、水もかなりの量が入っているに違いない。飲めるわけがないだろうと思った。

だが、たおやかな笑みを浮かべてこちらをまっすぐ見つめる女の目を見つめていると、なぜだか飲まないわけにはいかない気分になってしまう。

「全部。一気に。では失礼」

おどけた調子で言い切ると女は浅くうなずき、軽やかな足取りでトイレを出ていった。

墓場のように静まり返ったトイレにぽつんと独り、取り残されることになった沙理はそれからまもなく、のろのろとした動きで花瓶を両手に抱え、ガラスの縁へ唇をつけた。

本当はこんなことなどしたくけないのに、黙って花瓶の水を飲み始める。

花瓶に活けられた薔薇は、悪いことに棘《とげ》が処理されていなかった。

花瓶に鼻先を近づけ、唇を吸いつけようとした時には、鋭く尖《とが》った無数の棘が沙理の口元から頰の辺りを容赦なく引き裂いて、真っ赤な線を描いてしまった。

鋭い痛みに堪《たま》らず苦悶《くもん》の声があがり、涙で視界がどろりとぼやける。

しかし、それでも沙理は少しも顔を引っこめることなく、花瓶の縁に唇を引っつけて、中に溜《た》められた水を飲みだした。

水は四リットル近くあったのではないかという。ごくごく喉《のど》を鳴らして流しこんだが、飲んでも飲んでも水は一向に減っていく気がしなかった。

途中で何度も咽《むせ》ってしまい、吐きだしそうにもなった。けれども、水は一滴たりとも吐いてはならないと思い、死ぬ気で胃の腑《ふ》へ押し戻した。

女が「全部」と言ったからだ。少なくとも全部飲むまで、吐きだすことは許されない。

そうしてようやくの思いで花瓶の水を空にすると、沙理は再び個室の中へ閉じこもり、便器に向かって飲み干した水を噴水のごとく吐きだした。

己がいかに異常なことをしていたのかに思い至り、みるみる血の気が引き始めたのは、飲んだ水を全て吐きだし、ぱんぱんに膨れた胃袋が萎《しぼ》みだしてからのことだった。

正気に戻ってからもすぐには立ち直ることができず、個室の床にへたりこんだまま、しばらく放心しながら涙を流していたのだという。

とても信じられないような証言だったが、未《いま》だ心ここにあらずといった沙理の様子や顔についた傷を見ると、出鱈目《でたらめ》を言っているようにも思えなかった。

その後、男友達のひとりがレジのほうへ向かい、件《くだん》の女性のことを尋ねてきてくれた。すでに彼女は会計を済ませて店を出ていったとのことだった。

もはや呑《の》み続ける気分にもなれず、店員に頼んで沙理の傷を軽く手当てしてもらうと、穂美さんたちも会計を済ませて店を出た。

気づけば深夜三時を回る繁華街の路上は、いつもの夜と違って妙におどろおどろしく、一際物騒なものに感じられ、みんなで肩を寄せ合いながら家路を急いだ。

もしもあの女性がまだこの辺りにいて、どこかでばったり出くわしたらどうしよう。そうした思いも巡らせながら周囲に視線を配って歩き続けたのだけれど、結局この晩、彼女の姿を再び見かけることはなかった。

以後も繁華街で件の女性と出くわすことはなかったという。

だから彼女の素性や正体についても、くわしいことは未だに分からないままである。

「でもあの目。あたしも彼女の目を見て思ったんですけど、普通の目じゃなかったです。だからきっと、普通の人でもないんだって思っているんですけどね……」

囁《ささや》くように言葉をこぼし、穂美さんは話を結んだ。

宙返り【電話取材　二〇一七年五月二十日　土曜日】

取材を終えてまもなく、穂美さんから紹介を受けたのは、彼女の母親・咲《さき》さんだった。

昭和四十年代の後半、咲さんが小学校低学年の頃に体験した話だという。

ある秋の昼下がり、自宅の近所にある神社で友人たちとドングリ拾いに興じていると、ふいに頭上のほうから「おい」と声がした。

見あげた先には、小さな拝殿の屋根の上に座る老婆の姿があった。

白髪を頭頂部で丸く結わえた、着物姿の老婆である。

昔話に出てくるような雰囲気だった。

不審に思い、恐る恐る「何？」と声をかけると、老婆は屋根の上からにんまり笑って「手品」と応《こた》え、それから頭上にぽんと跳ねあがって宙返りをした。

屋根の上でくるりと回った老婆は、そのまま空中で煙のように姿を消してしまった。

老婆の姿は咲さん以外にも、その場にいた全員がはっきり目撃したそうである。

突き立つ【対面取材　二〇一七年五月二十七日　土曜日】

咲さんからは、知人の娘に当たる鈴奈《すずな》さんを紹介してもらった。

彼女が結婚してまもない頃の話である。

ある日、夫が仕事の都合で早朝に家を出ることになった。

鈴奈さんは四時頃に起床してパジャマ姿のまま弁当を作り、半分寝ぼけ眼で出勤する夫を見送った。

無事に役目を果たすと、眠気がどっとぶり返してくる。この日は自分も仕事だったが、出勤までにはまだまだ時間に余裕があった。二度寝をすることにする。

あくびをしながら寝室のドアを開けると、大きく開いた口が０の字を描いて固まった。

寝室の中では先刻まで自分が寝ていた布団の敷布が、三角テントのような形になって突き立っていた。まるで誰かが敷布を被《かぶ》って、布団の上に座っているような印象である。

思わず「誰ッ！」と叫んだが、敷布はぴんと屹立《きつりつ》したまま微動だにしない。

勢い任せにがばりと敷布を摑《つか》み払うと、中には誰の姿もなかった。

後にも先にもこんなことがあったのは、この時一度きりだという。

原因は【対面取材　二〇一七年六月八日　木曜日】

鈴奈さんの友人で、四谷《よつや》のマンションに独り暮らしをしている史枝《ふみえ》さんの体験である。

マンションに暮らし始めて五年ほど経ったある時期から、史枝さんはかなり質の悪い金縛りに遭うようになった。

金縛りは学生時代に何度か経験したことがあるのだけれど、意識をしっかり集中して身体が動くように念じれば、自然と痺《しび》れは解《ほぐ》れていったものである。

けれどもこの時の金縛りは、どれだけ意識を集中してもまったく身体が動かなかった。さらには胸部を強く圧迫されるような息苦しさにも見舞われ、毎回生きた心地がしない。

金縛りは週に一、二度の頻度で繰り返された。

金縛りが始まって三月近くが経った頃、とうとう進退窮まり、霊能師の許《もと》を訪ねた。話を聞いた霊能師は、「原因は部屋の中にあるから探してみなさい」と言った。

帰宅後、わけも分からず部屋の整理をしていると、居間に置いてあるサイドボードの抽斗《ひきだし》の中から歌舞伎《かぶき》座のお岩《いわ》さんの写真が出てきた。まるで身に覚えのない写真である。

だが、写真を処分して以来、金縛りはぴたりと治まってしまったそうである。

禍渦《まがうず》【対面取材　二〇一七年六月十四日　水曜日】

前回の取材から数日経ち、今度は史枝さんから仕事関係の知人だという美也子《みやこ》さんを紹介してもらった。彼女は映像関係の仕事をしている四十代の女性である。

「仕事柄、できれば記録に残しておきたいとは思うんだけど、ああいうのって向こうが記録されるのを拒否してくるのか、それとも何か不思議な力が作用してしまうのかしら。意外に画《え》として収めづらいものなんですよねえ……」

いつも取材に利用している新宿の喫茶店。テーブルの向かいで悩ましげな色を浮かべ、美也子さんは言った。

特に心霊系の映像を追っているわけではないのだが、二十年近くも映像関係の仕事に携わっていると、時折妙なものが撮れてしまうことはあるのだという。

とはいえ、それらの大半は些細《ささい》なものばかりだという。暗闇の中に光源の分からない発光物が映っていたり、撮影時には心当たりのない人影が画面の隅で揺らめいていたり、「妙な」といっても、せいぜいそんな程度のものだそうである。

裕木も、美也子さんが持参してくれた妙な映像をいくつか見せてもらったのだけれど、いずれも格別な印象を受けることはなかった。

「で、さっきの話に戻るんですけど、これまでに一度だけ、決定的な映像が撮れそうなチャンスはあったんですよ。それが今から聞いていただく話なんですけどね」

前置きしたのち、美也子さんは自身の奇怪な体験談を語りだした。

五年ほど前のことだという。

ある時、美也子さんは同僚の男性とふたりで、とある映像作品のロケハンに出掛けた。取引先から指定されたロケーションは廃墟《はいきょ》。和風の建築物がよいとのことだったので、あれこれ調べた結果、奥多摩《おくたま》の山中にある廃旅館に目星をつけた。

昼過ぎに車で都内を出発し、現地に着いたのは午後の三時近く。

旅館は、険しい山中を流れる細い川べりにひっそりと立っていた。旅館と言うよりは民宿と言われたほうがしっくりきそうな、二階建てのこぢんまりとした構えである。

道中、苦労して来た甲斐《かい》あって、内部の様子は雰囲気満点。申し分のないものだった。淀《よど》んだ湿気をたっぷり吸って黒ずんだ砂壁や畳、乱雑に倒れた襖《ふすま》や調度品のたぐいなど、その場に立っているだけで身震いするほど、旅館の内部は不穏な様相に彩られていた。

「いいね。ここでもう決まりでしょう」

引きつった笑みを浮かべつつ、同僚と並んで二階の廊下を歩いていると、ふいに彼が「お」と小さく声をあげ、呆《ほう》けた顔で頭上に視線を向けた。

なんだと思って視線をたどって見あげた先には、ぐるぐると渦を描きながら宙に浮く得体の知れない物体があった。

大きさは人の顔と同じくらい。

色は黒く、形は丸いのだけれど、円の外から中心に向かって、筆が走るような動きで細い線が幾重にもぐるぐるとうねっている。

得体の知れない漆黒の渦巻きは、薄暗く染まった廊下の天井付近で浮きも沈みもせず、ぐるぐると幾重にも円を描きながら滞空している。

怖いというより、奇妙に思う気持ちのほうが勝り、気づけばカメラを向けていた。

「なんなのこれ？　自然現象？　それとも心霊？」

頭上の渦を撮影しながら同僚に問うたが、彼のほうも頻《しき》りに首を捻《ひね》るばかりである。

「ちょっと突ついてみようか？」

そのうち同僚が言いだして、近くに転がっていた角材を手に取った。わずかに躊躇《ためら》う素振りを見せながらも、やおら渦に向かって先端を近づける。

とたんにぶわりと渦が膨れあがり、美也子さんらの眼前に迫るほどの大きさになった。

ふたりで「ぎゃっ！」と悲鳴をあげ、背後へ飛び退く。

渦はつかのま、ふたりの視界を真っ黒に埋め尽くしたあと、煙霧が晴れるかのように消え去った。驚きながらもすかさず周囲に視線を巡らせて見たのだが、視界に映るのは湿気と陰気にまみれて朽ちかけた、旅館の廊下だけだった。

ここでようやく怖《お》じ気が湧きたち、ふたりは再び悲鳴を張りあげると、倒《こ》けつ転《まろ》びつ旅館を飛びだし、奥深い山中から一目散に逃げだした。

同僚がハンドルを握る車で山中を下りながら、先ほど撮影した映像を確認してみると、薄暗い天井が映っているばかりで、渦らしきものは影も形も映っていなかった。

けれども記憶の中には今しがた、我が目で捉《とら》えた得体の知れない渦の画が残っている。

あれは一体なんだったのか。どうして映像に映らなかったのか。

同僚とふたり、車中で蒼《あお》ざめながらあれこれ議論を交わし合ったものの、結局都心へ帰り着くまでの間に、答えらしい答えが出ることはなかった。


翌朝目覚めると、ひどい熱をだしていた。

仕事を休むため、職場に電話を入れると、昨日ロケハンに同行した同僚も熱をだして休むのだと知らされた。なんとも言えない嫌な予感が脳裏をよぎる。

熱は三日ほどで下がったのだけれど、その後も身体のだるさが抜けなかった。全身が鉛のように重い。同僚も同じくらいで熱が引いたが、やはり身体がひどくだるいと言う。

体調不良は二週間近くが過ぎても治まらず、いよいよのっぴきならない心境になった。

同僚と相談し、藁《わら》にも縋《すが》る思いで霊能師の許を訪ねることにする。

ふたりの話を聞いた霊能師は、その場ですぐにお祓《はら》いをしてくれた。

「質の悪い妖気《ようき》に当てられたのでしょう。これでまもなく良くなるはずです」と言う。

得体の知れない黒渦の正体を尋ねた美也子さんに、霊能師はしばらく考えこんだのち、

「おそらくだけれど形から考えて、生首だったのではないでしょうか？」と答えた。

この世ならざるものというのは、それを目にするものや、目にする時の状況によって、見え方が変わることがあるのだという。怪しいものを見かけたり、感じ取ったりしたら下手に刺激をしないほうがいいとも言われた。改めてカメラを向けたことを後悔する。「まもなく良くなる」という霊能師の言葉どおり、あれだけひどかった身体のだるさは、その日のうちにすっかり治まってしまったという。

結局、件《くだん》の廃旅館は撮影には使わず、都心で見つけた空き家で賄ったそうである。

「その霊能師の先生、すごく丁寧な人で、お祓い事件のあとも何か困ったことがあると、いろいろ相談に乗ってもらっているんですよ」

話を終えた美也子さんが言う。

裕木が「そうなんですか」と応《こた》えると、彼女はそこで「あ」と声をあげつつ、両手をぺちりと拝むような形で貼り合わせた。

「次の取材相手も紹介しなくちゃならないんですよね？　だったら次は、その霊能師の先生っていうのはどうですか。優しい人でもあるし、多分OKだと思うんですけど」

霊能師は過去にも二度、取材をさせてもらったことがある。

裕木の怪談取材を心配しているのだという柳原鏡香と、裕木に彼女を紹介してくれた、伊勢千緒里《いせちおり》の二名である。どちらも都内に暮らす四十代の霊能師で、昨年十月に続けて取材をさせてもらっている。

ふたりとも本職ならではの貴重な体験談を聞かせてくれたので、再び霊能師の取材をさせてもらうのもありかと思った。「お願いします」と答える。

美也子さんは裕木の言葉にうなずくと、すぐさま霊能師に電話で連絡を入れてくれた。まもなく通話が始まり、先方へ用件を伝え始める。

ところがテーブル越しに様子をうかがっていると、会話の様子がおかしくなってきた。スマホのスピーカーから聞こえてくる先方の声に美也子さんは憮然《ぶぜん》とした表情を浮かべ、頻りにこちらへ視線を向けてくる。

「どうしたんですか？」

不審に思って声をかけると、美也子さんは「代わったほうが早いみたい」と苦笑して、スマホをよこした。電話を代わって挨拶《あいさつ》するなり、聞こえてきた声に裕木は驚く。

「え……もしかして、鏡香さん？」

電話の相手はなんと柳原鏡香だった。思いがけない奇遇に素《す》っ頓狂《とんきょう》な吐息がこぼれる。一瞬、美也子さんに他の人を紹介してもらおうかと考えた。そこはかとない気後れを感じて躊躇いが生じた。けれども、せっかくの厚意を無下にするのはどうかと思ったし、取材相手が被ってはならないという決まりもない。状況を冷静に判断し、腹を決める。

電話口で再度の取材を申し出ると、鏡香は快く了解してくれた。

およそ八ヶ月ぶりに彼女と対面する日取りを決め、この日の取材は終わりとなった。

要塞《ようさい》の家【対面取材　二〇一七年六月十六日　金曜日】

美也子さんの取材から二日後、週末の午後七時に鏡香と顔を合わせた。

場所は都心の雑居ビルの中に構える、千緒里の事務所である。鏡香の指定だった。

彼女は都心から遠く離れた西部の田舎町に暮らしているため、こちらから向かうには交通の便が悪い。前回の取材は鏡香の提案で、いつもの新宿の喫茶店にておこなった。

だから裕木は、今回も喫茶店での取材を申し出たのだが、案に相違して彼女のほうは此度《こたび》、千緒里の事務所を取材場所に指定した。

理由を尋ねると、「お金がかかるでしょう?」と笑われた。千緒里の事務所だったら、自分が持参した〝とっておきの紅茶〟を無料で好きなだけご馳走《ちそう》してあげると言う。

時間も気兼ねせずに話せるし、よかったらぜひそうしましょうとのことだった。

正直なところ、裕木としては喫茶店で対面するほうがはるかに気楽だったのだけれど、そこまで言われては断るわけにもいかなかった。やむなく従うことにしたのである。

「ご無沙汰《ぶさた》しています。改めまして、今夜はよろしくお願いいたします」

応接室のソファーセットに対面して座る鏡香に頭をさげると、彼女もふわりと笑んで、

「こちらこそ、よろしくお願いします」と応えた。隣には千緒里も笑顔で座っている。

「さっそくだけどホットとアイス、どっちがいい？」

一瞬、何を訊《き》かれたのか分からず、困惑したのだが、すぐに紅茶のことだと思い至る。そういえばすでに六月半ばである。ここ最近は気温も連日、三十度に迫る暑い日が続き、梅雨入りした影響で空気もじめじめと蒸していた。自《おの》ずと冷たい飲み物が欲しくなる。

「じゃあ、アイスのほうでお願いします」

答えると鏡香は立ちあがり、応接室に隣接する給湯室のほうへ向かっていった。

「最近、首尾のほうはどうなの？　怖い話はたくさん集まってる？」

千緒里が悪戯《いたずら》っぽい笑みを浮かべて、裕木に尋ねてきた。

「ええ、おかげさまで興味深い話がたくさん集まってます。とうとう百話を超えました。まだまだいけるかなって思ってます」

裕木の回答に千緒里は「へえ！」と太い声を漏らし、それから「すごいね」と笑った。

つい数日前、これまで取材レポートにまとめてきた怪談の話数を確かめてみたところ、すでに百十話を超えていたことを知った。

二〇一五年六月の取材開始から、およそ二年で百話。比較対象がないため、果たしてこの数が多いのか少ないのかは判じかねるけれど、我ながらよくやってきたとは思った。千緒里の反応も上々だったので、それなりの成果なのではないかと感じる。

ふたりで談笑していたところへ鏡香が給湯室から戻ってきた。手にしたお盆の上には、見目鮮やかな琥珀色《こはくいろ》の液体が注がれたグラスが三人分のっている。

さっそく飲ませてもらうと、しゅわしゅわとした喉越《のどご》しとともに紅茶の芳醇《ほうじゅん》な香りと柑橘類《かんきつるい》の酸味を帯びた甘みが口いっぱいに広がり、たちまち爽《さわ》やかな気分になった。カルテット・サマーと言うらしい。水出しした紅茶にオレンジジュースとシロップを加えたもので、暑気払いにぴったりのアイスティーだと鏡香は言った。

裕木もそのとおりだと思った。肌を蝕《むしば》んでいた不快な暑さが鎮まるように引いていく。

「さて……。冷たい紅茶で涼しくなってきたところで、そろそろ始めましょうか?」

テーブル越しに柔和な笑みを浮かべ、鏡香が言った。

メモ書き用のノートを開き、「お願いします」と答えると、鏡香はやおら語り始めた。

「去年に聞いていただいた話とは違って、今回はわたしの仕事にまつわる話になります。もうかれこれ六年前になるのかな……。わたしが都心に事務所を構えて仕事をしていて、娘の加奈江もまだ元気だった頃。物凄《ものすご》く異様な相談を手掛けたことがあるんです」

二〇一一年二月の初め頃だという。昼間、鏡香の事務所へ一本の電話が入った。

電話の相手は静原素子《しずはらもとこ》と名乗る女性で、掠《かす》れ気味で張りのない声色から、それなりに薹《とう》の立った人物ではないかと感じた。今現在は、江戸川《えどがわ》区内にある住宅地に家を構えて暮らしているとのことだった。しばらく前から半分寝たきりなのだという。

用件を伺ったところ、彼女は「自宅の内外に魔除《まよ》けの結界を張ってほしい」と答えた。霊符を用いた結界の作成は以前から手掛けていたので、鏡香は一応承諾する。

　そのうえで事情を尋ねてみたのだが、こちらの問いかけに彼女は声を曇らせてしまう。少々込み入った内容なので、電話口で話すのは遠慮したいとのことだった。

「実際に現場の状況をお見せしながら、くわしい説明をさせていただきたいのです」

代わりにこんな提案を持ち掛けられる。

　仕事を引き受けられるか否かについては、その折に判断してもらって構わないという。答えの可否にかかわらず、交通費を含む出張費も全額負担するとのことだった。

　摑《つか》みどころのない申し出に初めはあまり気が進まず、答えを決めあぐねたのだけれど、結局は「お願いします」という素子の言葉に押され、彼女の住まいへ赴く運びとなった。二日後の午後と約束を交わし、通話を終える。

　当日は電車に乗って江戸川区の最寄り駅に降り立ち、そこから先はタクシーを使って現地へ向かった。駅から十分ほどで寂れた住宅地の中へ入る。

　やがて着いたのは、車一台がようやく通れるほどの細い路地を進んでいった先に立つ、小さな民家の門前だった。昭和の古びた香りが色濃く漂う、木造平屋建ての家屋である。家の周囲にはぐるりと板塀が張り巡らされ、門口も分厚い板戸で固く閉ざされている。車から降り、門の前で素子に電話を入れると「すぐに開けさせます」とのことだった。家の様子を眺めながら待つ。

　板塀はそれなりに古びた風合いを醸しだしているのに対し、板戸のほうはまだ新しい。破損や老朽化が原因で交換されたか、あとから取り付けられたような印象である。

門前に立っていて、特にこれといって視えざる何かの怪しい気配を感じることはない。

その代わり、板戸越しに見える玄関口の上方にカメラが設置されているのが目に入った。

初めは大して気にも留めなかったのだけれど、視線を玄関口から家屋の左右に移すと、軒裏の両端にもカメラがぶらさがっているのが見つかり、矢庭に疑念が生じ始める。

こんなにも監視の目が必要になるほど、一体何を警戒しているというのだろう？

カメラの存在に加え、玄関戸を含む家の前側に面した窓は全て、黒い遮光カーテンで閉ざされていた。そのため、家の外から内部の様子をうかがい見ることは一切できない。

周囲に怪しい気配は感じずとも、異様な構えを見せる家の様相自体が怪しかった。

思っているまに玄関戸が開き、中からひとりの女性が出てきた。

四十代とおぼしき、銀縁眼鏡に黒いスーツ姿をした、身綺麗《みぎれい》な雰囲気の人物である。

続いて眼前の板戸も鍵《かぎ》が外され、開かれる。

「どうぞ中へ」

淀《よど》みのない口調で言い切るや、彼女は鏡香を招き入れ、手早く板戸の鍵を閉め直した。

そのまま踵《きびす》を返し、まっすぐ玄関口へと引き返していく。鏡香も慌ててうしろを追った。

玄関戸も同じく、鏡香が中へ入るとすぐに鍵が掛けられる。

「本日はご多忙のところ、ご足労をいただきありがとうございます。宇津井《うつい》と申します。静原は奥で待っております。足元に気をつけてお進みください」

鍵を掛け終えると、今度は極めて慇懃《いんぎん》な挨拶をされ、ますます面食らうことになった。

依頼主とは姓が違うし、物腰と言葉遣いから察するに彼女は静原の身内などではなく、助手か部下のような存在なのかと思う。カメラに続いて、予期せぬ展開だった。

玄関口に面した家の廊下には、煌々《こうこう》と電気の光が瞬いている。玄関戸を始め、視界に映る全ての窓ガラスには、やはり黒くて分厚い遮光カーテンが掛けられていた。

宇津井に促され、廊下を伝って家の奥へと向かって進んでいく。少し歩いたところで、隣に並んでいた宇津井が「あ」と声をあげた。

「髪に何か付いています」

そう言って鏡香の頭に手を伸ばし、耳の上に掛かる髪筋を指先で挟みながら滑らせる。頭皮に「ぷちり」と小さく鋭い痛みが走り、鏡香も思わず「んっ」と声をあげた。

「綿埃《わたぼこり》みたいです。玄関をくぐる時にでも付いたのでしょうか。なにぶん古い家なので、申し訳ありません」

流暢《りゅうちょう》な声で語りつつ、二本の指で摑んだ灰色の埃《ほこり》を見せる。確かに綿埃のようだった。

丁重に礼を述べ、再び廊下を奥へ向かって進んでいく。

突き当たりの角を右に曲がると、廊下の先に年季の入った薄黒い引き戸が見えてきた。

宇津井が開けた戸の向こうは、十二畳敷きの広々とした畳部屋になっている。

部屋の中央には布団が敷かれ、ひとりの女性が横臥《おうが》しながらこちらを見ていた。

歳は五十代の後半ぐらいだろうか。浅黒く、血色の悪そうな面貌《めんぼう》にはやつれたような色合いも滲《にじ》み、そこはかとなく生気に乏しい面差しをしている。

布団の傍らには切り株で拵《こしら》えた丸い座卓が置かれ、こちらには別の女性の姿もあった。歳の頃は二十代の後半から三十代の初めぐらい。

肩口で切り揃えた黒髪の間から覗《のぞ》く小ぶりな面は、肌の色が若干抜けて乳脂のように薄白く、どことなく腺病質《せんびょうしつ》そうな印象を抱かせる。鏡香のほうを伏し目がちに見つめる表情は硬く、心なしか沈んでいるようにも見受けられた。

部屋の奥には押入れの襖《ふすま》を外して改装したとおぼしき、四角くへこんだ空間があった。中には三段式の大きな雛段《ひなだん》が設《しつら》えられている。棚板の最上段には車のバッテリーほどの大きさをした木箱が置かれ、他の段には供物やお鈴《りん》、香炉などが整然と並べられている。部屋の窓もやはり遮光カーテンで閉ざされ、外の光は一筋も差しこんできていない。

「ようこそいらっしゃいました。静原素子です。どうぞ、お座りになってください」

布団からよろよろと身を起こして素子が言った。電話で聞いた声と同じ、掠れ気味で張りのない声音である。手短に自己紹介と挨拶《あいさつ》を済まし、枕元へ腰をおろす。

「これから順を追って、このたびの依頼に関するくわしい事情を説明させてもらおうと思うのですが、その前に、まずはこちらの方をご紹介したほうがよろしいかと思います。実は彼女も柳原さんと同じく、本職の霊能師をされている方なのです」

素子に目配せをされ、霊能師と紹介された若い女性が鏡香のほうへ身体を向ける。

「初めまして、小橋美琴《こばしみこと》と申します。どうぞ、よろしくお願いいたします……」

まるで鳩尾《みぞおち》を殴られたかのような苦しげな面持ちで、美琴は深々と頭をさげた。

「どういうことでしょう。本日のご相談に関して、わたしの他にもプロの霊能師の方にご依頼をされていたということでしょうか？」

戸惑いながら鏡香が問うと、素子は「何かと込み入った事情がありまして」と言った。

「今回の件において小橋さんには、すでに二月ほど前からご協力をいただいております。昨年十二月からですね。当時は小橋さんの他にもう一名、別の方がいらしたのですが、あいにくその後に体調を崩してしまい、仕事を辞退されてしまったのです」

ますます訳が分からなくなってくる。そこへさらに素子が言葉を続けた。

「失礼ながら電話口では断られてしまうのではないかと思い、話を伏せていたのですが、このたびの件は小橋さんと二人体制で執り行っていただくよう、お願いしたいのです」

「内容と条件次第でしょうか。こういった形で仕事をするのは非常に稀有《けう》なことですし、まずは詳細をお伺いしてみないことには、お答えいたしかねるご質問です」

鏡香が率直な意見を述べると、素子は寸秒置いて「承知いたしました」と言葉を返し、事のあらましを語り始めた。

三年前から素子は、ある人物に身の安全を脅かされているのだという。呪詛《じゅそ》や邪術に関して相当な心得のある人物で、素子に深い怨《うら》みを抱いているとのことだった。

トラブルが起こった経緯や対象人物の素性について、素子はつまびらかにしなかった。自分の所感のみを一方的に語り倒すだけでは不公平が生じて、見方が偏る恐れがあるし、さらに本音を語るなら、相手の名前を口にすることすら忌避しているのだという。

「それでも話を続けて構いませんか？」という素子の問いにうなずき、再び耳を傾ける。

彼女は三年前の夏まで、品川区にあるマンションに暮らしていた。

だが、ある日を境に周囲で不穏な気配を感じるようになり、慌てて今の住まいとなるこの住宅地に中古の一軒家を買い求めて引越してきた。住まいを移し変えて二年近くは何事もなく暮らし続けていられたのだけれど、去年の春辺りからまたぞろ、家の周囲に不穏な気配を感じるようになったのだという。

「おそらくは、生身の本人自身も時々様子を探りに足を運んで来ているのでしょうけど、主には悪い霊を使役して、陰からこちらを潰《つぶ》す手はずで動いているようです」

素子は件《くだん》の人物を便宜的に「襲撃者」と呼称した。

彼女が語るところによれば、襲撃者は九分九厘、使鬼神法《しきしんぽう》と呼ばれる呪術を駆使して、この世ならざる悪しき者たちを此家《このや》へ定期的に差し向けてくるのだそうである。

ただ、素子のほうも住まいを新たにした段階から、こうした事態になることを想定し、事前に相応の対抗策を施していた。それが家の四方に張り巡らす、魔除《まよ》けの結界だった。

「薄々お気づきになっているかも知れませんが、わたし自身もこうした方面には一応の心得があります。本来でしたら、個人で一切の対応をするのが筋なのでしょうが」

初めの頃は独りで防戦していたのだけれど、度重なる襲撃者の攻勢によってしだいに身も心も衰え、今はもう誰かの助力がなければ立ち行かなくなってしまったのだという。

とにかく個人で万全を期すには、防衛に要する負担が大き過ぎると素子は言った。

鏡香も過去には何度か、同業者とおぼしき人物から生霊を差し向けられたことがある。けれどもそれらは全て軽微な被害に終わっている。こちらが講じた対抗策も生霊返しの祓《はら》いを軽く執り行ったぐらいで、事態はほどなく終息していた。

だから自身の経験と比べると、素子が現在被っているという被害と対抗策は両方とも、あまりに異様な印象だった。こんな話は、今まで一度も聞いた試しがない。

使鬼神法などという専門用語を交えた説明や、傍らに設えられた祭壇の様子を見れば、彼女が一般人ではなく、自分に近い立ち位置にいる人物だということはすぐに分かった。今現在はどうなのかは判じかねるが、あるいはれっきとした本職なのかもしれない。

思い切って彼女の素性について尋ねたものの、素子はそれについても言葉を濁らせた。

「何かと複雑な背景があって、全てを明かすことはできません。ただ、お察しのとおり、わたしも柳原さんや小橋さんと同じ本職ではあります。わたしに対する所感については、こちらの言説などを汲《く》み取り、独自にご判断をしていただければと思います」

少しずつ話の全容が見えてくる半面、またしても肝心な部分が伏せられてしまう。

二の句が継げずにいるところへ素子がさらに話を続けた。

「このたび、柳原さんにお願いしたいのは、先日電話でもお伝えしたとおり、この家に魔除けの結界を作っていただくこと。ただそれだけです。一度限りでも結構なのですが、できれば定期的にお越しになっていただき、その都度、結界の状態を確認されたうえで保全や補強に関する作業もおこなっていただけると大変ありがたく思います」

「そうですか……。でも、魔除けの結界を作ってその後の管理をするだけなのでしたら、こちらの小橋さんおひとりでも十分なのではないでしょうか？」

美琴の顔を横目でうかがいながら尋ねると、素子は唇の端から掠《かす》れた細い息を洩《も》らし、「そんなに容易《たやす》いことではないのですよ」と答えた。

「小橋さんがお作りになった結界符をご覧になれば、ご理解いただけることと思います。一個人の対応のみでは到底安心できないほど、向こうの攻勢は激しいのです」

萎《しお》れた笑みを浮かべて語り終えると、素子は窓辺に面した部屋の角の上方を指差した。

天井に近い壁面に黄ばんだ紙札が貼られている。紙の端はところどころ繊維がほつれ、ぼろぼろと粉のような調子になって崩れかかっていた。いつ頃貼られた物かと思う。

「二週間ほど前に小橋さんがお作りになって以前の物と貼り直した、新しい結界符です。御札はせいぜいもって、これくらいの期間が限界なのです」

思わず耳を疑いながら、半ば朽ちかけた紙札に視線を奪われていると、続いて素子は戸口のそばに座っていた宇津井に声をかけ、「他の結界符もご覧に入れます」と言った。

宇津井が引き戸を開けるのを見計らうようにして、美琴も座卓の前から立ちあがる。

それからふたりに先導されつつ、家の内外に貼られた結界符を見て回った。

家内の札は、素子がいた部屋の他に三枚あった。玄関口の右手に面した居間、居間の反対側にある玄関口の左手に面した洋室、そして素子がいた部屋の対角線上に位置する納戸の中。四枚の結界符は儀礼に則《のっと》り、家の四方に正しく貼りつけられている。

だが、いずれの結界符も色が黄ばんで、端のほうからぼろぼろと擦り切れ始めていた。一応、美琴にも確認してみたのだが、紛れもなく二週間ほど前に貼り直した物だという。

家の外に配置された結界符のほうは、さらに状態がひどかった。

こちらは敷地の周りを囲む板塀の角に面した庭の土中に、同じく四枚配置されていた。鎮物《しずめもの》と同じ要領で、紙札を収めた桐の小箱が土の中に埋められている。

美琴がスコップで掘り返して蓋《ふた》を開けると、元は純白だったはずの結界符は黄ばみを通り越した濃い黄土色に染まり、箱の中で乾いた枯れ葉のごとくばらばらになっていた。土の中に埋められていたため、湿気の影響などによるものではないかと思ったのだが、箱の中には結界符の他に、折り紙ほどの大きさをした純白の四角い紙きれも入っていた。美琴が語るには、結界符を作成した紙と同じ材質の物なのだという。

「何度も実験しているんですけど、変色して破損するのは結界符のほうだけなんです」

変わり果てた結界符の残骸《ざんがい》に視線を落としながら、美琴が暗い声でつぶやいた。

その後は再び家の中へ戻り、今度は玄関口の左手に面した洋室の隣の部屋へ通される。

こちらは八畳敷きの和室で、壁際に設えた文机《ふづくえ》の上に中型の液晶テレビが置かれている。五分割された画面の中には、庭先や板塀の様子が映しだされていた。

「防犯カメラが映した映像は、基本的に全て録画しておくようにしています」

文机の前に腰をおろした宇津井が言う。防犯カメラは先刻、鏡香が目にした三台の他、家の裏側に面した軒裏の両端にも二台、合計五台が設置されているそうである。

「こちらもぜひ、ご覧になってみてください」

そう言って、文机の引き出しから取りだした一枚のディスクを、文机の隣に置かれたスチール棚の中にあるDVDデッキへ挿入する。まもなく五分割されていたモニターの映像が暗転し、代わりに大きくひとつとなった映像が液晶画面に現れる。

「去年の十一月、家の裏側に設置してあるカメラの一台が撮影した映像です」

宇津井が語ったとおり、画面の下側には「２０１０／11／03　01：48」と横に並んだ白いアラビア数字が表示されている。

時刻は深夜。軒裏からの俯瞰《ふかん》視点で撮影された裏庭の板塀と、板塀の向こうに延びる細い路地の様子が、白黒の赤外線暗視モードで映されていた。

映像が始まって十秒ほど経つと、路地の向こうから板塀に向かってどす黒く染まった人影が近づいてくるのが見え始める。文字通り、最初は何者かの影が映っているのかと思ってしまうのだけれど、塀との距離が狭まっていくにつれ、それが誰のものでもない〝ただの黒い影〟だということが分かる。

影は板塀にぶつかるほどの距離まで到達したところで、ふつりと姿が掻《か》き消えた。

「次はこちらをご覧ください。玄関先のカメラが撮影した映像です」

宇津井がリモコンのスキップボタンを押すと、今度も白黒の暗い映像が映しだされた。こちらは画面の正面に、固く閉ざされた門口の板戸と家の前に延びる路地が映っていた。画面の表示されている日時は「２０１０／08／24　02：12」である。

映像が始まってまもなくすると、板戸の向こう側から何かがぬっと輪郭を突きだした。どうやら人の頭のようだった。続いて指とおぼしき細長い輪郭も二組、頭の両脇に現れ、板戸の縁にぞろぞろと引っ掛かるのが見えた。

こちらも目鼻口の判別がつかないシルエットなのだが、色は黒ではなく真っ赤である。頭から鮮血を浴びたかのように赤い。白黒二色の暗視モードで撮影された映像としては決して有り得ない色みを帯びて、赤い人影は板戸の前でゆらゆらと首を動かしていた。

他にも十点近く、奇怪な人影が映った映像を見せられた。

大半が深夜に撮影されたものだったが、中には昼間や夕方に撮影された映像もあった。いずれの映像に映る人影も板塀や板戸に接近するか、輪郭を貼りつかせるかしたあとにふつりと姿を消している。

「たびたびこういうものが映っていることがあるんです」と宇津井は言った。

「これはなんですか？」という質問は、敢《あ》えてしなかった。素子に説明された前振りと結界符に起きている異常を考えれば、何も訊《き》かずとも答えは勝手に導きだされた。

代わりに別の質問を向けてみる。

「生身の人間、さっき静原さんがおっしゃっていた襲撃者の姿が映っていたことは？」

「いいえ。そちらは今のところ、一度も確認されたことはありません」

けれども先ほど素子が語っていたのと同じく、件の襲撃者については宇津井も何度か、家の周囲で不審な人の気配を感じたことがあるという。

そうした事実があるのに加え、体調を崩したことも重なり、素子はこの一年近くの間、家から外に出ることは一切ない。身の回りの世話は二十四時間体制で宇津井がおこない、医者も素性が確かな人物に頼んで往診してもらっているのだという。

素子との関係についてさりげなく尋ねると、宇津井は「古くからの助手です」とだけ答えた。こちらも「そうですか」とだけ応《こた》え、素子が臥《ふ》せる部屋まで戻る。

「どうでした？　状況を呑《の》みこまれる手掛かりにはなられましたか？」

素子の問いに「ええ」と返し、そのうえでひとつの提案を持ち掛けてみる。

「いっそのこと、こちらに被害を及ぼしている人物に反撃を試みるのはいかがですか？生身の人間が相手になりますし、本来ならばあまり気の進まない手段ではあるのですが、被害の激しさや長さを考えると、こちらもなんらかの攻勢に転じて相手の気勢を削《そ》ぐか、あるいはこうした兇行《きょうこう》を完全に止めさせるくらいの手段を用いるのも一計かと思います。いかがでしょうか？」

鏡香なりに現状を把握した末での判断だった。得体の知れない襲撃者と素子との間にいかなる因縁があるにせよ、外法《げほう》によるものとおぼしき陰からの攻撃は、手段も勢いも常軌を逸している。結界符による防戦一方では、いずれ完全に潰《つぶ》される日が来るだろう。

現に美琴が作った結界符の惨状を見れば、こちらはすでにジリ貧と思わざるを得ない。このままの状況を維持していくだけよりは、攻勢にも出るべきではないかと判じたのだ。

ところが鏡香の提案に、素子は首を縦には振らなかった。

わずかに逡巡《しゅんじゅん》するような素振りさえ見せず、「その必要はありません」と言う。

「どうしてですか？」と尋ねた鏡香に、素子は憂いを含んだような奇妙な微笑を浮かべ、

「到底勝てる相手ではありませんから」と答えた。

大局を見誤ってこちらが生半《なまなか》な反撃に出れば、かえって向こうを刺激することになり、その後はさらに苛烈《かれつ》な手段を用いて攻められる可能性が高いだろうとのことだった。

だから素子の希望は、あくまでも「魔除《まよ》けの結界の維持補強」にこそあるのだという。

それに加えて自分も今後の流れに関して、まったく無策なわけでもないと語った。

「いずれ遠からぬ先に都内を大きく離れ、どこかの地方に移り住む予定で考えています。現在、宇津井に最適な土地と物件を探させていますので、見つかり次第動くつもりです。それまでの間、柳原さんと小橋さんには、この家の防衛だけをお願いしたいのです」

未《いま》だに不明な点は多々あれど、ここまで実情を知ってしまい、さらには布団の上からやつれた顔で乞《こ》われると、今さら断ることもできなかった。

「承知しました。できうる限りのことはさせていただきます」と答え、差し当たっては素子の依頼を全面的に引き受けることになる。

その後、美琴が新しい結界符をあてがい直すのに同行して、鏡香も事前に作ってきた結界符を家の四方と庭の四方に設置して回った。

ふたりで作業しているさなかも、美琴は相変わらず暗い表情を浮かべたままだったが、こちらの問いかけには控え目ながらも丁寧な雰囲気で応じてくれた。

美琴は霊能師の仕事を始めて、そろそろ七年ほどになるのだという。

一方、鏡香はこの頃、開業から八年目を迎えようとしていた。

自分よりもだいぶ歳が若かったし、いかにも自信のなさそうに見える物腰から察して、経験も浅いのだろうと勝手に思いこんでいたのだが、実際のところは互いのキャリアに大した違いはなかった。穿《うが》った見方はすべきでないなと心密《ひそ》かに反省する。

「この家に関する件、柳原さんにもお力添えをいただけることになって、安心しました。改めてよろしくお願いいたします」

庭の土中に新しい結界符を収めた小箱を埋め直していた時、あえかな笑みを浮かべた美琴に頭をさげられた。鏡香も「こちらこそ」と微笑み、彼女に倣って頭《こうべ》を垂れる。

美琴の語るところによれば昨年十二月、素子の依頼を受けた頃に先役としてこの家に携わっていたのは、五十過ぎの女性霊能師だったのだという。

その後、先月の上旬まで三度ほど顔を合わせる機会があり、ふたりで結界符の交換や補強に当たっていた。ところが最後に仕事をしてから数日後、彼女は体調不良を理由にあえなく手を引いてしまったそうである。

彼女の前にも何人か、この一年余りの間に本職の霊能師らが雇われ、代わる代わるに辞めていったという話も聞かされた。いずれも理由は体調不良とのことである。

かくいう美琴自身も、最近はあまり体調が優れないとのことだった。肩こりがひどく、風邪を引いているわけでもないのに背筋に悪寒が生じることが多いのだという。

話の流れを鑑《かんが》みれば、この家に関わっているのが原因だろうと思わざるを得なかった。以前に辞めていった霊能師たちも大体、同じような症状を訴えていたそうである。

「わたしもそうだと思うんですが、仕事で体調に影響が出るのは珍しいことじゃないし、今回の件も関わってしまった以上は、仕方がないと割り切るようにしています」

鏡香が指摘すると、美琴は自分に言い聞かせるように小さくうなずきながら応えた。責任感の強い人なのだなと感じつつも、その一方では今さらながらに、とんでもない仕事を引き受けてしまったものだと思う。

新たな結界符を二組分、家の内外に配置し直すと、この日の仕事は打ち止めとなった。次は二週間後を目安に紙札の状態を確認するため、再訪することになる。美琴と予定を擦り合わせ、同じ日に訪ねることにした。

その間に万が一、不測の事態が起こった場合には、連絡させてもらうとのことだった。素子に別れの挨拶《あいさつ》を告げ、宇津井に門口まで付き添われて家を出る。

鏡香と美琴が門前の路地に立つと、板戸はすぐに固く鍵《かぎ》を掛けて閉ざされた。

美琴は車で来ているのだという。彼女の厚意で駅まで乗せてもらうことになる。

美琴の車は、素子の家からだいぶ離れた有料駐車場に停められていた。車に乗りこみ、駅へと向かう車中で件《くだん》の襲撃者について尋ねてみたのだけれど、美琴もくわしい素性は何も聞かされていないとのことだった。

だが、少なくとも只者《ただもの》ではないだろうと言う。鏡香もそれについては同感だった。

それから二週間後、二月の半ばを過ぎた昼過ぎに再び素子の家を訪ねた。

前回設置した結界符は一枚残らず、色が黄ばんで朽ち始めていた。

新たに鏡香が追加した分を合わせ、十六枚の紙札で二組分の結界が形成されたゆえか、小箱に収めた庭の紙札は、前回のように細かくばらけてはいなかった。家の中に貼った紙札と同じく、黄ばみを帯びてぼろぼろと端のほうから擦り切れてきているだけだった。

だが、それでも異変が起きたことに変わりはない。身の毛のよだつ思いがした。

「以前の方と仕事をしていた時も、大体こんな感じだったんです……。ふたりの分担で四重構えの結界にすることで、ようやくこれくらいの劣化で収まってくれる感じです」

庭の土中から取りだした結界符を手に取り、重い息を吐きながら美琴は言った。

確かに先日、初めて目にした時の状態と比べれば、劣化はいくらか穏やかではあった。庭に設置した結界符に一枚たりとも破れている物はなかったし、家の中に張り巡らせた札の黄ばみ具合も、前回よりは元の紙の白さを保っているように見受けられる。

「だから静原さんは、できればふたり必要だとおっしゃっているんでしょうね」

美琴の言葉に、素子の「到底勝てる相手ではありませんから」という言葉が重なった。

確かに勝てる気がしない。本当に相手は生身の人間なのかと疑ってさえしてしまう。

素子と宇津井の話では、前回の訪問から今日に至る間、結界符の劣化以外については特に変わったことも起きていないという。まずはそれだけでも安堵《あんど》する。

事務所に戻ったあと、迷った末に千緒里へ電話を入れてみた。

依頼主の名前や所在地など、詳細を伏せたうえで今回の件に関するあらましを伝える。千緒里は話を聞き終えるや、呆《あき》れた調子で「早く手を引いたほうがいいよ」と言った。「事態が異常すぎる」と言う。「勝てない喧嘩《けんか》はするべきじゃない」とも言われた。

「別に喧嘩なんか、する気はないよ」と答えると、「あんたがそう思っていなくたって、向こうが〝売られた〟と受け取れば同じことだよ」と千緒里は言った。

「うん、ありがとう。考えとく」

その場で腹は決まらず、素直に礼だけ述べて通話を終えた。

夜になって自宅へ帰ると、娘の加奈江が「おかえり」と言って玄関口にやって来た。この四月から小学六年生になる。来年はもう中学生だ。どんどん大きくなっていく。健気《けなげ》に出迎えてくれた娘を愛《いと》おしく思いながら、「ただいま」と言って抱きしめた。

それから着替えを済ませ、ふたりでキッチンに立って夕飯のグラタンを作っていると、加奈江がふいに鏡香を見つめ、「最近なんか、顔色悪くない？」と言ってきた。

顔色については自覚がなかったが、そう言えばここ数日、なんだか少し身体がだるく、背筋に悪寒のようなものを感じることはあった。もしかしたら、美琴が前に言っていた症状が自分にも現れ始めているのではないかと思う。

「大丈夫。ちょっと疲れ気味なのかもね」と笑い返し、どうにか加奈江を安心させたが、俄《にわ》かにざわめき始める自分の気持ちを鎮めるまでには至らなかった。

次の約束はおよそ十日後、二月の終わり近くだった。

やはり昼過ぎに美琴と予定を合わせて、素子の家へ向かう。

結界符の状態は前回とほぼ同じ。家内に配置した紙札に比べれば、庭の土中に埋めた紙札のほうに黄ばみが一層強く見られた。改めてふたつの紙札の状態を比較してみると、敷地の外から内へと向かって、視えざる力に浸食されていく様をありありと感じる。

素子の容態に変わりはなく、家の中で怪しいことが起こることもなかったという。

ただ、外のほうは違った。「また映っていました」と宇津井が言う。

モニター室で見せられた映像の日付は「2011／02／24 02：58」だった。

家の裏側、素子の部屋に面した軒裏にあるカメラが収めた記録である。

やはり路地のほうから黒い人影が現れ、板塀に向かって近づいてくる。影は塀の前に到達すると家の中を覗《のぞ》きこむように頭部をぬっと突きだし、数秒ほどで姿を消した。

一連の流れを見るに、それは結界の効き目を裏づける起承転結とも受け取れたのだが、それとは別に、なんだか向こうに弄《もてあそ》ばれているような印象も覚えた。

こうした存在は元々不可視なものゆえ、全てが画《え》としてカメラに収まるわけではない。異様な早さで劣化していく結界符の惨状を考慮すれば、他にもカメラに映ることのない魔性のものたちが入れ替わり立ち替わり、この家に押し寄せて来ているのは明白だった。

それもすでに一年近くという長きにわたって、延々と。

裏を返せば、相手はこれだけのことができるのだ。その気になれば魔除《まよ》けの結界など、一気に瓦解《がかい》させられるのではないかと思えてならなかった。

仮にそれができるのにしないのだとしたら、件の襲撃者は素子の安全を脅かす以外に何かもっと別の目的があるか、あるいはいつでもとどめを刺せることを承知したうえで、こちらの動向を楽しんでいるのではないだろうか。そんな所感も抱いてしまう。

帰り道、この日も美琴に駅まで車で送ってもらう道すがら、思ったことを話してみる。今まで口にしたことはないけれど、実は美琴も鏡香の意見にほぼ同感とのことだった。

そのうえで、さらに美琴はこんなことまで付け加えた。

「家の周りで何かを視たこともないし、気配もほとんど感じたことがないんですよね」

言われてみれば鏡香もそうだった。静原家への訪問は今日で三度目になるというのに、そうした機会が今のところ一度もない。こちらのほうは何を示唆するものなのか。

「視える者には意図して視せないようにしている。なんだかそんなふうにも思います」

ハンドルを握りながら美琴が漏らした仮説が、もっともしっくりくるものだった。

理屈を添えるのであれば、それは向こうが静原家へ送りこんでくる魔性たちの仔細《しさい》やくわしい動向を、こちらに秘匿するための措置だろうか。

美琴の仮説と鏡香の憶測が正しいものであるなら、やはり相手はとんでもない実力と、常人には計り知れない思想を抱えた人物ということになる。

これから先、厄介なことにならなければいいがと思った。

四度目に静原家を訪ねたのは、三月上旬のことだった。

素子と美琴には午後の一時に向かうと伝えていたのだが、この日は少し体調が優れず、約束から一時間近く遅れての到着となった。

朝から身体が重苦しく、頭の芯《しん》が強張《こわば》って痺《しび》れるような感覚に苛《さいな》まれていたのである。

先月、加奈江に指摘された頃からしだいに不調が顕在化し始め、軽い目眩《めまい》を感じたり、ひどい肩こりに悩まされたりする機会が増えていった。

その都度、事務所に構えた祭壇の前に座し、自身に向けて清めの祓《はら》いをおこなうなど、緩和に努めてはいたのだけれど、残念ながら実感できるほどの効果は得られなかった。

いつものように宇津井の手で素早く家の中へ通されると、すでに到着していた美琴が、素子の部屋で待っていた。ふたりに謝罪し、さっそく結界符の交換に取り掛かる。

「顔色悪いですね。大丈夫ですか？」

作業を始めてまもなく美琴に訊《き》かれたが、彼女の顔色も決してよいわけではなかった。

「大丈夫」と笑顔で返し、やはり黄ばんで朽ち始めている結界符を壁から剝《は》がす。

全ての結界符を新しい物に交換し直し、作業が終わったのはそれからさらに三十分後、二時半過ぎのことだった。再び素子の部屋へ戻り、美琴とふたりで切り株の座卓に着き、宇津井に淹《い》れてもらったコーヒーを飲みながら、軽い世間話に興じ始める。

異変が起きたのは、それからまもなくのことだった。

卓上に置かれていたコーヒーカップとソーサーが、ふいにかちゃかちゃと乾いた音を立てて震えだした。続いて頭上の蛍光灯がブランコのように揺れ始める。

「あっ」と思った次の瞬間には、部屋全体が凄《すさ》まじい揺れに見舞われた。

それは地震だったのだけれど、今までの人生で鏡香が一度も体験したことのなかった、あまりに激しく大きなものだった。

揺れは、巨人の咆哮《ほうこう》を思わせる不気味な重低音を轟《とどろ》かせ、みるみる勢いを増していく。

布団の中から半身を起こして座っていた素子は、立ちあがろうとしかけたのだけれど、足元は大時化《おおしけ》に遭った小舟のように揺さぶられ、片膝《かたひざ》を突くまでがようやくだった。

鏡香もどうにか立ちあがりはしたものの、揺れに足を取られてまともに歩くことなどできそうになかった。蒼《あお》ざめながら硬直しているだけで精一杯である。

一方、鏡香とほとんど同時に立ちあがった美琴は、跳ねるような動きで窓辺に向かい、カーテンを開けて窓ガラスに手を掛けた。だが、窓はぴくりとも動いてくれない。

「宇津井！　避難の準備！」

素子が叫ぶと、必死でバランスを取りながら布団の傍らへ向かってこようとしていた宇津井が「はい！」と踵《きびす》を返し、今度は部屋の出口のほうへよろめきながら進んでいく。そうしてどうにか引き戸をこじ開け、廊下に向かって飛びだしていった。

代わりに鏡香は素子のほうへ縋《すが》り寄り、両手で肩を抱きながら彼女の身を庇《かば》い始める。美琴も鏡香に続いて布団の上に座りこみ、素子の身体へ両手を添えた。

広い割には大して物の多い部屋ではなかったし、頭上から落ちてきそうな物といえば蛍光灯ぐらいしかなかったが、下手をしたら部屋そのものが潰《つぶ》れることも考えられる。それほどまでに常軌を逸した揺れだった。

部屋の奥にある祭壇は、段上に並べられていた物の大半がすでに畳の上へと転がって四方に散らばり、ほとんど空っぽになった祭壇だけが左右に激しく暴れている。

揺れに耐えつつ畳に落ちた物を見ていると、例の車のバッテリーほどの大きさをした木箱が、蓋《ふた》を開けて転がっているのが目に留まった。

横倒しになった箱の中からは得体の知れない、飴色《あめいろ》に干からびた物体がはみ出ている。

髪の長い女の顔に鱗《うろこ》だらけの細長い身を生やした、異端の人魚のような代物だった。

首筋には鰭《ひれ》らしき物も付いている。水気を失い、荒々しく乱れた髪の間から覗く顔は、眼窩《がんか》のない目を半開きにして、口元には薄笑いが浮かんでいるように見える。

ぞっとして思わず視線を逸《そ》らした先には、短い物差しのような形をした木片があった。二枚の薄い木片がまんなか辺りで白い麻布に結ばれ、ひとつになって重なり合っている。どうやら木札のようだった。

よく見るとその表には、黒い筆字で「柳原鏡香　受魂」と記されていた。

同じ造りをした木札は、そのすぐそばで十枚近く散らばっている。いずれの木札にも筆字で名前が記されているようだった。嫌な予感を覚え、次々と視線を巡らせていくと「小橋美琴　受魂」と書かれた木札も見つかった。背筋がしんと凍りつく。

これはなんだ。素子が作った物だろうか。だとしたら、何に使っていた札なのだろう。

いや、あるいは「今も」使っている札なのかもしれない。

半ば放心しかけた頭の中で答えらしきものが出そうになってきた時、ようやく揺れが
収まり始めた。けれども鏡香の乱れた気息は、別種の脅威に荒れ始めようとしていた。

地震がすっかり収まると、素子は大きく目を剝《む》き、満面にはっとした色を浮かばせた。

続いて、その身に回されていた鏡香と美琴の腕を振り払い、祭壇のほうへ身を乗りだす。

「こんな時に不躾《ぶしつけ》ですけど、その木札、何に使う物なんでしょうか？」

素子の背中に向かって尋ねると、寝巻に包まれた両肩が小さくびくりと跳ねあがった。

続いて美琴に木札を指し示す。こちらはまもなく「あ……」と小さな声を漏らした。

「別になんでもないです。ただの御守りみたいな物ですよ……」

ゆるゆると首を振り向けながら答えた素子の顔には、悪戯《いたずら》を咎《とが》められた子供のような
作り笑いができていた。その顔だけでも、すでに十分答えになっているような気がする。

「でしたらどういった御守りでしょうか？　ぜひともお聞かせいただきたいです」

ため息を吐きだし、素子のほうへ詰め寄ろうとしかけた時だった。

「トックトック。こんな時に不躾ですけど、よろしいでしょうか？」

背後から聞き覚えのない声が聞こえてきた。

「静原さん、玄関の戸、ちゃんと開けてきましたので、もう安心です」

振り返ると部屋の戸口に宇津井と、黒いスカートスーツを召した女が立っていた。

「ハレルヤ。主は来ませり」

満面にこぼれんばかりの笑みを輝かせ、伸びやかに透き通った声で女は言った。

スーツと同じ、黒くて長い髪をした綺麗《きれい》な姿の女である。歳は二十代の中頃だろうか。目が大きく、汚れを知らない少女のような愛らしい顔をしている。

「どうぞ」と素子が言った。すると女は笑みを浮かべたまま、部屋の中へ入って来た。

女は土足だった。丈の長いスカートから覗《のぞ》く脛《すね》の先には、黒いパンプスを履いている。

女は部屋の中をまっすぐ突っ切り、素子のほうへ向かって来た。

素子の前には鏡香がいる。だから女は鏡香のほうにも向かって来る。

「失礼」

近づいて来た女に声をかけられたので、鏡香も「失礼」と応《こた》え、身体を横にずらした。

なんだか頭がぐらぐらしてきて、座っているのもかったるくなってくる。

女は素子の前まで至ると、彼女の肩を優しく撫《な》でつけ、それから祭壇の前に散らばる雑多な物品の前に、花がお辞儀をするような可憐《かれん》な動きで静かにそっとしゃがみこんだ。

「よかった。どうにか使えるくらいには無事でしたね」

言いながら女が両手で抱えあげたのは、人魚のような干物が入った木箱だった。

「これ、返してもらいますね。もう散々、いいようにお使いになってきたでしょう?」

くたりと小首を傾げて女が問うと、素子は短い沈黙のあと「ええ、どうぞ」と答えた。

その横顔は笑っていたが、目からは大粒の涙がこぼれている。

そうした光景を見るにつれ、意識はますますぼやけてきて、鏡香は堪《たま》らず布団の上に横たわってしまった。ぼやけた頭を振って、なんとはなしに美琴のほうへ視線を向ける。美琴も布団の上で斜め座りになり、惚《ほう》けたような面持ちで女を見ていた。

そこから記憶が少し曖昧《あいまい》になる。麻酔を打たれたような心地になっていたように思う。女と素子のやりとりはまだ続いていたのだけれど、その詳細は夢の中で見たかのように朧気《おぼろげ》で茫漠《ぼうばく》としたものだった。

断片的に覚えているのは、女が言った「今まで怖かったですか？」という言葉。それに対して素子の答えた「ええ、生きた心地もしませんでした」という返事。続いて、素子の言葉に女はなんと返したか。あれはそう、確か……。

「でも、わたしたちはもっと怖かったんですよ。なんの話か分かるでしょう？」

こうした意味合いの文言を、やはり微笑みながら宣《のたま》ったように思う。

あとは他に、それなりの具体性を伴って覚えていることといえば……。そう……。

「ありがとう。あとはお好きなように、生き恥を晒《さら》しながら永らえてください」

女はすっくと立ちあがり、深々とうなだれる素子の頭を楽しげな顔で見おろしながら、確かこんな感じの台詞《せりふ》を吐き捨て、木箱を抱えて部屋から出ていったのだと思う。

ようやく頭がまともに回り始め、それでも未《いま》だおぼつかない意識の中で視線を凝らし、携帯電話を開いて時刻を見ると、もうすぐ三時になる頃だった。

地震が収まり、女が現れてからおそらく十分程度しか経っていないように思う。

美琴のほうも目が合うと、怪訝《けげん》な面持ちになって首を捻《ひね》って見せたので、彼女も多分、意識が元に戻りつつあるのだと判じる。

問題は素子と宇津井のふたりだった。どちらもだらしなく弛緩《しかん》した顔に胡乱《うろん》な笑みを浮かべ、虚《うつ》ろな目をして畳の上にへたりこんでいる。

恐る恐る「大丈夫ですか?」と尋ねてみたが、ふたりとも機械じみた抑揚のない声で「だいじょうぶですよ」と答えた。まるで大丈夫とは思えなかった。

「あなたたち、もういいから帰りなさいな。わたしたちはだいじょうぶだから」

やはりぎこちない声で頭をふらふらさせながら、素子が言った。

「でもあの、これから余震があるかもしれないし、ふたりで避難とかできますか?」

今度は美琴がよろめきながら鏡香の隣に来て、素子に向かって声をかける。

「いいからいいから。それからね、もう来なくてだいじょうぶです。全部解決したので、あなたたちはお役御免です。今日までほんとうにおつかれさまでございました」

胡乱な笑みを拵《こしら》え、いかにも投げやりな調子で素子が言う。

「でも」と美琴は言ったが、素子は譲らなかった。「いいからいいから」と突っぱねる。

「それより、あなたたちもお家《うち》の様子が心配でしょう。早く帰ったほうがいいですよ」

美琴のほうはまだ食い下がろうとしているようだったが、無感情な声音で吐きだした素子の言葉に、鏡香はようやく見切りをつける決心がついた。

外ではサイレンが鳴り始めている。素子たちより、加奈江と夫の安否が心配だった。

「これ、もらっていきますからね」

すかさず立ちあがると、祭壇の前に散らばっている木札の中から自分と美琴の名前が記された木札を手に取り、美琴に「行きましょう」と促す。

それでも美琴が「でも……」と顔色を曇らせるので、はっきり言ってやることにした。

「この人を守りたくなる原因はこれ。くわしいことはあとで話すから、早く準備して」

悪いとは思ったけれど、鋭い声で告げたのが功を奏したようで、美琴は短くうなずき、すぐに自分の荷物をまとめ始めた。

鏡香も持参したバッグを手早く引っ摑《つか》み、彼女の準備が整うのを待つ。

その間にも素子と宇津井は、半ば夢見心地のような見るに耐えない薄ら笑いを浮かべ、「お気をつけてどうぞ」などと、心にもないことをつぶやき続けるばかりだった。

雑多な家財道具やガラスの破片が散乱する廊下を突っ切り、すでに開け放たれていた玄関口から外へ出ると、板戸も鍵《かぎ》が外れて開いていた。

普段は閑散としている門前の細い路地には、近所の家から出てきた住人たちが集まり、蒼《あお》ざめた顔で頻《しき》りに言葉を交わし合っている。けたたましいサイレンの轟《とどろ》きに混じって、周囲の至るところでは誰かの怒声や子供が泣き叫ぶ声も聞こえてきた。

一体、どれほどの被害が出たというのだろう。耳目に届く尋常ではない騒乱の様子にただ純然と気圧《けお》されるばかりで、皆目見当がつかなかった。

美琴が車で家まで送ってくれると言うので、ありがたくふたりで路地を出る。

帰りの車中、すぐに夫に電話で連絡を入れたが、何度かけても繋《つな》がることはなかった。代わりに加奈江の通う小学校からメールが届いて、児童は全員無事だということを知る。それでひとまず安心することができた。夫も自分の身ぐらい守れているはずだと思う。

気分が少し落ち着き始めたところで、バッグに詰めこんできた二枚の木札を取りだす。

まずは自分の名前が書かれた木札から白い麻紐《あさひも》を解《ほど》いた。重なり合った二枚の木片を慎重な手つきでばらすと、中には筆字で呪文《じゅもん》の書かれた白紙と、毛髪が一本見つかった。ひと目見るなり、自分の髪の毛だと確信する。

美琴の名前が書かれた木札の中にも、同じ呪文の書かれた紙と毛髪が入っていた。

「なんなんですか、それ……？」

ハンドルを握る美琴が、横目でそれを見ながら顔つきを強張らせる。

「簡単に言うなら、わたしたちがあの人を無意識に守りたいと思うように仕向けるもの。ついでに彼女が抱える体調不良を、わたしたちに転嫁させるためのものよ」

無論、外法である。紙に書かれた呪文は以前、専門資料で見たことのあるものだった。仕事で使うものではないため、ほとんど斜め読みでざっと目を通しただけなのだけれど、紙に書かれた呪文のほうは独特な字面だったので覚えていた。

今に至るまで思いだすこともなかったが、鏡香の髪の毛は最初に素子の家を訪ねた折、宇津井が抜いたのだろう。「埃《ほこり》がついている」などと言って手を伸ばしてきた時である。聞けば美琴も確かに心当たりがあると言う。

「そっか……少しでも力になれればと思って、一生懸命仕事を続けてきたんですけどね。そういう気持ちもあの人に全部仕組まれたものだったんだ……。残念です」

暗く沈んだ横顔に自嘲《じちょう》的な笑みを浮かべながら、ひとりごちるように美琴が言った。

おそらくこうした外法を使って、雇った霊能師たちの気持ちを繋ぎ止めておかないと、いつ何時、仕事を放りだして去られるか不安な思いがあったのではないだろうか。

ただそれも、術を仕掛けた相手が心身に限界を迎えると自発的に逃げだしていたので、決して万能というわけではなかったようだが。

美琴や前任を務めた霊能師たちと同じく、素子の家に通うようになってから始まった体調不良の症状についても、なんとなくおかしいと感じる節は幾度かあった。

いわゆる霊障によって生じるものとは感触が違うように思えたし、清めの祓《はら》いさえも効かないということは、他に何か未知なる原因があるのではないかと考えていた。

蓋《ふた》を開けてみればこのとおり。諸々《もろもろ》の症状は、全て素子に生じるべき不調だったのだ。

だが、体調不良の転嫁というのは副次的なもので、本来の目的は違うような気がした。

彼女が真に転嫁したかったのは、襲撃者から発せられる呪詛《じゅそ》だったのではないだろうか。

素子の身を脅かしていたのは、対象の家に向かって際限なく魔性を送りこめるような手腕を持つ人物である。呪詛を始め、他にも仕掛けられる手段がないわけではなかろう。

万が一、向こうが結界を無視して行使できる強い手段に出た場合、素子が被る被害を霊能師たちに転嫁させる、いわば保険のような意味合いがあったのではないかと思った。

多分に憶説も含むことだったし、どこまで話していいのか分からなかったのだけれど、結局全部、美琴に伝えてしまった。幸か不幸か、彼女は概《おおむ》ね納得した様子だった。

「何者だったんですかね。静原さんも宇津井さんも、それにあの女の人も」

そのうえで美琴に訊かれたのだが、こちらについてはいずれも答えが出てこなかった。

素子のほうは、初めて会った日に含みを持たせて打ち明けたとおり、本職の霊能師か、またはそれに類する呪術の手練《てだ》れ。それに加えて、品川から急を要する引越しにおいて、家を一軒丸ごと買い求め、今現在も逃亡用の物件を地方で探しているという話からして、それなりの私財を持つ人物だろうと思う。

宇津井のほうはよく分からないが、以前に自称していたとおり、大筋は素子の助手を務める人物なのだろう。血縁関係ではないような気がした。

むしろほとんど分からないのは、先ほど家に入ってきた得体の知れない女である。

素子が警戒していた襲撃者というのが、あの女であることは間違いないだろうと思う。鏡香としては素子と同年代か、もっと年上の人物像を頭に思い描いていたのだけれど、まさかあんなに歳の若い女だったとは予想だにしないことだった。

だが、それ以上に彼女の実力については、完全に見誤っていたことを思い知らされた。鏡香が以前に評した「とんでもない実力」などという次元の話ではない。

あれはある種の化け物である。一体どんな手段を使えば、あの場にいた全員の意識をたちまち鈍麻《どんま》させ、己の意のままにすることができるというのか。

それもあの凄《すさ》まじい揺れが収まってまもない修羅場において、微細も動じる素振りを見せることなく平然と家内に足を踏み入れ、あまつさえ楽しげな笑みまで浮かべながら、わずかな間に目的らしきことを完遂してしまった。とても人の為《な》せる業とは思えない。

鏡香の推測で唯一正解に近かったのは、あの女はやはり、一年近くの長きにわたって素子の家に魔性を送り続け、彼女の恐怖心と焦りを煽《あお》って弄《もてあそ》んでいたということである。やはり本当の目的は別にあったし、いつでも好きな時に事を仕上げることができたのだ。「到底勝てる相手ではない」という素子の言葉も、身を以《もっ》て知ることになった。

それだけ理解できればもう十分である。あとはもう、二度と関わりたくなどない。

木箱に入っていた人魚のような物についても、女がそれを「返してもらう」と言って持ち去った理由についても、くわしく知る必要はない。

全ては今日で終わったのだ。いかなる形であっても、今後もこの件に関わっていたら、次は命が危うくなるだろうという予感を覚え、背中にじわりと冷たい汗が滲《にじ》んだ。

美琴もその気はないと答えてくれたので、安堵《あんど》する。

その後は早く家に帰ることと、家族と再会することに気持ちを強く向けるようにした。

車は走りだしてしばらくのうちは順調だったのだけれど、都心に近づいていくにつれ、しだいに交通量が増し、やがてひどい渋滞に巻きこまれてしまった。

ようやく帰宅できたのは夜の七時半過ぎだったが、その頃には加奈江も夫も家にいて鏡香の帰りを待っていてくれた。それでようやく心の底から安心することができた。

「実は震災からしばらく経ったあと、ネットの地図で静原さんが住んでいた江戸川区の住宅地を調べてみたことがあるんです」

少しだけバツの悪そうな笑みを滲ませ、鏡香が裕木に言った。

素子の家があった場所は、更地になっていたそうである。東日本大震災の日に起きた一件以来、素子から連絡がくることもなかったので、あの後に彼女がどうなったのかは分からずじまいなのだという。

同じく霊能師の美琴にも、震災の日を最後に会うことはなくなったと鏡香は言った。

「今夜はこんな感じ。少しは取材の足しになってもらえたかしら？」

「もちろんです。すごく怖い話でした……。ありがとうございます」

嘘偽りのない感想を添え、鏡香にぺこりと頭をさげる。

「馬鹿でしょう、この人。君子危うきに近寄らずって言うんだよ。怪しい依頼だなって思ったら最初のうちに潔く手を引いたらよかったのにそれもしない、あとからわたしに『関わるな』って言われても聞きはしない。元々何かにつけて危ない仕事なんだからさ、自分の身は自分でしっかり守らないとね？」

鏡香の顔と裕木の顔を交互に見ながら、千緒里が冗談混じりに鏡香を皮肉る。

「すみませんでした。今では反省しております」

鏡香もわざとらしく視線を上に向けつつ、心のこもらない声音で謝罪の言葉を述べる。

本当に仲のいいふたりなんだな、と裕木は思った。まるで歳の近い姉妹のようである。なんだか少しだけ羨《うらや》ましく感じてしまう。

「あなたも気をつけなさいよ？　取材の関係上、いろんな人に会っているんだろうけど、中には下手に関わったらヤバい奴だっているかもしれないじゃん。もしもそういう奴とかち合うことがあったら無理をしないで取材を諦《あきら》めるとか、なりふり構わず逃げるとか、そういう心構えもあったほうがいいと思う」

ふと始まった千緒里の忠告に、どうして鏡香がこんな話を語って聞かせてくれたのか、真意が分かったような気がした。なるほどね、と心の中でひとりごちる。

「ええ、気をつけるようにしています。君子危うきに近寄らず、ですね」

笑顔で返すと、千緒里は「そうそう、そういうこと」と言って喜んだ。

「それで、せっかく久しぶりに会えるんだからと思って、鏡香とふたりで相談してたの。裕木さん、もしも迷惑だと思ったら遠慮なく断ってもらっていいんだけど、よかったらわたしと鏡香で、あなたの安全祈願をさせてくれない？　もちろんお金はいりません」

今度は少し神妙そうな顔になって、千緒里が言う。

鏡香のほうを一瞥《いちべつ》すると、彼女は遠慮がちな笑みを浮かべて小さくうなずいて見せた。別に嫌な気はしないのだけれど、仮に嫌でも断りきれない雰囲気である。

「本当にいいんですか？　でしたら喜んでお願いしたいと思います」

裕木が答えると、ふたりはぱっと顔を輝かせ、「よかった」と声を揃えてつぶやいた。

それから応接室の隣にある仕事部屋の祭壇を前に安全祈願のお祓いをしてもらった。
鏡香と千緒里は祭壇の前に折り目正しく並んで座し、少し離れた背後に裕木が座って
ふたりが揚々とした声で奏上する祝詞《のりと》を聞いた。
祝詞やお祓いのことはよく分からないのだけれど、声はとても丁寧な調子に聞こえた。
単なる社交辞令や妙な勧誘目当てなどではなく、裕木の今後の安全を願い、心をこめて
祈ってくれているのがありありと伝わってくる。
実は鏡香の体験談が終わった時、ひとつ気になることがあったので話してみようかと
思ったことがあった。五月の初めに取材した、穂美さんの話である。
彼女が語った話にも、髪の長い綺麗《きれい》な女性が出てきた。
都内の居酒屋で件《くだん》の女性に絡んだ穂美さんの友人が、店のトイレで再び顔を合わせた
彼女に理不尽な命令をされ、大きな花瓶に入った水を飲まされるという話である。
女性の雰囲気や、彼女が発したとおぼしい不可解な力など、鏡香の話に出てきた女と
なんとなく通じるものがあるような気がして引っ掛かった。
もしかしたら同一人物なのではないかと思って、言葉が喉《のど》まで出かかったのだけれど、
そこへ千緒里の忠告と安全祈願の話が出てしまったので、あとは口を噤《つぐ》むことにした。
千緒里が真面目にこちらの身の安全を慮《おもんぱか》る話をしているなかで妙な話題をだしたら、
ますます心配されてしまいそうで気が引けたのだ。タイミングも逃してしまったのだし、
このまま胸にしまいこんでおこうと思う。

安全祈願は数分ほどでつつがなく終了した。

こちらを振り向いたふたりの顔は満足そうだったので、裕木も素直に嬉《うれ》しく感じる。

その後も二時間ほど、鏡香が淹れるとっておきの紅茶をたっぷりご馳走《ちそう》になりながら、楽しい雑談に興じた。安全祈願が終わってからは、改まって裕木の行動を心配する話や、取材自体を否定するような話題も一切出てくることはなかった。

実は今夜、事務所を訪ねるまでは内心、もしかしたらふたりから小言のようなことを言われるのではないかと思って少し萎縮《いしゅく》していたのだ。

昨年の秋、鏡香の知人に当たる紗代子さんから、鏡香が裕木のことを心配していると聞かされていたので、二度目の対面では何を言われるものかと思い、気が進まなかった。だが、こうして実際に鏡香と千緒里と会って話したことで、忌避する気持ちも晴れた。ふたりは本当に自分のことを心配してくれていただけなのだと了解する。

結局、四時間以上も居座ってしまい、事務所を辞したのは十一時過ぎのことだった。

ふたりからは「何かあったら、またいつでも」と声をかけられ、家路に就く。

この日は夜空に月が浮いていた。半月に近い、清涼な銀色に煌《きら》めく綺麗な月である。

鏡香は近いうちに次の取材相手を紹介してくれると約束してくれた。

充足した心地で月を見あげながら裕木は駅へと向かう夜道を歩き、新たな取材相手に会える日を楽しみに待ち侘《わ》びた。

不漁の盛夏

その後も取材自体は順調に続いた。鏡香と千緒里の安全祈願が功を奏しているものか、取材の過程で特に怪しい現象が起きることはなかったし、身に危険が及ぶような事態に見舞われることもなかった。

それはいい。ふたりの厚意には、やはり素直に感謝しなければならない。

だがそうした一方で意想外の問題も発生し、裕木を焦らせることにもなっていた。

取材相手の語る怪異の内容が、いずれも凡庸なものばかりになってしまったのである。

初めはさして気にならなかったのだが、金縛りに遭って怖かったというだけの話だの、夜中に妙な声が聞こえてきただけという話だの、地味なうえに新味にも乏しい体験談が取材相手の口から判で押したように繰り返されると、しだいに不安が募り始めてきた。

鏡香が紹介してくれた次の取材相手が比較的控えめな体験をしている人物だったので、その線から繋《つな》がっていく取材対象の話も、自《おの》ずと似たような質のものになっていくのは道理と思える節もある。

けれども気疎い取材を続けるなか、裕木はこんなことも考えるようになってしまった。

あるいは鏡香と千緒里の祈願が、余計な分にまで作用してしまったのではないかと。

無論、なんの裏付けもない憶測である。そもそも冷静に考えてみれば、取材対象から聞ける話がいずれも粒揃いというほうがおかしいといえる。これもまた、道理である。この二年余り、集まる話の大半が興味深いものだったので、自分でも気づかぬうちに怖さや驚きに対する感覚が麻痺《まひ》しているのかもしれない。

しかし、そうした心情の変化を認めたうえでも鏡香の紹介から繋がるその後の取材は、あまりにも質素な話ばかりが続いていた。

確かにこれまで取材を続けてきたなかでも、物足りない話を聞かされることはあった。けれどもその確率は稀《まれ》だった。一方、今回はどうだろう？　六月の下旬辺りから連なる十件以上の取材がことごとく不発に終わるという事態に陥っている。尋常ではなかった。

ここまで低空飛行が続くと、さすがに今後の先行きに焦りと不安が募ってきてしまう。折しも時節は夏の真っ盛りだというにもかかわらず、実りのない話ばかりが集まるのは、やはり鏡香と千緒里にお祓《はら》いをしてもらったからなのではないか。

ふたりになんの責任もなくとも、焦《じ》れた心はそんな思いを巡らせてしまうのだった。

この夏、裕木の心中をげんなりさせることになった取材が、以下に続く十五話である。ノートには全ての話の全容が克明に書き記されているが、本書では頁数の都合等も鑑《かんが》み、最小限の形に要約しての再録とする。

■鏡香の相談客、常子《つねこ》さん【対面取材　二〇一七年六月二十四日　土曜日】
子供時代に暮らしていた栃木の田舎には、自宅の近くに小さな神社があった。

ある日、神社の前を通りかかると、鳥居の向こうの境内に濃い霧が立ち込めていた。

不審に思い、鳥居を潜って境内へ入ったところ、霧など一筋も湧いていなかった。

■常子さんの姪《めい》、菜穂子《なほこ》さん【対面取材　二〇一七年七月一日　土曜日】
彼氏とふたりで箱根《はこね》の温泉旅館へ泊まった日のこと。

夜、部屋の中で「ぱん！」と音がしたので様子を見てみると、部屋の隅に置いてある姿見の鏡面に曇った手形がひとつ、ついていた。

サイズを測ってみたのだけれど、手形は自分のものでも彼氏のものでもなかった。

■菜穂子さんの彼氏、窪塚《くぼづか》さん【対面取材　二〇一七年七月一日　土曜日】
高校時代、部活の合宿で房総《ぼうそう》半島の宿泊施設に泊まった晩、凄《すさ》まじい金縛りに遭った。

声すらだすことができず、身体の痺《しび》れは二時間近くも続いて恐ろしかった。

■窪塚さんの友人、張本《はりもと》さん【電話取材　二〇一七年七月九日　日曜日】
深夜、車で小峰《こみね》峠を走るさなか、道の前方から若い女が歩いてくるのが見えた。

すれ違いざまに背後を確認したのだが、女は一瞬にして路上から姿を消していた。

■張本さんの職場の先輩、宮田《みやた》さん【電話取材　二〇一七年七月九日　日曜日】
独り暮らしのアパートで夜、PCに向かって仕事をしていると玄関の呼び鈴が鳴った。
時刻は十一時過ぎ。誰だと思ってドアを開けると、外には誰もいなかった。
悪戯《いたずら》かと訝《いぶか》りながらドアを閉めようとしたところ、見えない何かに手首を摑《つか》まれた。

■宮田さんの友人、路木《みちき》さん【対面取材　二〇一七年七月十四日　金曜日】
渋谷駅の構内にあるトイレへ入った時のこと。個室に籠《こも》っていると、ふいに背後から左の脇腹をぐっと押された。おそらく握《にぎ》り拳《こぶし》である。振り向いたが誰もいなかった。

■路木さんの兄、秀之《ひでゆき》さん【電話取材　二〇一七年七月十四日　金曜日】
深夜、眠っていると、どこからか小さく聴こえてくる歌声で目が覚めた。
発生源を調べたところ、歌は押入れの奥にしまっていた古いラジオから流れていた。
ボタンを押したら止まったのだけれど、電池は入っていなかった。

■秀之さんの職場の同僚、山下《やました》さん【対面取材　二〇一七年七月十六日　日曜日】
仕事を終え、家に向かっていつもの夜道を歩いていた時、頭のすぐ上から「ねえ」と声をかけられた。声は女のものだったが、見あげた先には夜空があるだけだった。

■山下さんの妹、孝子《たかこ》さん【対面取材　二〇一七年七月十六日　日曜日】

中学時代、下校中に通学路で捨て猫を拾った。帰宅して母に「飼いたい」と言ったが、反対された。仕方なく元の場所へ返しに行くと、猫が入れられていた段ボール箱の中に同じ猫が入っていた。両手に抱えていたはずの猫は、いつのまにか姿を消していた。

■孝子さんの友人、八重乃《やえの》さん【対面取材　二〇一七年七月二十九日　土曜日】

勤め先の喫茶店でのこと。ある日、若い女性連れの中年男性が来店した。さっそく席へ通したのだが、水を運びに再び席へ向かったところ、女性の姿がない。テーブルにコップをふたつ置いたら、「ひとりなんですが」と言われてしまった。

■八重乃さんの従兄《いとこ》、小野田《おのだ》さん【対面取材　二〇一七年七月三十日　日曜日】

秋の終わり頃、芦ノ湖《あしのこ》へ釣りに行った時の話。

ボートの上で釣り糸を垂らしていると、遠くのほうの湖面から人の顔が半分突きだし、こちらをじっと見ているのが目に入る。どうやら小さな子供のようだった。

湖は遊泳禁止だし、子供があんなところにいるのもおかしい。水だってひどく冷たい。

顔はつかのま浮かんでいたが、やがて水中に没し、二度とあがってくることはなかった。

■小野田さんの知人、樹奈《きな》さん【対面取材　二〇一七年八月六日　日曜日】
深夜、隣で寝ていた幼い娘に起こされた。「部屋にお化けがいる」と言う。
娘が示す指の先には、寝室の壁に黒々と浮きあがる人形の大きな影があった。
影は直立した姿勢で微動だにせず、樹奈さんたちが慄《おのの》くさなかに色を薄めて消えた。

■樹奈さんの職場の後輩、眞美《まみ》さん【対面取材　二〇一七年八月十一日　金曜日】
自宅マンションで友人たちと女子会を開いた時のこと。みんなで話を楽しんでいると、
部屋が急に煙草の煙でいっぱいになった。眞美さんを始め、その場に喫煙者はいない。
首を傾げながら原因を探るうち、この日は亡くなった祖父の命日だったと思いだす。
祖父は生前、一日三箱は煙草を吸う筋金入りのヘビースモーカーだった。

■眞美さんの友人、新富《しんとみ》さん【電話取材　二〇一七年八月十二日　土曜日】
昔、友人たちと西伊豆《にしいず》の温泉旅館へ泊まりにいった時の話。昼間、部屋で寝ていると
頬をつねられて起こされた。友人たちは全員温泉に行って、部屋には誰もいなかった。

■新富さんの姉、佳音《よしね》さん【対面取材　二〇一七年八月十二日　土曜日】
ついひと月前のこと。夜、会社の給湯室でお茶を淹《い》れていた時、背後に気配を感じた。
振り返ると目の前に知らない女の顔があり、それ以来、怖くて給湯室に行かれない。

佳音さんの取材は、鎌倉《かまくら》市内にある喫茶店にておこなわれた。彼女が暮らす街であり、彼女が勤める会社の所在地でもあった。

話を聞き終えたのは、午後の三時半過ぎ。その後、佳音さんの好意で会社のほうにも連れていってもらった。会社は喫茶店から徒歩で三十分ほどの距離だった。

さすがに中には入れないのだけれど、その代わり、せめて外から様子を見てほしい。佳音さんに言われ、つかのま外観を眺めたが、裕木の目には鉄筋コンクリート建ての地味な構えをした五階建てのビルにしか見えなかった。怪しい印象など微塵《みじん》もない。

丁重に礼を述べ、会社の前で彼女と別れたのは四時半頃。見あげた空に陽はまだ高く、街の景色は茹《う》だるような熱気とともに未《いま》だ煌々《こうこう》と眩《まばゆ》いままだった。

裕木はため息をつきながら、駅への道を差して歩き始めた。足取りが重たく鈍いのは、強い日差しや気温のせいではない。疲労のせいでもなかった。

わざわざ鎌倉くんだりまでやって来たのに、大いに失望させられた虚脱感ゆえである。

佳音さんは別れ際、次の取材相手に心当たりがあるので、先方に確認を取ったうえでまた改めて連絡をしてくれるとのことだった。

だがさて――。果たして次もどうなることやらと思ってしまう。

今日までに至る流れを鑑みると、彼女が紹介してくれる次の取材相手が語ってくれる話というのも、不発に終わる可能性が高い。嫌でもそんな気がしてならなかった。

こんな調子で取材が続いていったら夏が終わってしまいそうな予感も覚え、気持ちはますます淀《よど》んで、かすかな苛立《いらだ》ちすらも覚え始める。

今後の流れを本来あるべき流れに押し戻すべく、なんとしてでもこのだらけた現状を打破していかねばならない。このまま夏が終わるまで、あるいは夏が終わってから先も、取材相手から冴《さ》えない怪談語りを聞かされ続けるのはまっぴらだった。

だが、どうすればよいのだろう？　何をどうすれば、流れを元に戻すことができる？

じりじりしながら歩き続けるなか、脳裏にはたりと浮上してきた小さな記憶の欠片《かけら》にぴたりと足が止まって沈思する。

その昔、首切り殺人のあった廃屋。

ふざけ半分で中に入ると、首のない男の霊に追いかけられるのだという。

そんな話を以前、誰からか聞いた覚えがある。場所は確か鎌倉だったはずである。

仮にそういう場所へ自分の意思で故意に足を踏み入れた場合、鏡香と千緒里の祈願はどれぐらいまでに作用して、どれほどまでに持ち堪《こた》えることができるのだろう。

取材で聞ける話が不漁続きだという原因が、ふたりの祈願であるという裏付けはない。

理屈のうえでは承知している。

だが、理屈よりもっと単純な感情のほうでは、その祈願さえ無効にしてしまうことができればきっと、そうきっと。

道が拓《ひら》けるだろうという思いのほうが、裕木の中で強く勝った。

漆黒の禊《みそぎ》

半ば駆けるような早歩きで駅前まで戻り、ぐるりと見回して目に入った喫茶店へ入る。席に着くなりバッグの中から下書き用のノートを全て引っ張りだして、テーブルの上に並べた。数は九冊。端に置いた物から一冊ずつ、ページを捲《めく》って記録を検《あらた》めていく。

ノートはB7サイズの小さなメモ帳のため、全冊持ち歩いても嵩張《かさば》ることはなかった。取材時に使うのはいちばん新しいノートだけなので、古いノートは実質的に不要である。だが、裕木はこうしてノートを常に持ち歩くのが好きだった。

取材の行き帰りにおける電車内、あるいは待ち合わせた取材相手が現れるのを待つ間、古いノートを開いて過去に聞き得た怪異の記録を読みつつ、ささやかな感慨に耽《ふけ》るのだ。

芯《しん》の細い水性ボールペンを使い、紙面に印刷された罫線《けいせん》に沿って等間隔に規則正しく、なおかつ緻密《ちみつ》に書きこんだ文字の雰囲気も好きだった。

裕木はキー入力で作成する文書が好きではない。

タイピングがあまり得意でないことも理由のひとつだったが、プリントアウトされた文字の無機質な感じも好みに合わず、文書の作成はほとんど手書きでおこなっていった。印字で出力された文書など、書き手の個性を殺すだけのものではないかと思う節もある。

それに加えて裕木が手書きを好むのは、好きな映画も少なからず影響していた。『17歳のカルテ』の主人公スザンナも愛用の日記帳を持っていて、劇中の要所において自身の所感を手書きで綴《つづ》るシーンが出てくる。気だるそうな面持ちで視線を流しながら紙面に黙々とペンを走らせるスザンナの姿が、恰好《かっこ》よくて好きだった。

彼女のヘアスタイルをリスペクトしていたのと同じように、裕木が手書きにこだわる理由の背景にも、彼女に対する漠然とした憧憬《しょうけい》があった。

四冊目のメモ帳を捲り始めてまもなく、探していたものが見つかった。

先刻脳裏に去来した話の全容が、緻密な筆致で克明に記されている。

やはり記憶に間違いはなかった。首のない男が現れるという廃屋は、この鎌倉にある。

当該の話を取材したのは去年の四月。取材相手は杏里《あんり》さんという、三十代半ばの女性。

けれどもこの話の体験主は、彼女自身ではなかった。

杏里さんが取材で語ってくれたのは、月峯湖《つきみねこ》姫《ひめ》という奇妙な少女にまつわる話である。

九〇年代の終わり頃、中越地方にある女子高で寮生活をしていた杏里さんの同級生に、湖姫さんという少女がいた。杏里さん曰《いわ》く、はっとするほど綺麗《きれい》な娘だったのだけれど、極度に内気な性格のため、周囲にうまく馴染《なじ》むことができず、恵まれた容姿に相反して、クラスでは常に影の薄い存在だった。

そんな彼女が引き起こしたとおぼしき、ある忌まわしい怪異が話の主題だったのだが、怪異が発生したのは、古びた旧学生寮で開かれた怪談会のさなかだった。

取材当時、裕木はこの怪談会で語られた話についても、杏里さんから聞き取っていた。その中のひとつが、件《くだん》の「首なし男が出る廃屋」の話だったのである。

伝聞という形ではあるけれど杏里さんの記憶力は良好で、神奈川県から進学してきたアキという寮生が語った話を、一から順を追ってくわしく聞かせてくれた。

その際に自分が書き留めたメモ書きを読み直してみると、かなり断片的な情報ながら、廃屋の所在地も記載されていた。郊外の森の中にあるのだという。外観は古びているが、三階建ての大きな構えをしているらしい。

怪談会が開かれたのは二十年近くも前のことだし、果たして今現在もあるのかどうか、それは分からない。だが、もしも未だに廃屋が存在するとして、これほどまでに外見に特徴のある建物なら、どうにか所在地を探りだせるかもしれない。

今度はスマホを起《た》ちあげ、地図アプリで市内のそれらしい地点をつぶさに調べていく。裕木が予想していたよりも早く、それは容易《たやす》く見つけることができた。

だが同時に、果たしてこれが目当ての廃屋なのかと、一抹の疑念も生じてしまう。

郊外の森の中には、確かに三階建ての古びた建物があった。

けれどもこれは廃屋ではない。ゲストハウスと呼ばれる施設だった。

ゲストハウスにはウェブサイトもあった。ざっと見てみる限り、普通に営業している。宿泊プランは全て素泊まりで、大半が相部屋だった。料金もそれらに応じて格安である。

仮にこのゲストハウスが元の廃屋だとしたら、建物ごと買い取られたのだろうか？

ウェブサイトに掲載されている写真には、黒みを帯びた木製の外壁に手摺《てす》りの付いた四角い窓がずらりと並ぶ、和風とも洋風ともつかない奇妙な雰囲気の建物が写っている。昔のモダン建築といった造りだろうか。

杏里さんから伝え聞かされた廃屋の特徴と一致しているので、多分間違いはなかろう。意外な結果となってしまったけれど、とにかく目星はつけられたと思う。

あとはどうするかだった。幸い、明日はバイトが入っていなかった。泊まる気ならば今から予約を取って、現地で一夜を明かすこともできる。

ただ、スマホの画面に映るゲストハウスに改装された現在の建物の様子を見ていると、果たして今でも「首なし男の幽霊」とやらは出るのだろうかという不安はあった。幽霊が出ないまでも、かつての妖気《ようき》のようなものが今も残っているのだろうかという懸念もあった。

仮にそうしたものが残っていないのであれば、わざわざ泊まる意味などないのである。少々判断に悩むところではある。

とはいえ、それを確かめる唯一の手段は、やはり実際に泊まってみる以外になかった。まさか電話で「おたくの宿には幽霊が出ますか？」などと確認できるはずもない。

オーダーしたフラペチーノの残りを一気に飲み干すと、裕木は「ままよ」と腹を決め、スマホから一泊二日の予約を入れた。駅前でタクシーに乗りこみ、即座に現地へ向かう。

結果、一夜を無駄に明かすことになった。

宿では怪しいことなど何も起こらなかったし、不穏な気分に陥ることさえなかった。日が暮れ落ちてから起きたことといえば、バックパッカーらしき外国人の男たちからしつこく酒に誘われ、切り抜けるのにほとほと苦労させられたぐらいのものである。

様子を見計らい、宿のスタッフたちにそれとなく建物の来歴も尋ねてみたのだけれど、真相を知ってか知らずか、過去に起きた首切り殺人について語る者もいなかった。

翌朝七時前に起床すると手早く身支度を整え、宿を出た。

再びタクシーに乗って駅まで戻り、駅前のマクドナルドで朝食をオーダーした時には、食べ終えたらそのまま高円寺のマンションに帰るつもりだった。

だが、食事が始まってまもなくのこと、ある種の天啓にも似た閃《ひらめ》きが脳裏に突然弾《はじ》け、裕木はいかずちに打たれたような心境で予定を刷新することにした。

時計を見ると、時刻は八時。ぎりぎり許容範囲だろうと判じてスマホの電話帳を開き、通話ボタンを押す。相手はすぐに出てくれた。驚いてはいたが、嫌な声もださなかった。

「早い時間に恐れ入ります。実はくわしく教えていただきたいことがありまして……」

通話に応じた美也子さんに、奥多摩の山中にあるという廃旅館の所在地を尋ねる。

六月十四日に取材した話。映像関係の仕事をしている彼女がロケハンで訪れたという奥多摩山中の廃旅館。薄暗い廊下の頭上でぐるぐると渦を巻く、得体の知れない物体を見たというあの廃旅館である。

美也子さんの話によると、場所は確かにそれなりの山奥なのだけれど、奥多摩駅からさして遠からぬ距離にあるのだという。道のりも単純なので、車を使えば比較的容易にたどり着けるだろうとのことだった。

できれば地図のデータを送ってほしいと頼み、通話を終える。ソーセージマフィンの残りを齧《かじ》りながら待っていると、ほどなくして廃旅館の位置に印を付けた地図の画像が送られてきた。確かに駅からそんなに離れていないし、道筋も分かりやすい。

スマホで路線情報を検索してみた。

鎌倉駅から一度、新宿駅まで戻り、中央線《ちゅうおう》から青梅線《おうめ》に乗り換えれば、三時間ほどで奥多摩駅まで行ける。さらには駅の近くでレンタカーを手配できることも分かったので、その気になれば現地へ行って、日暮れまでには帰宅することができる。

裕木は俄然《がぜん》そのつもりだった。この廃旅館には「実績」と「裏付け」の両方がある。宿に渦巻く〝質の悪い妖気〟とやらに当てられ、美也子さんが体調を崩した場所なら、鏡香と千緒里の祈願もチャラにしてくれる。そんな期待に胸が高鳴り、気が急《せ》いた。

慌ただしく食事を切りあげ、奥多摩駅に着いたのは、十一時半過ぎのことだった。

続いて、事前にネット予約をしておいたレンタカーショップで出発手続きを済ませる。借り受けたのは、軽自動車。高校在学中に普通免許を取得して以来、年に十回程度はハンドルを握るようにしていたのだけれど、腕には大して自信があるわけでなかったし、山道を走った経験もない。なるべく小回りの利く車がいいと考えての選択だった。

美也子さんに示された地図の印とカーナビを頼りに出発する。

久々ゆえのおぼつかない運転と、不慣れな山道の走行に初めは少々手こずったものの、いくらも経たずに勘は戻って、曲がりくねった山道のライン取りにも慣れてきた。

そうして、しだいに運転を楽しむ余裕もできてきた頃。

出発からおよそ三十分余りで、件の廃旅館に到着する。

建物は、道端から一段さがった位置に立っていた。路上からは二階建ての屋根部分を見おろす形になる。少し先に進んでいくと路傍に下り坂が見えてきたので、坂を下って旅館の敷地とおぼしき一角へ車を停めた。

ドアを開けるさなか、建物の表に面して生い茂る樹々の間に視線を向けると、両岸に乾いた石がごろごろと転がる細い川筋が見えた。耳に聞こえてくるのは、忙《せわ》しく流れる水のせせらぎと盛んにすだく蟬の声、森の中でののどかに響く野鳥の囀《さえず》りだけである。

車外へ降り立ち、軽く伸びをしながら建物に向かって近づいていく。

美也子さんから聞かされていたとおり、雰囲気は旅館というよりむしろ、民宿に近い。少し大きな民家のごとき構えである。さらには近くに看板らしき物も見当たらないので、ますます民家の廃屋のように見えてしまう。

造りは基本的に木製。壁板の大半は腐って黒ずみ、二階の上に葺《ふ》かれたトタン屋根は、色褪《いろあ》せて赤黒く錆《さ》びついている。いつ頃廃業したのかは定かでなかったが、外から見る傷み具合から察する限り、五年や十年では利かないような印象である。

生の目で初めて見る廃屋の光景に、少しは怖気《おじけ》づくのではないかと思っていたのだが、実際こうして現物の前に至っても、恐怖などより好奇心のほうが強く勝った。

先立って、幽霊坂に赴いた時と同じである。中へ足を踏みこむことに躊躇《ちゅうちょ》はなかった。

だが、そうした意気込みとは裏腹に、まずはどこから侵入するかが問題となった。

建物の正面にある玄関戸は、分厚い木板で釘《くぎ》打ちされていた。

同じく、正面側の窓も一部が板で塞《ふさ》がれている。

玄関戸に貼りつく板は不法侵入そのものを防ぐため。窓のほうに打ちつけられた板は、おそらく以前の侵入者に割られたガラスを補修した跡なのだと思う。

ためしに建物の正面側でガラスの割られていない窓を開けてみようとしたのだけれど、いずれの窓も中から鍵《かぎ》が掛かっているらしく、わずかも開く気配がなかった。

少しだけ疚《やま》しい思いに駆られる。自分も不法侵入をしようとしているのだと気づいた。しかし、せっかくここまで来たというのに今さら自制する気もさらさらなかった。

建物の正面から今度は側面へ回りこむ。半ば朽ちかけた外壁が地面に落とす影を伝い、閉ざされた窓の一枚一枚に手を掛けながら歩を進めた。

だが、どれも固く閉ざされ、ぴくりとも動かない。そのまま建物の裏側へ回りこむと、黒く湿った腐葉土の上に、乾いた汚泥にまみれたドア板が倒れているのが目に入った。

視線をドアから近い壁のほうへ向ける。案の定、そこにはドアの外れた戸口があった。

戸口の向こうには長方形に開いた薄闇が、埃《ほこり》の粒子をちらつかせながら覗《のぞ》いている。

「よっしゃ」

弾んだ声でひとりごち、がら空きになった戸口をくぐって中へ入った。

仄暗《ほのぐら》い闇に染まっていたのは、厨房《ちゅうぼう》だった。テーブルの上には種々雑多なガラクタが山のように積みあげられて分厚い埃を被《かぶ》っている。錆びたシンクの中にも古びた食器や調理器具などが、ぎゅうぎゅうと押しこめられるような形で詰まっていた。

足元に気をつけながら厨房を突っ切り、反対側の戸口を抜ける。今度は廊下に出た。

幅が狭い。両手を左右に伸ばすと手のひらが壁にくっついてしまいそうなほどである。目で見る限り、床板は頑丈さを保っているように感じられたが、油断は禁物とも思った。引き続き、慎重な足取りで歩を進めていく。

一階には客室の他、宴会用の大広間、トイレ、それから大浴場とボイラー室があった。いずれも時の流れがもたらす無情な劣化に加え、粗忽《そこつ》な侵入者による破壊行為によって無残に荒らされ、かつての栄華は見る影もない。

廊下を伝って奥まで行くと、二階へ続く階段を見つけた。美也子さんと彼女の同僚が得体の知れない黒い渦を見たのは、二階に延びる廊下だったはずである。

いよいよだなと期待に胸を高鳴らせ、踏板をみしみし鳴らしながら上っていく。

二階の廊下もやはり狭い。加えて窓に掛かるカーテンの大半が閉め切られているため、闇の濃さはこちらのほうが若干きつい。暗がりに漂う空気も心なしか、階下のそれより幾分重たく感じられる。

だが、それだけだった。ふたりが渦を見たという天井に向かって顔をあげ、隅々まで視線を巡らせて見たのだが、そんなものは痕跡《こんせき》すらも認めることはできなかった。

よかったような、よくなかったような、自分でも判然としかねる感情に胸がざわめく。過度な災禍に見舞われるのは御免だけれど、せっかく奥多摩くんだりまで来たのである。少しぐらいだったら不思議な体験もしてみたい。そんな期待も多少はあった。

なかなか思い通りにはいかないものだと自嘲《じちょう》する一方、本当の目的のほうについてはどうなのだろうと思考を切り替える。

長い時の流れの中ですっかり荒れ果て、いかにもお化け屋敷然とした廃旅館の様相は、その場にただいるだけで不穏な思いを抱かせるに十分なものがあった。

しかし、それはあくまで見た目の印象に過ぎず、いわゆる霊感というものを持たない自分には、この廃旅館がどの程度「よからぬ場所」であるのかは測れない。

鏡香と千緒里によるお祓《はら》いの効能は、今この瞬間にも作用しているのだろうか？

作用しているのだとしたら、果たしてどの程度まで持ち堪《こた》えることができるのだろう。

こちらも測る術《すべ》がないため、少々もどかしい気分にさせられる。

今のところ、体調に異変を来たすようなこともなかった。妙な恐れを抱くこともない。ならばせいぜい帰りたくなるまで居座って、目には視えざる「悪い気」をできうる限り、この身に受けていこうかと思う。中を歩いて回ること自体は楽しかった。

廊下に面した客室のドアをひとつ開け、湿気ばんで黒ずんだ畳の上を土足で歩く。

部屋の奥側に面した窓ガラスは粉々に砕け、小さな破片が窓際の下部に散乱していた。

じゃりじゃりと破片を踏みしめながら窓辺へ近づき、外の様子を覗き見る。

目の前から少し離れた先には荒々しく葉の生い茂った樹々が並び、樹々の合間からは絶え間なくせせらぐ小川の様子がちらついて見える。建物の表側に面した景色である。

そのまま視線を落として地面のほうに目を向けると、玄関口から少し離れた土の上に真っ黒いワンピースを着た女が立っているのが見えた。思わずはっとなって目を瞠《みは》る。

荒々しいうねりを描きながら腰の辺りまで生え伸びた毛髪も、衣服と同じくどす黒い。女は乾いた地面に向かって深々と面をうつむかせ、眩《まばゆ》い日差しの中に立ち尽くしていた。

すでにその存在自体からして異様だったのだが、裕木は女の姿を視界に認めてまもなく、女の姿にさらなる異様を見つけて慄然《りつぜん》となる。

頭上からぎらぎらと陽光が降り注ぐ只中《ただなか》に在って、女の足元には一筋の影もなかった。代わりに黒い輪郭だけが天日に照らされ、くっきりとした像を結んで浮かんでいる。

生身の者ではないと悟った瞬間、女が面をぱっと跳ねあげ、こちらを見た。

目玉も白目がなくて真っ黒だった。まるで鮫《さめ》か、日本人形のような目だと思った。

女は裕木の姿を捉《とら》えるなり再び顔をおろして、今度はずかずかと機械じみた足取りで建物の横手に向かって歩きだした。

同時に女の動きに合わせてびちゃびちゃと、粘り気を帯びた鈍い水音が聞こえ始める。

そこでようやく、女の髪とワンピースが濡《ぬ》れているのだということに気がついた。

どちらもコールタールのような粘ついた液体にまみれ、黒々と染まっているのである。女が身体を揺らすたび、髪筋と衣服の端々からどす黒い水滴が飛び散るのが見える。

すかさず窓辺から身を退けたが、次の一手をどうするか、答えが浮かんでこなかった。外からは女の放つびちゃびちゃという重苦しい水音が、なおも小さく耳に届いてくる。音は建物の正面から側面のほうへ移動した。

女はまもなく、がら空きになった裏側の戸口をくぐって中へと入ってくるはずである。みしみしと階段を踏み鳴らしながら、目の前に現れる女の姿が脳裏に浮かんでくるなり、歯の根が震えて足が竦《すく》んだ。

一刻でも早く逃げださなければならないとは思うのだけれど、出口は厨房にしかない。たとえ全速力で駆け戻ったとしても、戸口の辺りで女とかち合う恐れが十分にあった。

ならばどうする？　ぼやぼやしていたら、あっというまに猶予がなくなる。

呻吟《しんぎん》した末、裕木は突かれたように客室から飛びだすと、駆け足で一気に階段を下り、階段口の向かいに見える客室の中へ飛びこんだ。

一階の正面側に位置するこの部屋は、窓が木板で塞がれていなかった。内鍵を開けて窓から出れば、厨房を経由せず外へと逃げだすことができる。

我ながら妙案だった。足音や気配から察する限り、幸いにも女はまだ、中まで入って来てはいないようである。さっそく窓辺に駆け寄り、古びたクレセント鍵に手を掛ける。こちらも幸いなことに鍵は容易《たやす》く開いた。間髪容《い》れず、窓ガラスも力任せに開け放つ。

その瞬間、背後から青白い手が伸びてきて、窓枠に掛けた右の手首を掴《つか》まれた。

振り返ると真っ黒な目をした女の顔が、目と鼻の先にあった。

悲鳴があがる。もしかして詰んじゃった？　わたしの人生、これでおしまい？

そんな思いが頭の中で、花火のごとく弾《はじ》け始めた時である。

窓の外から「ピイーーーーーッ！」と聞こえた甲高い音が、裕木の鼓膜を突き刺した。

反射的に首を向けた先には、羽毛が燃えるような深紅に染まる一羽の鳥の姿があった。

鳥は小川の前に伸びる高い樹の枝に留まり、こちらを上からじっと見おろしている。

おそらく間違いない。しばらく前に幽霊坂で目にした、あの赤い鳥である。

思い做《な》すなり、鳥はおもむろに羽をばたつかせ、小川の対岸に広がる深い森のほうに向かって飛び去っていった。

同時にいつのまにか、手首を掴むきつい感触が消えていることにも気づく。

恐る恐る振り返ると、女の姿は影も形もなくなっていた。

救《たす》けてくれたのだろうか。でもどうして？

がらりと開けた窓枠を踏み越え、敷地に停めた車の中へ駆けこむさなか、赤い鳥との思いがけない邂逅《かいこう》に戸惑うも、答えが頭に浮かんでくることはなかった。

ぶるぶるとわななく身体を運転席に投げだすなり、すかさずキーを回して車を動かす。

ハンドルを切り返し猛然とした勢いで敷地を飛びだすと、あとはほとんど無我の境地で山道を下り始めた。

高円寺のマンションに帰宅したのは、午後の四時近くのことだった。

家路をたどる間、身体は歯の根も含めて小刻みに震え続け、自宅へ帰り着いてからも震えはまだ少し残っていた。

青梅線に乗りこんでしばらくした頃、女に摑まれた右の手首に痣《あざ》が浮いてきたことに気がついた。色は青黒く、かろうじてだが指の形も確認することができる。

痛みはなかったものの、ひと目見るなりひどい悪心に見舞われ、胃の腑《ふ》がざわめいた。

ようやく気分が落ち着き始めたのは、日が完全に暮れ落ちた、八時過ぎのことである。

外の景色が暗くなっていくにしたがい、もしかしたらパニックを起こすのではないかと危惧《きぐ》していたのだけれど、実際は逆だった。時間の経過とともに生々しい恐怖は薄まり、昼間体験した一連の事象を比較的冷静に受け止められるようになってくる。

そのうえで改めて自分は、とてつもない体験をしたのだと感じた。

湯船に浸《つ》かり、青黒く変色した手首を見つめながら深い息を漏らす。

気持ちが落ち着き始める前までは、強い恐怖と驚きに打ちひしがれるばかりだったが、今はそうした感情よりも、ふたつの気になる点に意識が強く向けられていた。

ひとつ目の疑問は、自身が有する感覚について。

廃旅館で黒い女と出くわした時は、逃げるのに必死で思いが及ばなかったのだけれど、図らずもこの遭遇は、三月に自室で聞こえた笑い声に続いて、二度目の霊体験となった。

しかも今回は、もろに姿を見てしまっている。なおかつ手首を摑まれ、痣まで生じた。ふたつの出来事を「段階」として結びつけるなら、これは劇的な飛躍であると言える。

やはり自分には霊感が芽生えてしまったのだろうか？

目蓋《まぶた》を閉じると生々しく浮かんでくる黒い女の姿を見つめつつ、そんなことを考えた。けれどもそうした半面、霊感の定義についてよく分からないので、頭が混乱してしまう。

これまで取材をしてきた人物たちの中にも、凄《すさ》まじい体験をした者が大勢いたけれど、その大半は霊感など持ち得ない、ごくごく普通の人たちだった。

少なくとも当事者自身は、そうしたものは有していないと証言している。

ならば「霊感」などという特異な感覚が備わっていようがいまいが、人というものは時と場合によって、誰しも怪異に見舞われる可能性があるということになってしまう。

自分の場合はどうなのか？

長らく続く怪談取材の過程で霊感が芽生え、二度も怪異を体験したとも考えられたが、「時と場合」という条件が合致して怪異に見舞われたという可能性も考えられた。

ますます頭が混乱してくる。そんなところへさらに、廃旅館で見かけた赤い鳥の姿が脳裏に浮かんでくるともう駄目だった。何がなんだか分からなくなってきてしまう。

そこで仕方なく、ふたつ目の疑問について意識を向けることにした。

わざわざレンタカーまで手配して、奥多摩くんだりの山中まで足を運んだ本来の目的。果たして今日の一件をもって、鏡香と千緒里による安全祈願の効能は潰《つい》えたか否か。

こちらの疑問については、手首に浮いた痣を見る限り、答えに確信を持ちやすかった。おそらく消えたか、あるいは消えないまでも薄まるぐらいはしてくれたような気がする。確かな答えは、これから続く取材の過程で証明されていくだろう。

とにかく取材対象から軒並み冴《さ》えない体験談を聞かされるのは、もうたくさんだった。裕木が聞きたいと思い、ノートに記録したいと願うのは、度肝を抜かれて身体に震えが生じるような恐ろしい話や、思わず耳を疑ってしまうような不思議な話、他では決して聞き得ることのできない唯一無二の貴重な体験談だった。

「潮目よ、戻れ。潮目よ、変われ。頼むよ本当に、もううんざり」

痣に向かって呪文《じゅもん》を唱えるように語りかけ、今後の取材の好転を切望する。

黒い女につけられた痣は、その後も特に痛みが出ることもなく、悪化することもなく、廃旅館への侵入から三日目の朝には綺麗《きれい》さっぱり消え失《う》せた。

てっきり痕《あと》が残ると覚悟していた裕木にとって、それは予想だにしない終息だった。

潮目

■佳音さんの友人、貴理《きり》さん【電話取材　二〇一七年八月十六日　水曜日】

都心の居酒屋へ彼氏とふたりで呑《の》みにいった時の話。席に着くと、三人分のお通しがテーブルの上にのせられた。「ふたりなんですが」と訴えたところ、若い女性の店員は顔色を青くして、「年配の女性もご一緒だったと思うのですが……」と答えた。

髪の短い白髪頭の女で、貴理さんの隣に貼りつくように座っていたのだという。

■貴理さんの母、月子《つきこ》さん【電話取材　二〇一七年八月十八日　金曜日】

数年前のお盆、夜中に寝室の窓を何度も叩《たた》かれ、目が覚めた。寝室は二階にある。

恐る恐るカーテンを開けてみたが、外には誰の姿もなかった。

■月子さんの伯母《おば》、杉代《すぎよ》さん【対面取材　二〇一七年八月二十日　日曜日】

結婚し、今の住居に暮らし始めてまもない頃、夜中の奥座敷で白い着物姿の女を見た。襖《ふすま》を開けると座敷の宙に浮いていた。驚いて襖を閉め、再び開けるといなくなっていた。

■杉代さんの夫、岩瀬《いわせ》さん【対面取材　二〇一七年八月二十日　日曜日】

その昔、多摩川で夜釣りをしていた時に珍しい人魂《ひとだま》を見たことがある。

バレーボールほどの大きさをした真っ白な球体で、表面に人の顔が浮かんでいた。

人面の人魂は川面《かわも》の中空をしばらくふわふわ舞ったあと、闇の彼方《かなた》へ消えていった。

鎌倉在住の会社員、佳音さんの紹介から続けて三件、数日刻みで取材が連なった。

それからさらに四日後、三件目に取材をさせてもらった岩瀬さんという年配男性から紹介を受けたのは和子《かずこ》さんという、やはり年配の女性だった。

なんでも、岩瀬さんが懇意にしている釣り仲間の細君なのだという。歳は七十代半ば。足があまりよくないということで、町田《まちだ》市にある彼女の自宅へ直接伺うことになる。

取材は岩瀬さんの紹介から四日後、八月二十四日の昼過ぎに始まった。

「幽霊が出てくる話なんかじゃないんですけど、本当にこんな話でいいのかしら？」

窓辺に葦簀《よしず》が掛けられた薄暗い茶の間、座卓の縁に置かれた安楽椅子に腰掛けながら、申しわけなさそうな調子で和子さんが言う。

「いえいえ、不思議な話でしたらなんでも大丈夫ですので、ぜひお聞かせください」

笑みを浮かべて応《こた》えたものの、「なんでも大丈夫」というのは無論、社交辞令である。内心では「お願いだから、とんでもないのを聞かせて」と念じつつ、ほどなく始まった彼女の話にどきどきしながら耳を傾けた。

昭和三十年代の初め頃、和子さんが小学生だった頃の話だという。

当時、和子さんは都内西部にかつて存在した、五日市町《いつかいちまち》という田舎町に暮らしていた。

数年前に小宮《こみや》村、戸倉《とくら》村、増戸《ますこ》村という三村が合併してできた新しい町で、今現在はあきる野《の》市の一部として、当時の地名を残している。

彼女が通っていた五日市町の小学校に、霜石伊世子《いよこ》ちゃんという同級生がいた。

同級生といってもクラスは違う。クラスが違うというのも単に教室が違うのではなく、彼女は今で言う特別支援学級に通う児童だった。

校舎一階の片隅にあるこの学級には、なんらかの障害を持つ子たちが学年に関係なく、毎年七、八名程度の人数を維持して在籍していた。

軽度の知的障害がある子と難聴の子が大半だったのだけれど、少なくとも和子さんの目から見る限り、伊世子ちゃんはそうしたハンディを持っているようには見えなかった。

彼女は、少し長めのおかっぱ頭に色白の細面、大きくつぶらな瞳《ひとみ》が印象的な女の子で、とても品のいい顔立ちをしていた。

そんなに機会は多くなかったけれど、廊下で顔を合わせた時や、学校行事のさなかに見かけた折に挨拶《あいさつ》をすると、自分などよりはるかに大人びた調子で挨拶が返ってきたし、立ち振る舞いも楚々《そそ》として、時にはっとするほど優雅な趣きを感じることがあった。

周囲の介助が必要なわけでもなく、病弱そうな気振りも見られない。

伊世子ちゃんにはふたつ年下の妹もいて、彼女も特別支援学級に通っていた。

こちらは、名を伊吹《いぶき》ちゃんという。

伊世子ちゃんとはまたタイプの異なる、凛《りん》とした顔立ちに切れ長の目が特徴的な娘で、彼女のほうも特別何か、ハンディを抱えているようには見えなかった。

それに加えて、ふたりはいつでも綺麗な身なりをしていた。

和子さんを始め、同年代の女の子たちが学校に着てくる衣服といえば、簡素な造りの吊《つ》りスカートやズボンなどが大半だった。いずれも地味で個性の希薄な装いである。

そうした一方、ふたりはいつも瀟洒《しょうしゃ》なレースや花柄模様があしらわれたワンピースや、襟元に大きなリボンを結わえた、綺麗な色のブラウスなどを着ていた。

通学も当時としては珍しく、毎日車で送迎されていた。それも見るからに高級そうな黒塗りの自動車で、運転手も親ではなく、使用人のような雰囲気の男性だった。

あからさまに普通の家の娘たちではない。ふたりが良家の娘であることは誰の目にも明白だったが、姉妹のくわしい素性について知る者はいなかった。

中には本人たちに直接尋ねる子もいたが、答えは決まって濁されてしまうのだという。先生たちに訊《き》いても、誰もくわしく答えてはくれない。

ただ、児童の中には、送迎用の車が町の外から出入りしているのを見ている子たちが何人もいたので、姉妹は学区外から通って来ているらしいというのが、定説でもあった。

ふたりは綺麗で上品ながらも、何かにつけて謎めいた点の多い姉妹でもあった。

和子さんが五年生になった、秋口のことである。

二学期を迎えてほどなくした頃、伊世子ちゃんが学校に来ていないことが分かった。始業式で顔を見た子もいないというから、夏休みの間に病気にかかるか怪我でもして、入院しているのではないかと思った。

だが、これも例に漏れず、周囲でくわしい事情を知る者は誰ひとりとしていなかった。伊吹ちゃんのほうは変わらず学校に通っていたので、彼女に直接尋ねた子もいたのだが、やはり言葉を濁され、曖昧《あいまい》な答えが返ってくるだけだったという。

それからさらに二月ほど経った、秋も深まる時季のこと。

放課後、和子さんが校庭で友人たちと縄跳びをしていると、「お化け！」と叫ぶ声が聞こえてきた。視線を向けた校門のほうでは、悲鳴をあげる低学年の男の子たちの姿と、確かにお化けの姿があった。

お化けは門柱の傍らで、小さな身体を左右にふらつかせながら佇《たたず》んでいる。

長めに伸ばしたおかっぱ髪の中から覗《のぞ》く顔面は、ぼこぼこと異様な形に歪《ゆが》んで膨らみ、人の顔の原形を留《とど》めていなかった。顔全体は、肌色をした丸い瘤《こぶ》か水疱《すいほう》のようなものにびっしりと覆い尽くされ、目鼻口の判別もつかない。まるで葡萄《ぶどう》のような面貌《めんぼう》だった。

「お化け！」と叫んだ子たちの尋常ではない声を受け、校庭に遊んでいた他の子たちも次々とお化けの存在に気づき始める。校庭はたちまち凄《すさ》まじい悲鳴に包まれていった。

一方、お化けのほうは、蹌踉《よろぼ》うようなおぼつかない足取りで敷地の中へと入ってくる。校門から近い場所にいた子たちは血相を変えて逃げだし、和子さんも一緒に遊んでいた友人たちから「逃げよう！」と叫ばれた。すかさず校舎のほうに向かって走りだす。

だがその時、お化けが着ている服にふと目が留まり、足の動きが止まってしまった。

お化けは襟元に黄色いリボンを結わえた、薄白い長袖《ながそで》のワンピースを身に纏《まと》っていた。生地は至るところが泥土に汚れていたものの、袖口や裾《すそ》にあしらわれたレースの意匠や、仕立ての上品な雰囲気から、高い服であろうことは容易に察しがついた。

学校にこんな服を着て来られる人物は、和子さんの知りうる限り、ふたりしかいない。よく見れば背恰好《せかっこう》も似ていた。お化けの正体は、伊世子ちゃんではないかと思った。

金切り声や泣き声をあげながら、周囲で子供たちが逃げ惑うさなか、お化けの様子を凝然とうかがい始めてまもなくのことである。

同級生の太《ふとし》君という男子が突然、「おい！」と叫んでお化けのほうへ向かっていった。手にはたくさんの小石を握り締めている。

「この化け物め！　俺様がお前を成敗してくれる！」

仰々しい声風《こわぶり》で大見得を切るや、手にした小石を力任せに投げつける。初めの数個はお化けの身体を掠《かす》めて空を切ったが、やがて綺麗《きれい》な直線を描いて飛んでいった石ころが、小さな胸のまんなかに当たった。ぼすりと鈍い音とともに「ぎゅわっ！」とくぐもった悲鳴が、お化けの顔から絞りだされる。

お化けがぐらりと上体を仰《の》け反らせたところへ、ふたつ目の石が右の脇腹に当たった。今度は短く「うぐっ」と苦悶《くもん》の声があがる。

そこへ続けざまに投げつけられた小石は、とうとうお化けの顔面を直撃してしまった。お化けの発する悲痛な叫びに、太君の「どんなもんだ！」と弾んだ声が重なる。

和子さんもはっとなって声をあげると同時に、今後は背後のほうから「コラッ！」と大きな怒鳴り声が轟《とどろ》いた。振り返ると昇降口から出てきた先生たちが険しい色を浮かべ、校庭に向かって駆けだしてくる。

男の先生が三人と、女の先生がひとり。先生たちは矢のような勢いでお化けの前まで至ると周囲をぐるりと取り囲み、持参した真っ白いシーツを頭の上からばさりと被《かぶ》せた。てるてる坊主のような姿になったお化けは抵抗する様子もなく、先生たちに付き添われ、校舎の中へ連れられていく。

子供たちが「そのお化け、なんですか！」と声をあげても「うるさい、黙れッ！」と怒鳴られるばかりで、答えが返ってくることはなかった。

お化けの子は、どうやら保健室のほうへ連れていかれたらしい。ただ、部屋の前には先生たちがずらりと陣取っていて、そばへ行くと問答無用で怒鳴られるとのことだった。

そうした話を和子さんは、校庭の片隅にいながら聞いていた。

なおも周囲が騒然とし続けるなか、特別支援学級のほうへ視線を向けると、窓の中に伊吹ちゃんの姿が見えた。暗い面持ちで担任の先生と何かを話しているようだった。

その後、伊世子ちゃんとおぼしきお化けがどうなったのかは分からない。

ただ、翌日から伊吹ちゃんも学校に来なくなってしまった。

さらにはお化けに石を投げつけた太君も、二週間近く学校を休むことになった。

学校でお化け騒ぎがあったその夜から顔じゅうが赤黒く浮腫《むく》み、ひどい高熱を発して床に臥《ふ》せっていたのだという。

再び登校して来た太君の顔に斯様《かよう》な痕跡《こんせき》は見られなかったが、周囲の子たちの間では、「罰が当たったのではないか」「祟《たた》りだったのではないか」などという噂が囁《ささや》かれた。

一方、伊世子ちゃんと伊吹ちゃんのほうは、二度と学校に戻ってくることはなかった。

例によって、先生たちからくわしい事情の説明などなかったので、こちらについては「転校したのだろう」という話で落ち着いた。

それに加えて誰言うとなく、「お化けの正体は伊世子ちゃんだった」という噂も流れ、釈然としない後味と薄気味の悪さを残して、児童たちの前から霜石姉妹は消えていった。

以来、ふたりの所在についてもその後の動向についても、何も分からないままだという。

ふと振り返ると、当時からすでに気の遠くなるような年月が経っている。

だが、今でも瞳を閉じれば綺麗な姉妹の姿と、小さな面貌を葡萄のように膨らませたお化けの姿が、目蓋《まぶた》の裏に像を結んでありありと浮かびあがってくるのだという。

「こんな話でよかったのかしら……？」

語りが終わって、いかにも自信なげな顔色を浮かべた和子さんに問われたのだけれど、裕木としては予想だにしていなかった戦慄《せんりつ》を覚え、背筋が凍る思いだった。

似たような「お化け」が出てくる話を以前に取材した覚えがあったのである。

帰りの電車に揺られながら下書き用のノートを検《あらた》めてみると、やはり間違いなかった。

一昨年の十二月、八王子に暮らす佐津子《さつこ》さんという年配女性から聞いた話がそれだった。

時代背景はやはり、昭和三十年代の初めである。

当時、小学五年生だった佐津子さんが、真冬に不慮の事故で左の肩骨を折ってしまい、都内西部に位置する大きな病院に入院した時のこと。

ある晩遅く、隣のベッドに入院してきた女の子は「イヨコ」という名で、顔じゅうが歪《いびつ》に捩《ねじ》れて膨れあがり、まるで人の肉で作った葡萄のような面相だったという。

名前と外見の特徴に加え、年代も一致することから、ふたつの話に登場する女の子は同一人物で間違いなかろうと判じた。

時系列を照らし合わせてみると、和子さんが晩秋に学校で伊世子らしき「お化け」を目撃したあと、今度は同じ年の真冬に佐津子さんが入院中の病室内で、関係者の口から「イヨコ」と呼ばれる「お化けの娘」に出くわしたという流れになる。

奇《く》しくも互いになんの接点もないふたりの取材相手から、異様な同一人物にまつわる怪異な体験談がもたらされた。本来ならばこれだけでも十分、驚くべきことである。

けれども今回の取材においてはさらにもうひとつ、裕木を驚愕《きょうがく》せしめることがあった。和子さんの口から何気なく明かされた、伊世子の苗字《みょうじ》がそれだった。

霜石という姓もまた、以前の取材相手から聞かされたことがある。忘れもしない。今年の三月、目黒区内の小さな公園で河相さんから聞かせてもらった、不思議な女性にまつわる話。話中で語られる若い女性の名は、霜石緋花里といった。

河相さんからの又聞きとなるゆえ、真偽のほどは定かでないが、当時の緋花里自身が語ったところによれば、彼女も都内西部の出身だという。単なる偶然とは思えなかった。

とはいえ奇妙な符合に気がついても、霜石伊世子と霜石緋花里の両者を結び合わせる明確な線までを見いだすことはできなかった。情報が少なすぎるのである。

代わりにあれやこれやと憶測を繰り広げるさなか、今度は名前に関する別種の符合に気づいてしまい、思わずはっと息を漏らす羽目になる。

なぜかこれまで意識することもなかったのだが、今頃になってようやく合点がいった。「緋花里」という名もまた、過去に別の取材相手の口から聞いたことのある名前だった。こちらは昨年八月まで遡《さかのぼ》る。優枝《ゆえ》さんという三十代の女性が、やはり小学五年生の頃に体験したという話である。

彼女は夏休みに参加した自然学校で、「ヒカリ」と呼ばれる少女に会っていた。学年は優枝さんと同じ五年生。ヒカリは「親戚《しんせき》」と称する、容姿のよく似た同年代の少女とふたりで自然学校に参加していた。

「親戚」の少女は、大きくつぶらな瞳《ひとみ》が印象的な可愛らしい顔立ちだったらしいのだが、「ヒカリ」のほうは、切れ長の鋭い瞳が特徴的な娘だったという。

河相さんの話に登場する緋花里の瞳と、見事に形質が重なる。

さらには年頃も合致した。自然学校の際に小学五年生だった「ヒカリ」が歳をとって二十一歳を迎える頃になると、ちょうど河相さんと目黒の鳥獣店で知り合う時期になる。

ふたつの話に登場する緋花里（ヒカリ）の顔をこの目で実際に見たわけではないにせよ、ここまで情報が一致すれば、両者を別人と見做《みな》すほうがむしろ不自然というものである。こちらも同一人物ということで間違いないと感じた。

すでに二年以上も続く取材である。確率論としては集めた話の数が増えるにしたがい、こうした偶然が生じることも起こり得るかもしれない。そんなことは分かっている。

だが、これはそんな単純な解釈で答えのだせる問題だろうか。理論的な解釈などより、得体の知れない因縁めいた感触のほうに裕木は惹《ひ》かれ、強い感慨を抱いていた。

帰宅したのち、今度はさらに正式な取材レポートを開き、過去の記録を矯《た》めつ眇《すが》めつ検めてみた。するとまもなく、思わぬところからさらなる符合らしきものが見つかって、裕木の背筋を大きくぶるりと震わせることになった。

取材を始めていちばん最初に記録を綴《つづ》り始めた、取材レポートの一冊目。

その出だしとして、ノートの初めに裕木が書き記したのは、のちにリレー形式となる怪談取材の記録ではなく、叔父《おじ》の弥太郎《やたろう》が小学生の頃に体験したという話だった。

昭和四十年代の中頃、車で出掛ける祖父の車に忍びこんだ叔父は、どことも知れない大きな屋敷の敷地内をさまよい歩くことになった。

その屋敷の裏庭で、叔父はお化けを目撃している。

色とりどりの菊の花が咲き乱れる花壇の中に佇《たたず》む白い着物姿の女の子で、その顔面はぼこぼこと異様な形に歪《ゆが》んで膨れあがり、人の顔の原形を留《とど》めていなかったのだという。

これもまた、霜石伊世子の面貌《めんぼう》と印象が一致する。ずばりそのものと断言してもいい。

レポートの一話目については、完全に盲点だった。他の取材記録に関しては定期的にノートを開いて、楽しみながら読み返すなどしていたのだけれど、叔父の話においては正式な取材記録ではないこともあり、これまで長らく再読することがなかったのである。

それに加えて、叔父がお化けの顔面を指して喩《たと》えたものは「水風船」だった。件《くだん》の話を叔父から語り聞かせてもらったのは確か、裕木が小学四年生だった頃である。珍しく、叔父の家にひとりで泊まりにいった折に聞かせてもらったのだ。

その時に叔父は、異形のお化けの顔を「肌色の水風船みたいだった」と証言していた。だからのちに佐津子さんと和子さんが語った「葡萄《ぶどう》のお化けみたいな顔」という表現と、イメージが一致しなかったのだと思う。

それに加えて叔父の話に登場する伊世子は、どうやら本当のお化けだったと思われる。

白い着物姿の伊世子は花壇の中に現れたあと、続いて叔父のすぐ目の前に顔を迫らせ、気づくといつのまにか姿を消していたのだという。

さらにはもうひとつ、叔父は伊世子の年頃を「中学生ぐらい」と指していた。

和子さんからは昭和三十年代の初め頃、伊世子は小学五年生だったと聞かされている。それから十五年ほどの歳月が流れたのち、昭和四十年代の中頃になっても伊世子はまだ「中学生ぐらい」に見える容姿で、叔父の前に姿を現していることになる。

現実的には有り得ない話だった。だが、有り得ないことが起こってしまったからこそ、叔父が出くわした伊世子が〝正真正銘のお化け〟であるという裏付けにもなる。

この時、伊世子はすでに故人だったのである。叔父が評した年頃が正しいのであれば、佐津子さんと和子さんの体験談から数年後に、伊世子は他界していることになる。

同時に伊世子はどうやら裕福な家の育ちだったらしいので、叔父の話の舞台になったどことも知れない大きな屋敷というのが、彼女の生家であるという可能性も考えられた。佐津子さんたちの証言を擦り合わせれば、都内西部のどこかにある家なのだろうか。

それに加えて緋花里も都内西部の出身らしいので、「霜石」という姓が一致するなら、件の大きな屋敷が緋花里の家である可能性もあった。

残念ながら伊世子と緋花里の関係性について、これ以上にくわしいことは分からない。取材レポートを調べても、他にはふたりに関する記述らしきものは見つからなかった。

だがそれは、あくまで現時点における話だと思った。これから先、怪談取材を通して両者を結び合わせるさらなる情報が手に入るチャンスもゼロではないと、裕木は感じる。こちらも理論的な解釈ではなく、得体の知れない感慨から生じる確信めいた予感だった。

初めに抱いた恐怖が薄れ、しだいに衝撃も治まり始めていくにつれ、それに代わって裕木の胸中には、強い興奮が押し寄せてきた。

改めて「こんなこともあるんだな」と感じ入り、吐く息が荒くなる。気づかぬうちに口元には薄い笑みが浮かんでいた。それに加えて「潮目」が戻ったという手応《てごた》えも感じ、ますます顔が綻《ほころ》んでいく。

オーライ。やはり奥多摩の廃旅館へ赴いたのは大正解だった。おかげで無事に潮目が戻って、おまけに凄《すご》い波まで来てくれた。

六月の下旬辺りから二ヶ月近くも続いた不漁から一転、まったく予想だにしなかった話の到来とその繋《つな》がりに、裕木は「これでもう大丈夫だろう」と思い做《な》す。

鏡香と千緒里による安全祈願の効能は、ようやくの思いで消え失《う》せた。これから先は多少の斑《むら》があったとしても、以前のように取材相手の口から胸のざわめく恐ろしい話や、不思議な話をたくさん聞かせてもらうことができそうだった。

虚心でこうした確信を抱いてしまうほど、この日の取材で聞いた話は、裕木にとって強い驚愕と福音じみた喜びをもたらすものとなった。

インタールード

小橋美琴。なるほど、そう来るか。

加奈江の名前に続いて、今度は何が出てくるのかと思いながら読み進めていたのだが、結果はこちらが予期する斜め上へと着地した。

美琴は私の知人である。

彼女と初めて顔を合わせたのは、二〇一五年の夏。都内で起こったタルパにまつわる異様な案件について、美琴のほうから協力要請を依頼されたのが出会いの発端となった。その後、私たちは何度か同じ仕事を手掛けることになり、共に苦楽を乗り越えてきた。当人がどう思っているのかは知らないが、少なくとも私の中で彼女は、盟友と言っても差し支えのない存在である。

美琴は二〇一七年の初春に台湾人の男性と結婚したのを機に、長らく続けた霊能師の仕事を廃業。今現在は台北《タイペイ》で夫とふたり、静かな暮らしを続けている。結婚してからもメールや国際電話で不定期にやりとりはしていたのだが、最後に連絡を取り合ったのは、去年の秋口辺りのことである。達者で暮らしているとは思うのだけれど、まさか裕木の取材レポートの中で再会を果たすことになるとは思ってもいなかった。

おまけに鎌倉の首なし御殿ときた。わざわざ裕木が一晩泊まっても、なんらの怪異に見舞われなくて当然である。なぜならあのゲストハウスにまつわる怪異も、私と美琴がすでに事を収めてしまっていたのだから。あれは確か、二〇一六年のことだった。

思いがけない人物の名前と地名が立て続けに登場し、なんだか頭がぐらぐらしてくる。

その一方で、取材レポートの中に時折現れる件《くだん》の謎めいた三人の人物は、いずれも再び素知らぬ体を装うかのごとく、揃って顔をだしている。

裕木もそろそろ気づき始めたようだが、私がすでに勘づいている事実にはまだ及ばず、かくいう私自身も未《いま》だに事の全容は見えない状況にあった。

時刻は現在、午前三時過ぎ。そろそろ八冊目のノートを読み終えるところである。

さすがに少し疲れが溜《た》まり、眠気も差してきたのだが、先が気になって仕方なかった。

取材記録の間を縫って克明に綴られるようになった裕木の心境や、その変化についても驚かされていたし、この後の彼女の安否や顚末《てんまつ》にも多大な不安を抱いている。

残る記録は四冊分と少し。初めに想定していた夜明けの時間までには無理だとしても、このまま読み進んでいけば、どうにか朝方頃には全てを読み終えることができるだろう。

無論、そうするつもりだった。

大きく息を吸いこみ、つかのま呼吸を整えると、私は再び緻密《ちみつ》な筆致で大学ノートに書き記された裕木の文字を追い始めた。

匍匐前進【対面取材　二〇一七年八月二十七日　日曜日】

かくしてその後は、裕木が確信したとおりの流れとなった。

まさしく潮目が戻ったかのごとく、新たに紹介される取材相手の口からは再び続々と、奇怪極まる体験談が飛びだすようになってゆく。

和子さんに引き合わせてもらったのは、甥《おい》の真司《しんじ》さんだった。

今から二十年ほど前、中学時代の真冬にこんなことがあったという。

高校受験を間近に控えた年明けの初め頃から、真司さんは自宅の近所にある空き家で受験勉強に勤《いそ》しむことになった。

家は以前、父方の祖父母が暮らしていたのだが、二十年ほど前にふたりが立て続けに病気で亡くなって以来、長らく真司さん宅の物置として使われていた。

木造平屋建ての狭い造りで、家じゅう雑多な荷物で溢《あふ》れ返ってはいるものの、周囲は比較的静かな環境で、電気も一応通っている。

集中して勉強に励むには最適の場だった。中でもいちばん静かな、家の奥側に面した一室から荷物をどかしてスペースを確保すると、ひとりで毎日通うようになった。

ところがまもなくすると、気になることが起こり始める。

勉強中に時折、天井裏から物音が聞こえてくるのである。

音はかさかさとした小さなもので、一度始まると数分続き、あとは静かに消え失せる。鼠などの小動物が発する足音というより、乾いた布を擦り合わせるような音に似ていた。聞こえてくるのは数時間に一、二度の割合。決して頻繁に聞こえてくるわけではなく、大きな音でもないのだけれど、集中している時に聞こえると耳障りに感じてしまう。

冬休みが終わり、一月が終わりに近づく時期になっても、音は変わらず聞こえてきた。それである日の夜、とうとう痺《しび》れを切らして原因を突き止めてやろうと思い立つ。

いつものごとく、音が聞こえてきたのを見計らい、部屋の壁にある押入れの襖《ふすま》を開け、天井板を持ちあげた。音はやはり、暗闇に押し包まれた天井裏の中から聞こえてくる。

耳を澄ませて音がするほうに首を向けると、暗闇の奥から白い着物を着た老人たちが、匍匐《ほふく》前進しながらこちらへ迫ってくるのが見えた。

皺《しわ》だらけの蒼《あお》ざめた顔に薄笑いを浮かべたふたりの老人は、真司さんの祖父母だった。

すかさず家から飛びだし、矢のような勢いで自宅へ戻る。しどろもどろになりつつも今しがた目にしたものを両親に話すと、「思い当たる節がある……」と返された。

自宅の仏壇には、祖父母の位牌《いはい》がないのだという。以前は白木の位牌があったのだが、いつのまにか紛失してしまい、その後は新たな位牌を作っていないとのことだった。

すぐにふたりの位牌を作ると両親に言われたけれど、この夜の一件以来、真司さんはすっかり恐ろしくなってしまい、空き家で勉強することはなくなったのだという。

殺された【対面取材　二〇一七年九月三日　日曜日】

真司さんに紹介してもらった大学時代の友人、加賀美《かがみ》さんの話である。

十年ほど前、彼女が従妹《いとこ》とふたりで、伊豆の温泉宿へ泊まりに行った時のことだった。

夜遅く、和室に並べた布団の中で寝入るさなか、隣から「うーうー」と聞こえてくる苦しそうな声で目が覚めた。

寝ぼけ眼を開いて視線を向けると、寝ている従妹の布団の上に見知らぬ女が正座して、彼女の顔を見おろしている。

和服姿で、異様に肌の白い女だった。口元には薄い笑みが浮かんでいる。

はっとなって起きあがったとたん、女はぱっと姿を消した。

同時に呻《うめ》き声もぴたりと収まる。枕元へ視線を向けると、従妹の顔色は青黒く染まり、半開きにした口元からだらりと舌を垂らしていた。

検死の結果、死因は青壮年急死症候群。いわゆる「ぽっくり病」と診断された。

要するに原因不明の突然死ということだったのだけれど、果たして真相はいかに。

従妹が逝《い》く直前、得体の知れない女の姿を目にした加賀美さんとしては、彼女の死を単なる「原因不明」と割り切ることはできないそうである。

焔《ほむ》立つ【電話取材　二〇一七年九月三日　日曜日】

「実はこれと少し似ているような体験をした人が、わたしの他にもいるんです」

そう言って加賀美さんが紹介してくれたのは、彼女の母である昭乃《あきの》さんだった。

昭乃さんが小学校にあがって、まもない頃の話だという。

ある時、両親が家を空ける都合で、父方の実家へ一晩預けられることになった。

その日の夜は祖父母の布団に左右を挟まれ、川の字になって眠りに就いたのだけれど、慣れない布団で寝たせいか、夜中にふと目が覚めてしまった。

目蓋《まぶた》を開くと、部屋の中が橙色《だいだいいろ》の薄明かりに染まっている。電気の光ではない。

轟々《ごうごう》と風が唸《うな》るような音も聞こえてくるので、ますます不審に思って視線を巡らせば、右の布団で寝ている祖母の顔から大きな火柱が立ち上っている。

思わずはっとなって飛び起きたのだけれど、同時に祖母の顔から火柱も消えてしまう。

部屋は再び暗く染まり、静寂の中に聞こえてくるのは祖父母の寝息だけとなった。

祖母が亡くなったのは、それから数日後のことだった。

死因は心不全。寝ながら逝って、明け方近くに祖父がその死に気づいたそうである。

火柱と祖母の死についての因果関係は分からないと言って、昭乃さんは話を結んだ。

謎の玉【対面取材　二〇一七年九月十一日　月曜日】

昭乃さんから紹介を受けたのは、彼女が懇意にしている理容師の冨久子《ふくこ》さんだった。

やはり、人の死にまつわる話だという。

もう二十年近くも前、冨久子さんが都内に小さな理髪店を構え始めた頃のことだった。

ある日の昼下がり、宗木《むねき》さんという人物が散髪にやって来た。彼は店の近所に暮らす五十代の男性で、開店当時から贔屓《ひいき》にしてくれている常連客だった。

挨拶《あいさつ》を交わしながらバーバー椅子に彼を促し、さっそく髪を切り始める。

世間話を交えつつ、しばらく順調に鋏《はさみ》を入れていたのだけれど、そのうち宗木さんが急に顔をうつむかせ、げほげほと噎《む》せ始めた。「大丈夫ですか？」と声をかけたのだが、咳《せき》は治まるどころかますますひどくなり、まともに言葉も返ってこない。

そのまま様子を見守っていると、彼の口からぼろりと何かが吐きだされるのが見えた。

表面にどろどろとした滑り気を帯びた、丸い玉である。

大きさは卓球ボールと同じくらい。一瞬、本当に卓球ボールかと見紛《みまが》ったのだけれど、玉は内側から白みを帯びた光を放っていた。仄《ほの》めく月のような薄くて儚《はかな》い輝きである。

こんなものを目にしたのは、初めてのことだった。

奇怪な玉は、宗木さんが纏《まと》うケープの上を伝いながら床に落ち、隣のバーバー椅子の足元へ音もなく転がっていく。すかさず目で追ったのだけれど、玉は椅子の陰に隠れて見えなくなってしまった。

同時に宗木さんの咳も治まり始める。様子を見計らって椅子の陰を覗《のぞ》いて見たのだが、玉は落ちていなかった。周囲の床に視線を向けても見つからない。

当の宗木さんは、そんなものを吐きだしたことなど知らない様子で、「ごめんごめん、いきなり喉《のど》が苦しくなっちゃって……」などと、はにかみ笑いを浮かべるばかりである。だから敢《あ》えて、玉のことは口にださずに散髪を続けた。

宗木さんが亡くなったのは、その晩遅くのことだった。

就寝中に心臓発作を起こしたのだという。本人からは、持病はないと聞かされていた。タイミングを考えると、あまりにも不可解な死に感じられた。

人生最後の日、彼が吐きだしたあの玉の正体は、果たしてなんだったのだろう。

冨久子さんは未《いま》だに気に掛かって仕方ないという。

余計なもう一個【電話取材　二〇一七年九月十七日　日曜日】

続いて冨久子さんからは、妹の多美子《たみこ》さんを紹介してもらった。

彼女が小学二年生の頃に体験した話であるという。

夕暮れ近い放課後、学校の校庭で友人たちと縄跳び遊びに興じるさなかのことだった。

校庭の隅に立つトーテムポールにふと視線を向けると、ポールのいちばんてっぺんに、子供の生首が載っかっているのが見えた。

年頃は自分と同じくらい。いがぐり頭をした、快活そうな顔つきの男の子である。

一瞬、人形かと思ったのだが、首は多美子さんと目が合うなり、満面をぱっと輝かせ、ぱちぱちと瞬《まばた》きをして見せた。

こちらが「えっ」と声をあげてまもなく、首は笑みを浮かべたまま、ポールの上から煙のごとく、どろんと形を消してしまう。

すぐさま友人たちに知らせたのだけれど、信じてくれる者は少なかった。

身震いしながらトーテムポールの周囲も調べてみたのだけれど、首とおぼしきものが転がり落ちたような形跡すら、見つけることはできなかったそうである。

怪火【電話取材　二〇一七年九月二十六日　火曜日】

次なる話は、多美子さんが勤める職場の同僚・鴻上《こうがみ》さんの体験談である。

数年前の夏場、夜中に自宅マンションのベランダで煙草を吸っていた時のことだった。黒々と染まる前方の景色に視線を向けつつ紫煙をくゆらせていると、視界の左端から何かが飛んで来るのが見えた。

それは橙色に燃え盛る、炎の塊だったという。

大きさは人の頭と同じくらい。うしろに長い尾を引きながら、暗闇の中空を音もなくまっすぐに飛んでいる。

鴻上さんが呆気《あっけ》に取られて目を瞠《みは》るさなか、謎の炎はあっというまに眼前を通り過ぎ、マンションの近くに立ち並ぶビルの間に消えていった。

それから数日後の昼間、炎が見えなくなったその界隈《かいわい》から火の手があがった。

焼けたのは古びた雑居ビル。火元は三階の一室からで、テナントは入っていなかった。ビルは半分が焼け、放火の疑いがあるとの話も聞いたが、鴻上さんは件《くだん》の怪しい炎と何か関係があったのではないかと語ってくれた。

歩くもの【対面取材　二〇一七年十月一日　日曜日】

鴻上さんの妹で、専業主婦の虹子《にじこ》さんが体験した話である。

十年ほど前、彼女が浦安《うらやす》にあるビジネスホテルに勤めていた時のことだという。

ある晩、夜更け過ぎに事務室で書類仕事をしているさなか、フロントの電話が鳴った。

相手は宿泊中の女性客で、聞けば騒音に関するクレームである。

三十分ほど前から、廊下を引っ切りなしに歩く足音がうるさくて眠れないのだという。

「ただいまお伺いいたします」と通話を終えたところへ、最前からトイレに籠《こも》っていたナイトマネージャーの男性が戻って来た。代わりに対応してもらおうかと思ったのだが、事情を説明すると「任せます」と言われてしまう。

彼女は四階の角部屋に泊まっていた。仕方なく、エレベーターに乗りこむ。

箱が四階に着いて外へ出ると、廊下の奥に小さな人影が見えた。

こちらに背中を向けてはいたが、長く伸ばした黒髪に青いワンピースという服装から、ひと目で女性だと分かった。背中を左右にふらふらと揺らしつつ、やや大きめな足音を立てながら廊下の奥に向かって歩いている。

虹子さんも早足で廊下を歩きだし、女のほうへと近づいていった。

ところがまもなく異様な事実に気がつき、ぴたりと歩みが止まってしまう。

女は背丈が妙に小さかった。

初めは距離の関係で小さく見えると思っていたのだけれど、廊下の両脇に並ぶドアと比べてみると、幼稚園児ほどの背丈しかない。ならば子供なのかと思えばそうでもなく、身体つきは大人の女のそれである。五体のバランスはそのままに、身体のサイズだけが縮んでいるかのように見える。

そこへ突然、女が背後を振り向いた。能面を思わせる白くて生気のない顔をしていた。はっとなったとたん、女はぱたぱたと忙《せわ》しい音を立て、こちらへ向かって走ってくる。

虹子さんもすかさず踵《きびす》を返し、エレベーターの中へ飛びこんだ。

身を震わせながらフロントへ戻ると、ナイトマネージャーが仏頂面をして待っていた。しどろもどろに事情を説明したところ、「やっぱりそうだったんだ……」と彼は言う。

数年に一度くらいの割合で、真夜中に不審な足音に関するクレームが来るのだという。スタッフが対応に向かうと、誰もが決まって先刻の小さな女に出くわすとのことだった。ナイトマネージャーも過去に一度だけ、見たことがあるそうである。

女の姿を見ると足音も止むらしく、その晩は客室から再び連絡が来ることはなかった。

「何年かにいっぺんあるかないかのことだから、気に病まなくて大丈夫だから」

蒼《あお》ざめた笑顔でそんなことを言われたが、とても続けていける自信がなかった。

ほどなく虹子さんは、仕事を辞めてしまったという。

道了堂跡【対面取材 二〇一七年十月五日 木曜日】

続いて虹子さんからは、従弟《いとこ》の遊佐《ゆさ》さんを紹介してもらうことができた。

八年ほど前の夏場に体験した話だという。

遊佐さんは、当時勤めていたバイト先の仲間たちに誘われ、八王子にある道了堂《どうりょうどう》跡へ肝試しに行くことになった。

その名のとおり、昔はお堂が立っていた場所なのだが、お堂は昭和時代の終わり頃に不審火で全焼し、以後は境内に土台が残るのみとなっている。

遊佐さんたちの目当ては、同じ境内に祀《まつ》られている首なし地蔵と呼ばれる地蔵だった。

こちらもその名のとおり、首から上の部分が欠損した地蔵尊で、悪戯《いたずら》半分で触れると祟《たた》りがあるなどと言われている。

夜更け過ぎに仲間が運転する車で現地へ向かった。境内に至る長い石段を上りきると、懐中電灯が照らす暗闇の先に地蔵の姿が朧《おぼろ》に浮かびあがるのが目に入った。

ところがどうしたことか、見つけた地蔵にはきちんと首がついている。地蔵は境内に二体あったのだけれど、首はどちらにもついていた。

ただ、そのうちの一体は、首から上がいやに真新しい。首筋には接合した跡もあった。

おそらくは、関係者の手によって補修されてしまったのだろうと思う。首なし地蔵の不気味な姿を見たくてやって来た遊佐さんたちには、余計な改悪でしかなかった。

「せっかくだから触ってみようか？」

誰かがそんなことも言いだしたのだが、さすがに怖くて手をだす者はいない。

ならばさっさと切りあげよう。全員一致で地蔵の前から踵を返すと、黒々と染まった闇の中に女がぽつんと立っているのが見えた。

灰色っぽいワンピースを着た二十代ぐらいの若い女だったが、髪型が妙に古めかしく、まるで過去の世界から迷い出てきたような印象である。

ぎょっとなって鳩尾《みぞおち》に凍りつくような悪寒が生じたとたん、女は煙が巻き散るように姿が散り散りにばらけ、たちまち目の前から消えてしまった。

のちになって件の道了堂跡では、過去に二件の殺人事件が起きていたことを知った。

そのうちの一件は、被害者が女子大生だったそうである。

昭和四十年代の末期に起きた事件らしく、遊佐さんたちが境内で目撃した女の年代や容姿における印象は、被害者のそれと一致する。

首なし地蔵を見にいくつもりが、本物の幽霊を目にする羽目になってしまいました。

当時を振り返りながら遊佐さんは肩を竦《すく》ませ、語ってくれた。

もう遊べない【対面取材　二〇一七年十月十三日　金曜日】

遊佐さんから紹介してもらった、友人の杉本《すぎもと》さんが体験した話である。

杉本さんが小学二年生の時だった。

休日の夕方、居間でテレビを観ていると、玄関のほうから「遊ぼう！」と弾んだ声が聞こえてきた。すぐに友達の圭太《けいた》君の声だと察する。

「はあい！」と声を返して立ちあがり、玄関口へと向かった。

格子窓に嵌《は》められた曇りガラスの向こうには、圭太君のシルエットがぼんやり浮かび、突っ立っているのが見える。「今開けるよ！」と言って、玄関戸の前へ足を踏みだす。

ところがその時、台所から凄《すさ》まじい勢いで母がやって来た。

次の瞬間、母は杉本さんの身体をうしろからぎゅっと抱きしめ、「駄目よ……！」と鋭い声で耳打ちをする。

訳が分からず、「どうして！」と叫ぶと、母はぶるぶる身体を震わせ、「しーっ！」と唇を尖《とが》らせた。そこへ玄関戸の向こうから再び「遊ぼう！」と圭太君の声が響いてくる。

とたんに母がびくりと肩を跳ねあがらせ、小さく「ひゃっ！」と悲鳴をあげた。

尋常ではない母の様子に、杉本さんもしだいに怖くなってくる。

「ねえ、圭太君だよ？　なんで開けてあげたら駄目なのさ？」

怖《お》じ怖じしながら問いかける声に被《かぶ》さり、外からはまたしても「遊ぼう！」の声。

「遊べない！　あなたは死んだの！　帰りなさい！」

そこへ母が両目を剝《む》きだし、腹の底から搾りだすような大声で叫んだ。

たちまち曇りガラスに透けていた小さなシルエットがじんわりとぼやけ、水に溶ける絵の具のようにもやつきながら消えた。

戸外はしんと静まり返り、声もそれきり聞こえなくなってしまう。

母が怒声を張りあげるまで、圭太君が死んでいたことをまったく思いだせなかった。

彼はつい先週、下校中に横断歩道へ突っこんできた車に撥《は》ねられ、命を落としている。

この日は初七日だったそうである。

ナースサンダル【対面取材　二〇一七年十月二十一日　土曜日】

杉本さんの彼女で、看護師をしている久乃《ひさの》さんからも話を聞かせてもらえた。
数年前のこと、久乃さんが夜勤で仕事に入った時にこんなことがあったのだという。
深夜三時頃、小休憩の時間にナースステーションの近くにある職員用トイレに入った。
個室で用を足していると、ドアの向こうで幽《かす》かに誰かの気配を感じるような気がする。
ただ、トイレの出入り口が開く音は聞こえなかったし、足音なども聞いていない。
思い違いかと首を傾げ、何気なく視線を落とすと、個室のドアの下に開いた隙間から
ナースサンダルを履いたつま先が二本、中に向かって差し込まれているのが見えた。
院内に勤める看護師は皆、スニーカーを履いている。サンダル履きの同僚などいない。
しかもサンダルは薄汚れていて、元は白かったであろうバンドの部分が、雑巾《ぞうきん》みたいな
鼠色に染まっている。つま先を包む白いストッキングには穴が開き、右足の人差し指と
左足の親指が生地から剝きだしになっていた。
たちまちパニックに駆られ、「誰ッ！」と叫んでドアを開ける。
薄々覚悟はしていたのだけれど、開け放ったドアの向こうには誰の姿もなかった。
以来、深夜になるべくトイレは使わないようにしているのだという。

あなたもです【対面取材　二〇一七年十月二十九日　日曜日】

久乃さんからは、看護学校時代に同級生だった江名子《えなこ》さんを紹介してもらえた。

やはり病院にまつわる話で、夜勤のさなかに起きた怪異である。

深夜二時過ぎ、ナースステーションで待機していると、入院患者の三田村《みたむら》さんが来た。

同室の寺岡《てらおか》さんが死んでいるようだと言う。

急いで病室へ行ってみたところ、寺岡さんは意識を失い、冷たくなっていた。

ほどなく死亡が確認されたのだけれど、彼の容態を知らせに来てくれた三田村さんも、三日前に病状が急変して亡くなっているのだった。

ナースステーションを訪れたその姿は、他の看護師たちも全員目撃しているとのこと。

生前とまったく変わらぬ様子だったので、いつのまにか姿を消してしまうまで、誰もがその死について思いだすことはなかったそうである。

貞子の衣装【対面取材　二〇一七年十一月三日　金曜日】

江名子さんから紹介を受けたのは、従妹《いとこ》の七菜香《ななか》さんである。

大学時代の夏場、七菜香さんはサークルの合宿で千葉の山中へ行くことになった。

宿泊施設の近くには古びた墓地があるとのことで、夜は肝試しをおこなうことになる。

実行委員に任命された七菜香さんは、脅かし役も兼任することになった。

どんなお化けになって驚かそうか？　実行委員の友人とふたりであれこれ考えた結果、七菜香さんが選んだのは、映画『リング』に登場する貞子《さだこ》だった。

ネットショップで仮装グッズのページを物色していたところ、長い黒髪のウィッグと白いワンピースがセットになった、そのものずばりの商品が見つかったので飛びついた。

後日、自宅に届いた衣装は、ネットで見たサンプルよりも少々チープな作りだったが、雰囲気自体はまずまずといったところである。

ためしに自宅へ友人を招き、衣装を試着して出迎えると、その場で卒倒しそうなほど驚いてくれたので、実用性も証明される。

憤慨する友人に「ごめん、ご飯作ってあげるから！」と謝り倒し、その日はふたりで食事をしながら肝試しの打ち合わせをおこなった。

打ち合わせの間、貞子の衣装は居間の壁にウィッグごと、ハンガーで吊《つ》るしておいた。平たい首吊《くびつ》り死体を思わせる恰好《かっこう》で壁にぶらさがる様子は、それだけでも不気味だった。

やがて夜も更ける頃、戸外では雨が降り始めた。初めはすぐに止みそうだったのだが、雨足はしだいに強くなってきて、とうとう本格的な土砂降りとなる。

止みそうな気配もなかったため、友人を一晩泊めることにした。

部屋に布団を二組敷き、寝そべりながらふたりで談笑していると、ふいにどこからか妙な視線を感じる気がした。

勘を頼りに気配をたどってみると案の定、壁に掛けた貞子の衣装である。

「衣装だけでも、すごい圧を感じるよねえ」などとふたりで笑いながら見つめていると、黒髪の細い隙間から白い目玉がぎょろりと覗《のぞ》いて、ふたりを見おろした。

ありったけの悲鳴をあげて飛び起きるなり、七菜香さんと友人は真っ青になりながら衣装をビニール袋へ詰めこみ、近所のコンビニのゴミ箱へ捨ててきたそうである。

今でも住人【対面取材　二〇一七年十一月十八日　土曜日】

七菜香さんに紹介された親戚《しんせき》の真知《まち》さんからは、こんな体験談を聞かせてもらった。

ある週末の晩、会社で残業をしていると彼氏から電話が入った。

仕事が終わったら、うちへ泊まりに来ないかと言う。

彼氏が住んでいるマンションは会社から見て、真知さんの自宅より近い距離にあった。

翌日は休みだし、ふたりでのんびり過ごそうかと思う。

なるべく早めに仕事を切りあげるつもりだったのだけれど、ようやく会社を出たのは、時刻がそろそろ深夜に近づく頃だった。タクシーを拾い、マンションへ向かう。

彼氏の部屋は三階にある。エントランスの扉を開け、奥にあるエレベーターに乗ると、扉のほうから若い女がこちらへ向かって歩いてくるのが目に入った。

それなりに暑い時期だというのに、女はなぜか赤いセーターを着ていた。腰から下も分厚い生地のロングスカートを穿《は》いている。

変な人だと思いながら横目でそっと姿を見ていたのだが、ふいに視線が重なり合った。

とたんに女はにやりと顔を綻《ほころ》ばせ、両手を激しく振りながら一直線に駆けだしてくる。

獲物に飛びかかる蟷螂《かまきり》を思わせるような動きだった。

ぎくりとなって扉を閉めるボタンを押したのだが、女の足のほうが圧倒的に早かった。扉が閉まる前に女が箱の中へ飛びこんでくる。悲鳴をあげつつ、箱の隅へと身を引いた。

ところがびくびくしながら視線をあげると、箱の中に女の姿がない。

確かに扉の間をすり抜け、中へ入ってきたはずなのに、どこにも姿が見当たらない。扉はすでに閉まっていた。再び開いて外の様子を見るのも怖かったので、震える指で行先階ボタンを押す。

彼氏の部屋へ到着するなり、今しがた起きたことを説明した。

すると彼氏の口からこんな話を聞くことができた。

彼氏がこのマンションに暮らし始める数年前、若い女の入居者が自室のベランダから投身自殺を図っているのだという。どうやら冬場に起きたことらしい。

幽霊が出るという話は聞いたことがないが、彼氏も深夜にエレベーターへ乗る時には、不思議と妙な寒気を覚えることがあるとのことだった。

マンション内の階段は、非常時以外は使えないようになっている。部屋への行き来は、エレベーターを使うよりない。ゆえに件《くだん》の女は夜中になるとエレベーターに乗りこんで、今でもかつての自室に通っているのではないだろうか。

斯様《かよう》に尤《もっと》もらしい話を聞かされて以来、真知さんは夜間に彼氏の部屋を訪ねることを避けるようになってしまったのだという。

鏡開き【対面取材　二〇一七年十一月二十三日　木曜日】

真知さんの叔母《おば》、美佐枝《みさえ》さんが語ってくれた話である。

五年前の正月明け、美佐枝さんは自宅の神棚に供えていた鏡餅《かがみもち》をおろした。

かちかちに固まった鏡餅を木槌《きづち》で割ると、中からぞろりと黒い物がはみだしてくる。

髪の毛だった。

恐る恐るまとめてみたところ、小ぶりな蛇ぐらいの長さと太さになった。

餅は自宅で搗《つ》いた物だった。髪の毛など入れた覚えはないし、長さや質感を見る限り、自分を含め家族の誰の物でもない。

そのままゴミ箱に放りこむのも気味が悪かったので、毛髪とバラバラになった鏡餅はその日のうちに近所の神社へ持ちこみ、祓《はら》い清めたうえで処分してもらった。

神主からは「あまり気にしないほうがいい」と言われたものの、土台無理な話だった。

以来、自分で餅を搗くのが怖くなり、神棚には市販の餅を供えるようにしているという。

万国旗【対面取材　二〇一七年十二月二日　土曜日】

次の取材相手は、美佐枝さん宅の近所に暮らす、根串《ねぐし》さんという年配男性だった。

彼がまだ若かりし頃、昭和四十年代の中頃に体験した話だという。

ある時、勤め先の呑《の》み会に参加した根串さんは、夜更け過ぎに家路をたどった。

自宅がある住宅街の歩道を千鳥足で歩いていると、どす黒く染まった数メートル先の中空で、何かがぐるぐると円を描きながら舞っているのが目に入った。

なんだろうと思って目を凝らしたのだが、暗くて仔細《しさい》がよく分からない。

真下まで歩を進め、顔をあげて様子を見ていると、ぐるぐる回っていたそれがやおら、動きをぴたりと止め、今度はひらひらとはためきながら地面に向かって落ちてきた。

ここでようやく正体が分かる。万国旗だった。

白い紐《ひも》に括《くく》りつけられた無数の国旗が、夜風に煽《あお》られながらひらひらと落ちてくる。紐は実に三メートル近い長さがあった。端のほうまですっかり地面に落ちてしまうと、あとは路面にとぐろを巻くような形となって、ぴくりとも動くことはなかった。

わけの分からない体験だったが、当時の光景は今でも鮮明に覚えているそうである。

黒菊【対面取材　二〇一七年十二月十五日　金曜日】

根串さんの姪《めい》で、生花店を営む玲佳《れいか》さんの話である。

数年前の夏場にあったことだという。

店を開ける準備をするため、いつものごとく朝の八時頃に出勤すると、お盆の供花に売りだしていた菊の花が全て、真っ黒になって枯れていた。

白と黄色と薄桃色の三色を仕入れていたのだけれど、いずれの菊も花冠が黒く染まり、無数の小さな花弁を萎《な》えさせている。茎と葉もねちゃねちゃとした水っぽい質感を帯び、腐ったように黒ずんでいた。菊は昨日まで、なんらの異常もなかったはずなのに。

信じられない惨状に戸惑っているところへ電話が鳴る。

出ると相手は、舞奈《まいな》さんという若い従業員の母親だった。

聞けば先ほど、出勤中に娘が車に撥《は》ねられ、救急病院に搬送されたとのことである。

容態を心配しながら店を開けたが、昼頃に再び母親から連絡があり、娘が死んだとの報告が入る。「今まで大変お世話になりました……」と涙ながらに挨拶《あいさつ》された。

菊の異変は、舞奈さんの死を知らせる先触れだったのではないだろうか。

あるいは冥土《めいど》の土産に彼女が持っていったのではないかと、玲佳さんは語ってくれた。

ガーデンノーム【対面取材　二〇一七年十二月十七日　日曜日】

玲佳さんに紹介してもらった彼女の店の常連客、蘭《らん》さんはこんな体験をしている。

ある時、彼女はネットオークションで海外製のガーデンノームを買った。

全長五十センチほど。赤いとんがり帽子に髭面《ひげづら》というオーソドックスな造形だったが、顔つきが優しい感じで気に入った。中古品とのことだったが目立つ汚れもなかったので、迷うことなく落札した。

数日後、届いたノームをさっそく庭に持っていく。前庭に設けたリーフガーデンには、以前に買い求めたノームたちが五体ほど並んでいた。

爽《さわ》やかな緑に葉を色づかせる低木や草々の中で、仲良く遊ぶように並べたノームたち。

その中で、ここぞと目星を付けた位置に新しいノームを置いてみる。

とたんにノームが地面からぽんと垂直に跳ねあがり、くるくると縦に宙を回り始めた。

「え？」と思って見ていると、ノームはまもなく頭のほうから地面へ思いっきり落下し、原形も留《とど》めないほど粉々に砕け散った。

「多分ですけど、先輩ノームたちと相性が悪かったんじゃないかと思うんです……」

曇った顔に残念そうな笑みを浮かべ、蘭さんは所感を述べて話を結んだ。

ぞろぞろと【対面取材 二〇一八年一月十三日 土曜日】

蘭さんの友人で、フリーライターの明歩《あきほ》さんから聞かせてもらった話である。もう十年近く前のことだという。

明歩さんは仕事の取材で、関東の某県にある寺へ出掛けた。本堂の隣には宿坊があり、取材は一泊二日のスケジュールでおこなう予定にしていた。

初日の取材が終わり、宿坊の一室で寝入るさなかのことである。

明歩さんは、厭《いや》な夢にうなされた。

薄暗い宿坊の廊下を、大勢の子供たちがぞろぞろと群れをなして進んでくる。

歳はばらばらで、赤ん坊から七歳ぐらいまでの幼い子たちが何十人もひしめきながら、廊下の床を埋め尽くしている。

子供たちの頭には、いずれも白い天冠が巻かれていた。古典的な幽霊の姿に見られる、三角形の布である。身につけているのも白い経帷子《きょうかたびら》だった。

赤ん坊たちは四《よ》つん這《ば》いで、幼い子たちは早足で、それぞれ満面に貼りついたような薄気味の悪い笑みを浮かべながら、廊下をずんずん進んでくる。

無数の子供たちは、明歩さんが眠る部屋に向かって来ているようだった。

そこではっとなって目が覚め、がばりと布団から上体を起こした。

なんだ夢か……と思って大きく息を吐いたところへ、廊下に面した障子戸ががらりと大きな音をたてて開いた。

開け放たれた戸口の向こうでは、物凄《ものすご》い数の子供たちが顔を並べて笑っている。

こちらが悲鳴を張りあげるまもなく、子供たちは部屋の中へどっと押し寄せてくると、明歩さんの身体の上に次々と蔽《おお》い被《かぶ》さってきた。

耐えがたい恐怖と重苦しさに悶《もだ》え始めてまもなく、ぷつりと意識が途切れてしまう。

翌日になって、この寺が水子供養で有名な寺であることを知った。

取材の本分とは関係なかったので見落としていたのだが、広々とした境内の一角には大きな水子の供養塔と無数の地蔵たちが祀《まつ》られていた。

昨晩起きたことを住職に伝えると、「母親と思われたのではないのか？」と言われた。

明歩さんのように恐ろしい体験をした者はいないが、宿坊に泊まった女性の中には時々、幼い子供にまつわる不思議な体験をする者がいるのだという。

住職の話を聞くまでしばらく思いだすことはなかったのだけれど、明歩さんは数年前、交際相手との間にできた子を堕《お》ろしていた。そういう意味では自分も一応、母親である。

それも大層薄情な母親である。恐ろしい目に遭わされるのも当然かと思った。

供養塔を前に我が子の冥福《めいふく》を祈り、懺悔《ざんげ》の念を抱えて家路に就いたそうである。

描けない【電話取材 二〇一八年一月十六日 火曜日】

続いて明歩さんから紹介を受けたのは、イラストレーターの辺見《へんみ》さんである。

数年前の夏場、彼は都内某所の神社で開かれた縁日で似顔絵描きの店をだした。

ほどよいペースでやってくる依頼主を持参した丸椅子に座らせ、相手の顔を見ながら白紙にそつなく筆を走らせていく。似顔絵は得意なので、仕事は順調に捗《はかど》った。

しばらくすると、浴衣《ゆかた》姿の若い女性がひとりで辺見さんの前にやって来た。

「かわいく描いてくださいね」とはにかみながら言われたので、気合を入れて筆を執る。

だが、いざ描き始めてみると、たちまち筆が鈍ってしまった。

どうしたわけか、彼女の顔の特徴を紙の上に上手《うま》く描き表すことができず、本人とは似ても似つかない顔ができあがる。何度やり直しても駄目だった。

こんなことは初めてだったので、しだいに焦りが生じてくる。

「すみません、もう少しだけお待ちください……」

冷や汗を垂らしながら顔をあげると、客の女性は椅子の上から忽然《こつぜん》と姿を消していた。

彼女の姿を間近にしつつ作業を続けるさなか、ほんの数秒間に起きた消失だった。

奇妙なことに姿が消えると、彼女の顔すら思いだせなくなってしまったという。

マガイモノ【対面取材　二〇一八年一月二十日　土曜日】

辺見さんからは、叔母《おば》の春恵《はるえ》さんを紹介してもらった。

彼女は都心でデザイン会社を経営している。二年ほど前に起きた話だという。

ある日のこと、春恵さんは都内の古道具店で、古びた観音像を買った。

着せ替え人形と同じくらいの背丈をした銅像で、両手に蓮《はす》の花を模した槍《やり》を二本携え、背中には七つに重なり合った輪光を背負う、とても珍しい造りをしていた。

別段、そうした物が欲しくて店に入ったわけではないのだが、店内を物色していると商品棚の隅に立っていた像と目が合うや、たちまち心を奪われてしまう。

あたかも観音さまが「ここから連れだしてほしい」と訴えているかのように感じられ、一も二もなく買い求めたのだという。

観音さまは、会社の社長室にあるスチール棚の上に祀った。像の前には水と茶菓子を毎日供え、事業繁栄と社員の無病息災を願った。

そうした思いが通じるからか、社員が仕事の取引でありえないようなミスを犯しても、危ういところで難を逃れることができ、怪我や病気をすることがあっても軽度で済んだ。

春恵さんも大腸癌が発覚したが、簡単な手術をするだけで難を逃れることができた。

観音さまを祀って三月ほど経った頃のことである。

春恵さんが懇意にしている同業の女性社長が、会社を訪ねてきた。

彼女は観音さまを目にするなり顔色を曇らせ、「こんなの祀らないほうがいいよ」と言いだした。くわしいことは分からないけれど、とにかくよくないものだと言う。

春恵さんはむっとして、観音さまのおかげで大難が小難で済んでいるのだと抗弁した。ところが彼女の見解は逆だった。観音さまを祀っているから周囲で様々なトラブルが頻発するのだろうと言う。像から気持ちの悪い念を感じるなどとも言われた。

彼女は昔から妙な勘が働く人物だったので、普段なら素直に意見を聞くところだった。だが、観音さまに対する意見に関しては、なぜだか無性に許せない気分になってしまい、話を合わせる気にすらなれなかった。

憤慨した春恵さんは、「ならばプロの目から見て判断してもらおう」と考える。

知人のつてを頼って相談先を探した結果、都心の一角で仕事をしている女性霊能者の評判がよさそうだったので、彼女の眼力を信じることにした。

さっそく予約を取り、観音さまを持参して仕事場を訪ねる。

公平を期すため、観音さまを巡る経緯については、敢《あ》えて触れないことに決めていた。件《くだん》の霊能師と軽く挨拶《あいさつ》を交わしたのち、応接用のテーブルに像だけを載せ、感想を伺う。

春恵さんとしては、望んだ答えが返ってくるという自信があった。

けれども霊能師は像を一瞥《いちべつ》したのち、露骨に呆《あき》れた色を浮かべて見せた。

「え？」と思っているところへ、さらに追いうちのごとく彼女が言葉を紡ぎだす。

「これは紛《まが》い物ですよ。そのうえ、良くない念も宿っている」

見た目からして、正統な仏教における観音菩薩《ぼさつ》の造りを汲《く》んだ物ではないのだという。

奇抜な意匠から察して、おそらくは怪しい宗教団体か、心の捩《ねじ》れた霊能関係者の意志で造られた物ではないかと彼女は言った。

「まさか……」と耳を疑ったのだけれど、話を聞いているそのさなか、テーブルの上で「ぴしっ！」と鋭い音が鳴り響く。

見ると、観音さまの顔面に蜘蛛《くも》の巣状の細かいひびが入っていた。

あたかもその光景は、己の素性をばらされてしまった「観音さま」が、逃げを打って自害したかのように見えた。

「おそらく像に誑《たぶら》かされていたのでしょうね」

霊能師の所感を聞き、顔じゅうがひび割れた像を見つめるさなか、ここしばらくの間、異様なまでに執着していた思いが、嘘のように消えていくのをありありと感じた。

像はその日のうちに処分して、新たな観音像を求めることもしなかった。

以来、会社や身辺で不審なトラブルが頻発することはなくなったという。

紫の邂逅《かいこう》【対面取材　二〇一八年一月二十二日　月曜日】

春恵さんの取材が終わったその夜、すぐに彼女から次なる取材相手を持ち掛けられた。

だが、裕木は少々身構えることになってしまう。

相手がプロの霊能師だからである。

件の観音像に携わった霊能師で、菊月琉美慧《きくづきるみえ》という三十代半ば過ぎの女性だという。

所在地は港区。駅からさほど遠からぬ距離に立つ古びた雑居ビルの一室に、仕事場を構えているとのことだった。

霊能師という肩書きを聞いて脳裏に思い浮かんできたのは、鏡香と千緒里の顔である。

他意のない純粋な厚意だったとはいえ、去年の夏はふたりに安全祈願をされたおかげで、しばらく怪談取材で集まる話の質が著しく低下した経緯がある。あんな思いをするのは二度と御免被りたかった。

菊月琉美慧なる霊能師が、どんなスタンスで仕事をしているのかは分からないけれど、またぞろ取材の妨げとなるような祈願をされるようでは適《かな》わない。

仮にそんなことをされずとも、自分がしている取材について説教臭い意見をされたり、非難がましい視線を向けられたりするのも嫌だった。

できれば他の人を紹介してほしいと思い、春恵さんにそれとなくお伺いを立ててみた。けれども今のところ、心当たりがあるのは霊能師の彼女だけなのだという。

かくなるうえはと観念し、腹を決めることにした。その場で春恵さんに確認の連絡を取ってもらうと、先方はすんなり取材を引き受けてくれた。裕木も電話口で自己紹介と挨拶を述べ、二日後の月曜に日程を擦り合わせる。

当日は南岸低気圧の影響で、都内全域が激しい大雪に見舞われることになった。

雪は朝方からちらつき始め、八時頃に起床してベランダの窓から様子を覗《のぞ》いて見ると、戸外はすでに薄白い雪景色に変わりつつあった。何年ぶりの大雪だろうと目を瞠《みは》る。

琉美慧との面会は午前十一時を予定していたが、早めに家を出たほうがいいと思った。ネットで交通情報を調べると、電車はすでにダイヤが乱れ、遅延も発生しているらしい。幸い、港区までの路線は多少の遅延は生じていても、今のところ運休してはいなかった。急いで身支度を整え、駅へと向かう。

ダイヤは少し運行が滞っていたが、それでもどうにか一時間ほどで港区の降車駅までたどり着くことができた。時刻はまもなく十時。駅前から琉美慧の仕事場があるという雑居ビルまでは、徒歩で十分ほどと聞いていた。約束の時間まで幾分余裕があったので、駅前のサブウェイで遅めの朝食を摂《と》って時間を潰《つぶ》す。

そうして十時を半分回る頃に店を出て、傘を差しつつ駅前の目抜き通りを歩きだした。

雪はますます勢いを増し、視界に映る街の光景は濃い霧が掛かったように煙っている。不慣れな雪道に足を取られないよう注意しながら目抜き通りをひた進み、角を曲がって街の裏道に入ると、ほどなく目指す雑居ビルが見えてきた。

くすんだ灰色の外壁をした、三階建ての小さなビルである。エントランスに入ったが、エレベーターは見当たらない。琉美慧の仕事場は三階の奥側にあるとのことだったので、階段を使って上の階へ向かい始める。

そのさなか、裕木はなんとも摑《つか》みどころのない既視感のようなものを覚え始めていた。ビルには初めて入ったはずなのに、なぜだか内部の構造に覚えがあるような感じがして、眉間《みけん》に皺《しわ》が寄ってくる。さらには先刻、駅前からビルまで至る道のりについても薄々と以前から知っていたような印象も抱き始めた。

戸惑いながら階段を上りきり、三階まで達する。そのまま薄暗い廊下を奥に向かって進んでいくと、銀色のプレートが貼られた玄関ドアが、通路のどん詰まりに見えてきた。プレートには、簡素な黒い印字で「菊月相談所」と記されている。

古ぼけたドアの前へと至り、チャイムを鳴らしてまもなくすると静かにノブが回って、中から女が姿を現した。とたんに裕木ははっとなって、みるみる血の気が引いていく。

裕木の眼前に現れたのは、切れ長の鋭い目をした女だった。

髪は銀色の艶《つや》みを帯びた漆黒。まっすぐ長く伸ばした髪筋を顔の両脇にさらりと流し、艶《なま》めかしい色みを湛《たた》えた仄白《ほのじろ》い細面から、針のような眼差《まなざ》しで裕木の顔を見つめている。

忘れるはずもない。

それは一昨年の五月、取材で平塚へ出向いた帰り道、夕闇迫る電車の中で出くわした、鋭い目つきのあの女だった。

電車の女が緋色《ひいろ》に染まる長袖《ながそで》のワンピースを着ていたのに対し、今目の前に立つ女は淡い紫に染まった長袖のワンピースを身に纏《まと》っている。

春恵さんから、年頃は三十代半ばは過ぎと聞かされていたが、裕木の目に映る琉美慧とおぼしき怪しい女は、どう見てもせいぜい二十代の半ばほどにしか見えない。

そうした不審な印象に誘発されてさらにもうひとつ、脳裏に蘇《よみがえ》ってくる記憶があった。ビルの様子やビルへと至る道筋を、裕木はやはり覚えていたのである。

こちらは三年前、二〇一五年の八月だった。桃香《ももか》さんという二十代後半の女性から、とある霊能師にまつわる話を聞かせてもらったことがある。

霊障相談に赴いた霊能師の仕事場で、薄気味の悪い体験をしたという話だったのだが、彼女が相談に向かった相手こそ、目の前に屹立するこの女だったのである。

当時、桃香さんは霊能師の名前こそ伏せて話していたが、駅から仕事場までの道筋は話の中で語っていた。それは今しがた、裕木が辿《たど》ってきたのとまったく同じ道筋だった。

それに加えて、件の霊能師が紫色のワンピースを着ていたという話も一致しているし、桃香さんも知人から「三十代半ば」と伝えられていた霊能師の姿を見て、実年齢よりも十歳は若く見えたという証言もぴたりと当て嵌《は》まる。

よもや自分が、その霊能師とじかに接することになるとは夢にも思っていなかったし、まさかその霊能師が得体の知れない「緋色の女」とまったく同じ顔をしていたなどとは、毛ほども予期していなかった。

「あの、裕木と申します……。お待ちしていました。どうぞ中へ」

「ええ、菊月です。菊月琉美慧さんでしょうか？」

怯《おび》えているのを気取られぬよう、笑みを浮かべて尋ねたが、上手《うま》く誤魔化しきれたかどうかは甚だ怪しいものがあった。一方、琉美慧のほうは、薄く紅を差した唇に微笑の欠片《かけら》すら見せることなく、鋭い視線を向けたまま、裕木をドアの内へと導いた。

仕事場は、十五畳ほどの空間のまんなかにテーブルセットが一組置かれているだけの簡素で殺風景な造りだった。灰色の壁面には、カレンダーの一枚すら掛けられておらず、全体的にのっぺりとした印象を抱かせる。

窓に掛けられたブラインドはおろされ、部屋の照明も若干薄暗い。仕事場の一角には、水晶玉や檜《ひのき》の高坏《たかつき》などが整然と並べられた祭壇が設《しつら》えられている。

これらの様子も桃香さんから聞かされ、取材レポートに記録していたとおりだった。

「奇妙な取材をされているんですね。そういうお話が好きなのですか？」

テーブルに向かい合って座り、挨拶《あいさつ》を済ませてほどなくすると、琉美慧が尋ねてきた。声音は透き通って柔らかな感触だったが、仄白い面貌《めんぼう》にやはり笑みは一筋も浮かばない。目つきも鋭いままである。当人にその気はなくても、睨《にら》まれているような感覚になる。

裕木のほうは未《いま》だ信じられない心地に陥り、すぐさま答えを返すことができなかった。ようやくの思いで「ええ……」と小さく声を吐きだすのが精一杯だった。

「そうですか。では、ご依頼いただいたとおり、さっそく語らせていただきましょう」

琉美慧の宣言を合図にメモ書き用のノートを開き、どうにか書き取りを始めたのだが、彼女の語る話はほとんど頭に入ってこなかった。

山中の廃屋に現れるという幽霊の話で、いつもなら大いに興味をそそられて聞き入る。気になるくだりがあれば詳細を尋ねるし、話の本筋には大して関係なさそうな情報だと思っても語り手の口から出てくる固有名詞（例えば好きな映画やペットの名前など）や経歴などはできうる限り拾って記録するようにしている。

けれどもこの日はそうしたこともできなかった。ふるふると小刻みに震えるペン先で、耳で聞いてもおぼつかない話の概要のみを必死で書き留めていっただけである。

琉美慧の話を聞いているさなかにもうひとつ、もしやと思ってしまったことがあった。

玄関ドアを開けた時からまったく笑みを見せることのないその顔と、切れ長の鋭い目、そして銀色の艶みを帯びてまっすぐに伸ばした長い黒髪。それらの特徴は、裕木が以前目撃した緋色の女だけではなく、霜石緋花里に共通するものでもあった。

ならば、今自分の目の前にいるこの女こそが、緋花里なのではないかと疑ってしまう。

年頃も合致する。昨年三月、河相さんから聞かせてもらった話では、その背景となる二〇〇二年の夏場、緋花里は二十一歳だった。

そこから十六年の歳月が流れた今も緋花里が生きているなら、三十七歳ぐらいになる。

琉美慧の容姿はやはりどう見ても二十代の半ば頃にしか思えないが、実年齢は三十代の半ば過ぎと聞いているので、事実であれば齟齬《そご》はない。

間断なく胸を突いてざわめかせる意想外の展開に慄然《りつぜん》となり、指先に続いて歯の根もかちかち震え始めた。音が漏れないよう、唇を真一文字に引き結び、琉美慧が語り紡ぐほとんど中身の理解できない話をわななく指で機械のように綴《つづ》り続けた。

「一応、これでこの話はおしまいです。廃屋の幽霊。いかがでしたでしょうか？」

十分ほどで話を語り終えた琉美慧が、ゆるりと小首を傾げながら訊《き》いてきた。

裕木にとっては永遠にも感じられるほど、それは長い時間だった。

「大変貴重なお話をありがとうございます。とても怖い話だったと思います」

「嘘よ。ほとんど頭に入っていなかったでしょう？」

怖《お》じ気を堪《こら》えながら発した裕木の言葉に間髪容《い》れず、琉美慧がぽつりとつぶやいた。

「なんだかずっと、別のことを考えていたみたい。何か気になることでもありますか？ご質問がありましたらどうぞ」

内心を完全に見透かされ、動揺しているところへ出し抜けに水を向けられ、困惑する。

裕木がいちばん訊きたいと思うのは、緋花里に関することだった。

「あなたは緋花里さんではありませんか？」と尋ねて、真相をはっきりさせたかった。

だが、事の正誤を確かめようにも恐怖がそれを上回り、喉《のど》も舌も縮みあがってしまう。

「ヤバい奴と関わることになったら、なりふり構わず逃げろ」

去年の六月、千緒里に言われた言葉がふいに頭中をよぎったが、もはや手遅れだった。

今の自分は、まさしく蛇に睨まれた蛙だ。琉美慧に射貫《いぬ》くような視線で見られていると脚も麻酔を打たれたように萎縮《いしゅく》して、椅子から立ちあがることすら厳しかった。

どうしよう……。緋花里のことを尋ねる勇気がないなら、何か別の話題を切りだして間を繋《つな》がなければならない。だが、変に取り繕って心にもないことを口走ったとしても、また見透かされてしまいそうな気がした。では一体、自分は何を語るべきだろう。

虚を突かれて思い惑うさなか、ほとんど勝手に口から出たのは、こんな質問だった。

「両親との関係で悩んでいるんですけど、そういう相談も聞いていただけますか？」

相手が霊能師とはいえ、取材の趣旨とはまるで関係のない、極めてずれた用件である。本音で訊きたいことでもなかったのだけれど、それなりに悩んでいるのは事実だったし、とっさに出てくる質問で他に思い浮かんでくるものはなかった。

「ええ、構いません。では、貴方《あなた》とご家族全員のお名前と生年月日を教えてください」

琉美慧は小さくうなずくと、テーブルの上に置いてあるクリップボードを裕木の前に差しだした。ボードには黒い罫線《けいせん》がプリントされた紙が挟まれている。言われるままに自分と弦一、篠の名前と生年月日を記入し、怖じ怖じと琉美慧の手に返した。

「ありがとう。それで、どういったお悩みを抱えていらっしゃるのかしら？」

クリップボードと裕木の顔を交互に見ながら、琉美慧が問う。

多少の躊躇《ためら》いは生じたが、それでも拙《つたな》い言葉であらましを語った。

確執というよりは、価値観の相違によるすれ違い。自分を心から理解してくれない、両親に対するジレンマ。付かず離れず、果てることなく平行線をたどるばかりの関係性。然様《さよう》な繋がりの中にあってもふたりのことが好きだという、己が抱える両義性について。

そうしたことを琉美慧に促されるまま、訥々《とつとつ》と打ち明ける。

「なるほど。要するに、互いが有する願いや正しさについての話ですね。自分の意志でご両親の束縛から逃れた貴方《あなた》は、具体的にどんな生き方がしたくてそうしたのかしら？　くわしく教えていただくことで、道が見えてくるかもしれません」

裕木は「人に仕える仕事がしたいんです」と答えた。それは嘘偽りのない回答だった。

「他人とは仕えるものではなく、使うもの」

主には父の言葉だったが、母も時折口にすることがあった。

幼い頃から折に触れては聞かされてきた、いかにも特権階級然とした独善的な思想に裕木は常々、そこはかとない居心地の悪さを感じていた。それは成長していくにつれて、いつしか強い拒絶と反発に掏《す》り替わってしまう。

自分のような、何をやっても中途半端な人間に他人を使う資格などないと思っている。裕福な家に生まれたことも関係ない。極端な考えということは分かっているのだけれど、傲慢《ごうまん》とも言うべき両親の思想を忌避する裕木にとって、人の上に立って人を使うという行為は、すなわち人を見下す行為に他ならなかった。

だから裕木は漠然とながらも、自分のほうが誰かに仕える側になりたいと考えていた。

以前勤めていた会社を辞めてから、バイト先に選んだ職種の全てがサービス業だった。

ファミレス、喫茶店、コンビニ、ホテル、居酒屋、カラオケ店等々……。

フリーターに転向しておよそ六年半の間、いずれのバイトも半年から一年刻みで変え、これまでかなりの数の職場を経験している。今は池袋にあるショットバーに勤めていた。

仕事が長続きしないのは、自分が求めているものとは違うと感じてしまうからである。業務内容を一通り覚える頃になると、しだいに張り合いがなくなってしまうのだ。

仕事でお客さんと触れ合うのは楽しいのだけれど、いずれの勤め先における雇用主も、長く仕えていたいと思う人物ではなかった。そうした理由も大きい。

人に仕える仕事がしたいと思う割に、その具体性は伴わず、裕木は煩悶《はんもん》してもいた。所詮《しょせん》は世間知らずでお金持ちのお嬢さまが、気分でぶらぶらしているだけのこと。

ふとした時にそんな思いも脳裏をよぎり、自己嫌悪に駆られることも最近は多かった。

「だとしたら、貴方が取り組んでいる怪談取材は、現実逃避の手段なのかしら？」

裕木が伝えると、琉美慧は鋭い瞳《ひとみ》に憂いの色を仄《ほの》めかせ、囁《ささや》くような声風《こわぶり》で言った。

あるいはそうなのかもしれない。なんだか自信がなくなってくる。

確かに自分の将来について真剣に考えるのなら、こんなことをしている場合ではない。分かっているつもりでいながらも、他人から改めて言われるとその苦しさは一入《ひとしお》だった。自分という存在も、自分が今していることも、何もかもが恥ずかしくなってくる。

「それで裕木さん、現実逃避と言えば、おそらくもっと大事な話があるの。さっきからずっと気になっていることがあるんだけれど、訊いてもいいかしら？」

「なんでしょうか？」

気分が落ちこみ始めているところへ琉美慧が言った。

「貴方の家族、ご両親だけじゃないでしょう？　他にもうひとり、いるはずよね？」

突如、発せられたそのひと言に、裕木は一瞬、きょとんとなって口が半開きになった。続いて頭の奥から沁《し》みだすように出てきた名前に愕然《がくぜん》となり、背筋に強い震えが生じる。

「歳の離れた姉妹。多分、妹さんだと思う。どうして貴方は隠しているの？」

別に隠していたわけではない。忘れていたのだ。それも長らくの間、忘れていた。

琉美慧が指摘したとおり、確かに自分には、六つ歳の離れた妹がいる。名を夏菜《なつな》という。裕木夏菜。今は大学院生で、両親と三人で実家に暮らしている。

裕木は昔から夏菜のことが嫌いだった。一応、口だけは利くけれど、仲良く遊んだり、何かを共有し合って絆《きずな》を深めたりしたことはほとんどない。今現在もそうだった。

夏菜は妹だったが、本当の妹ではないからである。互いに血の繋がりはないのである。

裕木にとって妹は、家族の中で常に異物のような存在だった。

あれ？　ちょっと待って。血の繋がりがない。ならば夏菜は、どこから来たんだろう。

夏菜は裕木が幼稚園児の頃、母が産んだ娘だったはず。あの当時、母が入院していた病院に自分も見舞いに通った記憶がある。夏菜は確かに母の身体から生まれている。

ならばどうして自分と夏菜の間に血の繋がりがないいんだろう。おかしな話じゃないか。

あれ？　あれ？　あれ？　あれ？　あれ？　頭がどんどんこんがらがってくる。

「裕木さん、言いづらいんだけれど貴方、ご両親の本当の娘さんではないんですよね」

琉美慧に告げられたとたん、思わず口から「ふはっ」と妙な声が絞りだされた。

それはいつしか自宅で聞いた、得体の知れない女の笑い声によく似ていた。

そうだ。自分は三歳の頃に養子として、裕木の家にもらわれてきたのである。

元は小泉《こいずみ》という、東京都下にかつて存在した家の一人娘で、本当の両親は交通事故で亡くなったと聞かされている。裕木家の両親は、小泉の一族と深い親交があったらしく、ふたりの間に子供ができないことも理由のひとつに、自分を養子として迎え入れたのだ。

したくもないことをたくさん習わされ、雁字搦《がんじがら》めにされてはきたが、それでも両親は自分を本当の娘として育ててくれた。少なくとも裕木自身は、そう信じて疑わなかった。

だが、裕木が六歳になった時のことだ。篠に正真正銘、本当の子供ができてしまった。

それが妹の夏菜である。

裕木と同じく、両親は夏菜にも様々な英才教育を施し、一流の人間になるべく育てた。

裕木の場合と違ったのは、夏菜は両親の方針に従順で、向上心も強かったということだ。

おまけに結果もしっかり伴っていた。学校の成績はいつでも上位をキープしていたし、いずれの習い事もそつなくこなして、優秀な結果を収めることが大半だった。

当然ながら、そんな妹を両親は溺愛《できあい》した。自分よりも夏菜を褒めることが多かった。

だから裕木は夏菜のことが大嫌いだった。あの娘《こ》がいると、自分という存在が霞《かす》んで無価値なものに思えてならなくなるから。妹が勉学や習い事で目覚ましい成果をあげて輝けば輝くほどに、姉の自分は翳《かげ》りを帯びて暗く沈み、あたかも裕木家の「紛《まが》い物」の娘であるかのように思えて堪《たま》らなくなってしまうから。

「実際、わたしは実の娘じゃないし、親の期待にも応《こた》えられなかった人間ですから」

「そんなに自分を卑下しなくてもよろしいのではないかしら。貴方のご両親や妹さんが、貴方にはっきりそうした評価を下したわけではないのでしょう？」

「そうですね。でも、自分の中では思ってしまうんです。出来損ないの娘だって」

親への反発があるにもかかわらず、長らく自立をせずに実家に居座り続けていたのは、ひとえに夏菜も家にいたからだと思う。あの家に両親と妹を三人にしたくなかったのだ。

自分が家を去ったら、そのまま家族に忘れられてしまうような気がして。

実際、高円寺のマンションで独り暮らしを始めてからもそんなことにはならなかった。母とは定期的にＬＩＮＥでやりとりをしていたし、返事こそしないけれど、夏菜からも時々連絡が入る。だから多分、今後も自分という存在が家族に忘れられてしまうことも、捨てられてしまうこともないだろうとは思う。

でも、確信は持てなかった。いつか忘れられて、捨てられてしまうような怖さもある。だって自分は本当の娘じゃないし、不出来な存在だし、妹のほうが裕木家の本当の娘ではるかに優秀だし、自分なんてあの家にとってなんの価値もない人間なのだから。

「大丈夫？　少し気を落ち着かせましょうか」

琉美慧の言葉に「すみません」と短く返し、彼女の顔から目を伏せる。

いつのまにか呼吸が乱れがちになり、息をするのがつらくなっていた。動悸《どうき》も速まり、かすかに目眩《めまい》も感じる。最前まで琉美慧に抱いていた疑惑と恐怖は意識の彼方《かなた》へ遠のき、代わりに自分の中で起きていた現実認識の矛盾に、心は強い混乱を来たしていた。

「差し支えがなければ休んでいる間、それを少し読ませてもらってもいいかしら？」

テーブルの上に置いていたメモ書き用のノートを指して、琉美慧が言った。

「ほとんど走り書きだから読みづらいかもしれませんけど、それでもよければ……」

考える余裕はなく、断る理由も思い浮かばなかったので素直に応じた。

他人にノートを見せるのは初めてのことだった。自分がこんな取材をしていることはバイト先の同僚を始め、家族にさえも話していない。そんなこともふと思いだす。

琉美慧は切れが良い手つきで次々とページを捲《めく》り、開いた紙面に向かって鋭い視線を左右に忙《せわ》しなく動かしていく。読むのが早い。そうしてあっというまに全てのページを読み終えると、おもむろに顔をあげ「大変興味深いです」とうなずいた。

「よければ他のも見ますか……？」

予想外の感想に驚き、乱れた心がわずかに正気へ立ち返る。賛辞は素直に嬉《うれ》しかった。ならばと思い、今度はバッグの中からメモ書き用のノートを全部取りだしてみせる。

琉美慧は「ええ、ぜひとも」と応え、それらを両手で受け取った。

彼女がノートに書かれた記述を読み進めるなか、気分は少しずつ落ち着きを取り戻し、時折向けられる簡素な質問や短い言葉にもどうにか応えられるようになっていった。

琉美慧は全てのノートに一通り目を通し終えると、改めて「大変面白かったです」と感想を述べ、わずかに目元を細めてみせた。彼女なりに笑みを浮かべたのかと感じる。

「ありがとうございます。あのさっきからずっと考えていたんですけど……わたしって、どこかおかしいんでしょうか？　妹のこと、本当にいないものだと思いこんでました」

「理由を聞かせてもらえば、別におかしなことではないでしょう。心の防衛本能ですね。以前も同じような状態に陥った人を何人か見たことがあります。無事に思いだせたなら、二度と忘れることはないはずです。それが貴方《あなた》にとって幸せなのかどうかは別として」

ノートを返しながら答えた琉美慧の言葉に、何を思えばいいのか分からなかった。

「そうですか……」とつぶやいた裕木に、琉美慧はさらに言葉を続ける。

「世の中はおかしなことばかりですよ。貴方がノートに記録してきた出来事もそうだし、わたしが平素、この生業《なりわい》で接する出来事もそう。それらに比べれば記憶の改ざんくらい、平常の範囲内かと。理由も分かったことだし、あまり深刻に思い悩まないことです」

言われてもすぐに納得することはできなかったが、何も救いがないよりはマシだった。

そのうえで怪談取材に関しては、これから先も続けていったほうがよいと勧められた。メモ書きの構成が丁寧で素晴らしく、生半《なまなか》な気持ちで取り組んでいるのではないことを確信したのだという。「現実逃避は失言でした」と謝罪までされた。

「貴方が卑下する『出来損ない』の人間に、こうした才覚は決して生じ得ないはずです。或《あ》るいは今後も弛《たゆ》まず努力を重ねた先に、貴方を救う答えが待っているのかもしれません。自分を大事に、過ぎゆく日々を大切に、探し求める光を見つけだしてください」

琉美慧からの前向きな助言を最後にこの日の取材は終わりとなった。

そろそろ次の相談客が来る時間なのだという。裕木も雪の降り具合が心配だったので慌ただしく礼を述べ、彼女の事務所をあとにした。

帰り道、スマホを開いてLINEの履歴を見ると、確かに夏菜の名前がそこにあった。数はそう多くはないが、裕木が既読スルーしたメッセージが何通も履歴に残っている。

未《いま》だに少し信じられない気持ちだったが、本当の現実が戻ってきたような感覚もある。ただ、意識の表にあろうとなかろうと、やはり夏菜のことは苦手なままだった。

綿雪が降りしきる目抜き通りを歩きながら、琉美慧の姿を脳裏に思い浮かべてみる。やはりその面貌《めんぼう》は間違いなく、裕木が以前目にした、緋色《ひいろ》の女そのものだった。

いろいろあって面談中は終始動揺させられていたし、時間が来てしまったこともあり、琉美慧には結局、緋色の女や緋花里の件を尋ねることはできなかった。

無論、メモ書き用のノートの中にもふたりについての記録がある。おそらく琉美慧はそれも読んだはずだと思うが、特にこれといって変わった反応は見られなかった。

ならば、たまたま顔が似ているだけということになるのだろうか。それとも琉美慧が素知らぬふりを決めこんだものなのか。どちらとも判断がつかなかった。

帰宅後、久方ぶりに母に電話をかけてみた。母はすぐに出てくれた。

電話口から「大雪の影響、そっちは大丈夫？」と問いかける母の声を聞いてまもなく、なぜだか涙がぼろぼろこぼれて止まらなくなる。

嗚咽《おえつ》を押し殺し、「うん、大丈夫だよ」と応え、それから少しの間、雑談に興じた。

父も夏菜も元気だという。今朝は普段より早い時間に出掛けていったそうである。

裕木も今夜はバイトだった。いつもの取材ではありえないほどひどく疲れていたので、少し仮眠を取ることにする。

琉美慧の事務所を辞する別れしな、彼女も新たな取材相手を紹介するとのことだった。合意が得られ次第、相手のほうからすぐに連絡させるという。

ベッドに横たわり、微睡《まどろ》みながら何度思い返しても、彼女の顔は緋色の女と重なった。笑みが不在の険しい顔から時折、優しい言葉を紡ぎだす様は、緋花里の印象にも重なる。やはり同一人物なのではないかと思ってしまう。多分に謎めいた人物である。

今後も弛まず努力を重ねた先に、貴方を救う答えが待っているのかもしれません——。

怪談取材を肯定されたことは素直に嬉しかった。希望に満ちた助言も心に沁《し》みた。

取材は今後も変わらず、続けていくつもりである。今さらやめる気など更々なかった。しばらくカウントしていなかったのだけれど、今の時点でこれまで集めた話はおそらく、百五十話を超えていると思う。差し当たり、二百話を目標にしてみようと奮い立つ。

その後のことは、集めた話が二百に至る頃になったら考えればいい。二百話をもって仕上げとしてもいいし、次は三百話を目指して取材を続けていってもいい。

不思議と紹介の糸は、今後も途切れないだろうという得体の知れない確信もあった。あたかもそれは、怪異な体験をした人と人とを結び合わせる長い糸の先に途方もなく巨大な糸巻きがあって、どんどん手繰り寄せられていくかのような感覚でもあった。

ならば終わりにたどり着くまで、このまま手繰り寄せられていってもいい。

少なくとも今の自分が本気で打ちこみたいと思えることは、これより他に何もない。

どんな形であっても納得できる結果をだしたかった。あるいは来たるべきその時には琉美慧が示したとおり、自分を救う答えもまた見つかるのかもしれない。

頭の芯《しん》で未だ燻《くす》ぶる緊張の余燼《よじん》に小さく身悶《みもだ》えをしながら、そんな思いに心を巡らせ、裕木の意識はやがて浅い眠りに浸っていった。

狂乱の元【対面取材　二〇一八年一月二十七日　土曜日】

思いがけない邂逅《かいこう》と衝撃に打ちのめされて数日後。琉美慧の紹介で連絡をくれたのは、彼女の相談客だという節子《せつこ》さんだった。練馬《ねりま》区に住む四十代の女性である。

小学五年生の夏場、学校行事で催された林間学校でこんなことがあったのだという。

場所は、周囲を緑豊かな森に囲まれた宿泊型の教育施設。二泊三日のスケジュールで自然観察をおこなったり、木工教室を体験したりするなどして過ごす予定だった。

二日目の昼、施設の裏手に広がる木立ちの広場で野外炊爨《すいさん》をしていた時のことである。少人数の班に分かれた児童たちが、それぞれ焚《た》き火を囲んでカレー作りに勤《いそ》しむなか、節子さんはふと、不穏な気配を感じて視線をあげた。

勘を頼りに辺りを見回していくと、木立ちの遠くのほうで目が留まる。薄暗く陰った樹々の間を、何やら白くて丸いものがふわふわと宙を漂っているのが見えた。

大きさは野球ボールと同じくらい。謎の球体は内側から蓄光塗料の弱い光を思わせる仄白《ほのじろ》い色を放ち、一目した印象では人魂《ひとだま》みたいだと感じた。

すぐに同じ班の子たちに教えようとしたのだけれど、人魂は節子さんの目に留まるや、木立ちの奥から風を切るように素早く広場に向かって飛びだしてきた。

その間、節子さんは「あっ」と声を漏らすのが精一杯だった。広場に出てきた人魂は、近くで焚き火を囲んでいた、明美《あけみ》ちゃんという別の班の娘のほうへ近づいていく。

たちまち明美ちゃんの背後へ達した人魂は彼女のうなじを伝い、着ていたジャージの襟の中へ滑りこんでいった。やはり節子さんが「あっ」と思った次の瞬間である。

明美ちゃんが突然、獣じみた悲鳴を張りあげ、仰向《あおむ》けにばたりと倒れた。

倒れた明美ちゃんは、四肢を激しくばたつかせ、滅茶苦茶《めちゃくちゃ》に暴れる足の先が焚き火に掛けられていた鍋《なべ》と飯盒《はんごう》を蹴《け》りつける。引っくり返った鍋の中身が炎の上へと降り注ぎ、白い煙と湯気が混じった靄《もや》が、ぶわりと大きく立ち上った。

異変に驚いた周囲からも悲鳴があがり、引率の先生たちが彼女の許《もと》へ駆け寄っていく。節子さんと他の児童たちもそれに続き、明美ちゃんの傍らへ群がり始める。

明美ちゃんはすぐさま先生たちに身体を押さえつけられたのだが、その力は凄《すさ》まじく、何度も先生たちの手を振り払った。中には振り払われた反動で、尻餅《しりもち》をつく先生もいた。

眼球はぐるりと裏返って白目を剝《む》き、口からはぶくぶくと大量の泡を噴きだしている。獣じみた叫び声も治まることなく、喉《のど》が潰《つぶ》れるような声量で盛んに吠《ほ》え続けていた。

明美ちゃんはまもなく到着した救急隊員に拘束され、病院に搬送されていったのだが、その日のうちに帰らぬ人となってしまった。原因は不明だったと聞かされている。

ただ、節子さんとしては一連の流れを鑑《かんが》みるに、明美ちゃんが豹変《ひょうへん》してしまったのは、あの白い人魂のせいだったのではないかと思わざるを得なかったのだという。

誰が泣いているのか【対面取材　二〇一八年二月四日　日曜日】

続いて節子さんから紹介されたのは、弟の鹿目《しかめ》さんだった。

ひとりキャンプが趣味だという、彼が体験した話である。

数年前の秋口、関東地方の山裾《やますそ》に広がる森の中でキャンプをした時のこと。

夜中、テントの中で寝袋に包《くる》まり、昏々《こんこん》と寝入っていると、どこからか聞こえてくる女の泣き声で目が覚めた。「ああーん、ああーん！」と淀《よど》んだ声音で泣き叫んでいる。

近くに他のキャンパーは泊まっていないはずだったので、不審に思ってテントを出た。

声はさらに大きく聞こえてくる。だが、周囲に視線を巡らせても声の主は見当たらない。

距離はさほど離れていないはずなのに、居所を探っても場所を割りだすことができず、漆黒に押し包まれた森の中に誰とも知れない泣き声ばかりが聞こえてくる。

もしかして、これって幽霊なのではないだろうか？

思い始めてまもなく、泣き声が突然、こちらへ向かってぐんぐん近づいてきた。

得体の知れない女の嗚咽は鹿目さんのすぐそばを掠《かす》め、「ああーん、ああーん！」と一際大きく声を張りあげると、暗く繁った森の奥へと向かって遠ざかっていった。

声を耳に受けた時、熱い吐息まで一緒に感じたと鹿目さんは語っている。

看護師恐怖症【対面取材　二〇一八年二月十二日　月曜日】

鹿目さんの古い友人に当たる猿渡《さわたり》さんは、大の病院嫌いである。

厳密には看護師が怖くて、病院に行くのが嫌なのだという。

大学時代、猿渡さんは練馬区にある古いアパートで暮らしていた。

入居から半年ほど経った頃を境に、得体の知れない看護師の女が夜な夜な枕元に現れ、寝ている猿渡さんの首を絞めた。腹の上へ乗り、物凄《ものすご》い形相でぐいぐい首を絞めつける。

看護師は月に二、三度の割合で姿を現し、有無を言わさず猿渡さんの首を絞め続けた。

部屋に御札を貼ったり盛塩を置いたりもしたが、平然とした様子で現れ続けた。

ついに耐えきれなくなって引越して以来、凶事は二度と起こらなくなったのだけれど、おかげで看護師という存在がすっかり怖くなってしまった。

白衣に身を包んだ女性を目にしただけで足が竦《すく》み、立っていられなくなるほどなので、よほどのことがない限り、決して病院には近寄らないようにしているのだという。

ただ、最近になってひどい胃痛に悩まされることが多くなった。

もしかしたら胃癌の疑いがあるかもしれないと知人に指摘されたので、今回ばかりは腹を括《くく》って病院に行かなければならないと、猿渡さんは真っ青な顔で話を締めた。

輪郭【対面取材　二〇一八年二月二十四日　土曜日】

猿渡さんが勤める会社の同僚・師尾《しお》さんからは、こんな話を聞かせてもらえた。

今から二十年ほど前、師尾さんが大学生だった頃、渋谷区の外れにある安アパートに仲のいい友人が暮らしていた。

夏の盛りの蒸し暑い夜、彼女とふたりでアパートへ遊びに行くと、夜中近くになって友人が「近所に心霊スポットみたいな公園がある」と言いだした。

住宅地の奥まった場所にある小さな公園で、誰も乗っていないブランコがひとりでに揺れていることがあるのだという。近くに暮らす人から聞いたと友人は言った。

「風で動いているだけなんじゃないのか？」と突っこんだのだが、友人は口先を尖《とが》らせ、「風もないのにすごい勢いで揺れるらしい」と答える。

「何人も見ているから絶対に本当だ」などと、友人は子供のように言い張って譲らない。

そろそろ帰ろうと思っていた矢先だったので、ならばついでに確かめてみようと思う。

友人も連れてアパートを三人で抜けだし、実地検分をおこなうことになった。

ほどなくたどり着いた件《くだん》の公園は、夜のしじまに包まれ、街灯が灯《とも》す薄明かりの中に朧《おぼろ》な像を浮かばせている。時間も時間ゆえ、園内に人の姿は見当たらなかった。

問題のブランコの前に行って様子を眺める。支柱から鎖で吊《つ》るされた座板が三つ並ぶ、小ぶりな造りのブランコである。少々古びているため、不気味な感じはするのだけれど、座板はいずれもぴたりと宙に止まっている。

辺りに風は吹いていなかった。代わりに熱気を孕《はら》んだ不快な空気が滞留している。

「ほらな、原因は風だよ。台風が来たら勝手にバンバン揺れると思うぜ？」

しかめ面を浮かべる友人をからかいながら咥《くわ》え煙草に火をつけ、ブランコに向かって ふっと煙を吹きかける。

煙は無人の座板の上で左右に流れ、小さな女の子とおぼしき輪郭を浮かびあがらせた。

「うわっ！」と悲鳴をあげたとたん、ブランコが前後に大きく揺れ始める。

一同、夢中で公園から逃げだしてきたそうである。

すぱんと抜ける【電話取材　二〇一八年三月九日　金曜日】

続いては師尾さんの知人で、タクシーの運転手をしている加苅《かがり》さんの話である。

数年前の秋口、加苅さんは深夜、渋谷駅の近くでふたり連れの若い女性客を拾った。

行き先は稲城《いなぎ》市。片道およそ三十分の距離である。稼ぎとしては申し分なかった。

大橋《おおはし》ＪＣＴから首都高に上り、街灯からこぼれるオレンジ色の薄明かりに照らされた路面に車を走らせる。深夜とあって交通量は少なく、順調に走行を続けることができた。

やがて出発から十分ほどが過ぎ、車が中央自動車道に差し掛かった頃のことである。

薄暗く染まった道のはるか前方で、仄白い光がぽっと灯るのが目に入った。

逆走車かと思って身構えたとたん、光は凄《すさ》まじい勢いでこちらへぐんぐん迫ってくる。

思わず肝を潰してハンドルを切ろうとした時には、すでに光は目の前まで来ていた。

「ぶつかる！」と覚悟して全身を強張《こわば》らせたのだが、光はフロントガラスのまんなかを「すぱん！」と突き抜け、車内へ入ってきた。形は丸く、子供の頭ほどの大きさである。

光はそのまま車内を一直線に突っ切り、リアガラスを抜けて車の外へ飛びだしていった。

加苅さんも悲鳴をあげたが、後部座席の女性客たちも同じように悲鳴をあげていた。

「今のなんですか？」と尋ねられたのだけれど、返す言葉が思い浮かばなかったという。

昼でも起きる【電話取材　二〇一八年三月十三日　火曜日】

こちらは加茹さんが勤めるタクシー会社の同僚、千箇寺《せんかじ》さんから聞かせてもらった話。

やはりタクシーにまつわる体験である。

もう十年近く前のこと、千箇寺さんが午後の三時頃、コンビニの駐車場で昼食がてら休憩を取っていると、運転席の窓をこつこつと叩《たた》かれた。

見れば着物姿の年配女性が笑みを浮かべて立っている。「乗れますか?」と言う。

「どうぞ」と答え、後部座席に乗ってもらうと、「雑司《ぞうし》ケ《が》谷《や》霊園まで」とのことだった。

折しも春の彼岸の時節だったので、墓参りだろうと思う。

車を発進させ、ほどなくした頃に「今日はいい日和ですね」と声をかけてみた。

けれども返事は聞こえてこない。

ミラー越しに背後を見ると、シートから女性の姿が消えていた。

慌てて車を停め、うしろの様子を見てみたのだけれど、やはり女性の姿はなかった。

「夜ならともかく、昼でもこんなことが起きるなんて思ってもいませんでした……」

不意打ちを喰《く》らって大層驚いたとの話である。

承認欲求【対面取材　二〇一八年三月三十一日　土曜日】

続いて千箇寺さんから紹介してもらったのは、妹の真菜恵《まなえ》さんである。

彼女は都内で中学校の教師をしている。

今から八年ほど前、新しい中学校に転任した時にこんなことがあったのだという。

そろそろ一学期が終わりを迎えようとする頃、放課後に自分が受け持つ教室を覗《のぞ》くと、数人の女子生徒が机を囲んで盛りあがっているのが見えた。

「何してるの？」と声をかけると、黄色い声で「心霊写真です！」と返ってきた。

廸子《みちこ》ちゃんという生徒が、家から古い心霊写真を持ってきたのだという。

見せてもらった写真には、彼女の祖母だという若い女性がバストアップで写っていた。四十年近くも前に観光旅行に出掛けた時の写真とのことだった。

背景には淡緑色に染まる樹々と、真っ白に泡立ちながら流れる滝の様子が写っている。その滝の流れの中に大きな人の顔が、くっきりとした像を結んで浮かんでいた。

滝に泡立つ色と同じく、その顔は白粉《おしろい》を塗ったように白ばんでいる。雰囲気から見て、おそらく女ではないかと思う。目元を弓なりに細め、歯を剝《む》きだしにして笑っている。

周囲に写るものと比較して、顔は二メートル近いサイズがありそうに思える。

ただ、それはあくまでも「心霊写真」という前提で見れば、という話である。

滝の流れと光の加減が妙な具合に作用した結果、いかにもそれらしく写ってしまった。

そのようにも解釈できるし、真菜恵さんはこうしたものを信じる質《たち》ではなかった。

「たまたま人の顔に写って見えるだけ。みだりに騒ぐものじゃありません」

教師の立場と思って釘《くぎ》を刺すと案の定、廸子ちゃんたちからは反発の声があがったが、笑い飛ばして教室をあとにする。

その晩から夢の中に、真っ白い顔をした女が出てくるようになった。

白泡をたてる滝の流れからぬっと浮かびあがって、真菜恵さんの眼前に迫ってくる。

悪夢は数日おきに見た。初めは単なる気の迷いと割り切るようにしていたのだけれど、一向に治まる気配がなく、しだいに寝るのが怖くて堪《たま》らなくなってしまった。

夏休みの間、実にひと月以上も悪夢に悩まされた真菜恵さんは、二学期が始まるなり、すぐさま廸子ちゃんを捕まえて、「ごめん、あれは絶対に本物だと思う……」と謝った。

するとその日から、悪夢は嘘のように見なくなってしまったそうである。

「ああいうものに迂闊《うかつ》なことを言うべきじゃないと、その時初めて学びました……」

「人生、死ぬまで勉強ですね」と苦笑いを浮かべ、真菜恵さんは話を終えた。

毒舌人形【電話取材　二〇一八年四月十三日　金曜日】

真菜恵さんの友人だという絢子《じゅんこ》さんには、こんな話を聞かせてもらうことができた。

彼女は小学生の頃、メイちゃんという人形を持っていた。

赤ん坊ぐらいの大きさで、髪を梳《す》いたり、抱っこしたりして遊ぶタイプの人形である。

いつの頃からか絢子さんは、家や学校などで何か嫌なことがあるたび、メイちゃんに不平不満をぶちまけるのが日課になっていた。

「先生にまた怒られた。宿題忘れたぐらいでなんなのよ、ああムカつく」

「ママって自分の気分で人を怒るから、全然説得力がない。どっちが子供なんだろう」

「マラソン大会とか超ダルい……。走るなんて、犬でも猫でもできるじゃん！」

とにかく何か自分の気に食わないことが起きると、自室のカラーボックスの上に座るメイちゃんに向かって毒づいた。

そんなことを何年も飽きることなく繰り返し、六年生になった時のことである。

絢子さんが密《ひそ》かに想いを寄せているクラスの男子と、絢子さんが大嫌いで仕方のないクラスの女子が、親しくしている姿を見かけた。他のクラスメイトに尋ねてみたところ、最近ふたりは、いい仲になっているらしいとのことだった。

強い怒りと絶望に駆られた絢子さんは、学校から帰って来るなりメイちゃんの前へと仁王立ちになって陣取り、これまでにないほど激しく毒を吐き散らした。

「ふざけやがって、あの女！　中途半端な色目使って、男たぶらかしてんじゃねえよ！今に見てろよ、絶対、絶対、後悔させてやるからなッ！」

メイちゃんの顔を睨《にら》みつけ、思いつくままに次々と汚い言葉を吐きだしていく。

そうして好き放題に散々怒鳴りまくると、ようやく気分が少し晴れてきた。

叫びすぎて荒くなった息を整えながら、今度はメイちゃんに問いかける。

「ねえ、あんな女なんかより、あたしのほうがずっと上だよね。あんたはどう思う？」

「ろくでもないブスだと思うよ」

メイちゃんの口がふいにもごもごと動き、喉《のど》に痰《たん》が絡みついたような濁声《だみごえ》を発した。

己の鼓膜が破れるほどの悲鳴を絞りだしたあと、絢子さんはメイちゃんの首根っこを引《ひ》っ摑《つか》んで部屋の窓から思いっきり放り投げた。

この日に起きた怪異を境に、絢子さんは人形に一切、言葉をかけることはなくなった。

メイちゃんも帰宅した母に頼んで即日処分してもらったそうである。

物理とは【対面取材　二〇一八年四月二十九日　日曜日】

絢子さんの従弟《いとこ》、本仮屋《もとかりや》さんが「すごいものを見ました」と語ってくれた話である。

数年前の夏場、彼は交際相手とふたりで、埼玉県の行田市《ぎょうだ》へ温泉旅行に出掛けた。

初日の昼過ぎ、県道沿いに見つけた小さな定食屋で食事を摂《と》った時のことだった。

店の入口近くに面したテーブル席へ座って店内の様子を見てみると、本仮屋さんたち以外にいる客は、上がり座敷でラーメンを啜《すす》っている中年の男性客がひとりだけ。

「不味《まず》かったらどうしよう」などと不安を覚えながらも、注文を聞きに来た店の親父に好みのメニューを告げ、料理ができるのを待つ。

ほどなくすると、店内に「どん」と鈍い音が木霊《こだま》した。反射的に視線を向けた先には、上がり座敷の天井に身体をべったりと貼りつかせる、中年男性の姿があった。

啞然《あぜん》となって目を瞠《みは》ると、男はまもなくべらりと天井から剝《は》がれ落ち、上がり座敷の畳の上に転がった。一緒に見ていた交際相手も驚いて、小さく「きゃっ」と声を漏らす。

男はつかのま、呆然《ぼうぜん》とした顔つきで倒れていたのだけれど、まもなくバツの悪そうな色を浮かべて立ちあがるや、いそいそと会計を済ませて店を出ていった。

見ていた限りでは、男は席から宙に浮いて落ちたようにしか思えなかったそうである。

まさよしくん【対面取材　二〇一八年五月四日　金曜日】

こちらは本仮屋さんの友人、玉越《たまごし》さんから聞かせてもらった話。

ある時、玉越さんは仕事の関係で、新潟県の山間部にある小さな旅館に泊まった。

晩ご飯を済ませたあとは、布団を敷いてもらった部屋でビールをちびちび飲《や》りながら、眠たくなってくるのを待った。

やがて時計の針が十一時半に差し掛かる頃、ようやく睡魔が押し寄せてくる。

寝る前に用を足そうと思い、立ちあがった瞬間、すぐ目の前から「まさよしくん」と女の声で呼びかけられた。

ぎくりとなって身を引いたところへ、今度は頭の真後ろから「まさよしくん」と声。

空耳などではなかったし、自分は「まさよし」という名前でもない。

恐怖に駆られ、急いでフロントへ向かうと、カウンターにいた年配の女性従業員から、「出たんでございましょう？」と言われた。顔には引きつった笑みが浮かんでいる。

「出て」はいないのだけれど、「はい」と答えたら、すぐに部屋を変えてくれた。

恐る恐る「まさよしくんって誰なんですか？」と尋ねてみたのだが、それについては言葉を濁して、何も答えてくれなかったという。

あわや手遅れ【対面取材　二〇一八年五月二十六日　土曜日】

「旅先にまつわる話だったら、もう一話聞けそうですよ」

そう言って玉越さんが紹介してくれたのは、親戚《しんせき》の有岡《ありおか》さんだった。

五年前のことだという。有岡さんは贔屓《ひいき》にしているアーティストのライブを観るため、横浜《よこはま》に出掛けた。終演時間は遅くなるだろうし、翌日は仕事が休みということもあって、市内のビジネスホテルに一泊することにする。

ライブが終わり、夜更けが迫る頃にチェックインしてまもなくのことだった。

ベッドの縁に腰掛け、風呂《ふろ》に入る準備をしているところへ、スマホの着信音が鳴った。

発信主の名前を見るなり、ぎょっとなる。

まさかと思いながらも通話に応じると、スピーカーから嗄《しわが》れた女の声が聞こえてきた。

「あんた、今すぐ家に帰りなさい！　今ならまだ間に合う、さっさと家に帰りなさい！　手遅れになる前に急いで家に帰りなさい！」

切羽詰まった大声で、何度も「帰りなさい！」とがなりたてる。

有岡さんがしどろもどろな呻《うめ》きをあげても、向こうはこちらの反応などお構いなしに何度も同じ言葉を繰り返し、ぶつりと一方的に通話を終えた。

改めて通話履歴に残された発信土の名を確認してみると、やはり間違いなかった。

電話の主は半年前に病気で他界した、有岡さんの祖母だった。

狐に抓《つま》まれたような気分から立ち直ると、今度はとてつもなく嫌な予感を覚え始める。

このままここで一夜を明かしたら、何か取り返しのつかないことになるような気がした。

急いで支度を整え、ホテルを出る。

タクシーを捕まえて都内の自宅アパートへ帰り着くと、部屋の隅に沿って置いてある
テレビ台の裏から、ぶすぶすと黒い煙が立ち上っていた。

慌てて台をどかしたところ、煙は埃《ほこり》まみれになったコンセントの差込口から出ていた。

ひと目でトラッキング現象だと分かる。

幸い、火はまだ出ていなかったが、このまま放っておいたら確実に火の手があがって、
自室どころかアパートを丸々焼いてしまうところだった。

「祖母があの世から必死で知らせてくれたおかげで、難を逃れることができました」

当時の情景を振り返りながら神妙な顔でうなずき、有岡さんは話を結んだ。

招かれざる客【対面取材　二〇一八年六月六日　水曜日】

有岡さんが行きつけにしているラーメン店の主人、安永《やすなが》さんの話である。

ある晩、店の従業員とふたりで閉店作業をしていると、従業員が突然「うおっ！」と悲鳴をあげて仰《の》け反った。視線は、店の入口に嵌《は》められたガラス戸に向けられている。

「どうした？」と尋ねると、曇りガラスの向こうに人の顔が浮かんでいたのだという。

「客だったんじゃないか？」と訊《き》き直したのだが、従業員は怯《おび》えた様子で頭を振りつつ、「違うと思います」と答えた。

顔はガラス戸の半分近くを埋めるほど、巨大なものだったのだという。

「馬鹿な」と思って戸口のほうへ視線を向けると、夜の闇に染まったガラスの向こうに能面のごとく真っ白な色をした、大きな女の顔が貼りついていた。

思わず悲鳴があがるも、とっさに戸を開け、「誰だ！」と声を張りあげる。

だが、店の前には顔どころか、人っこひとり見当たらなかった。

背筋が強張《こわば》り始めてきたところへ、今度はどこからともなく線香の匂いが漂ってくる。

匂いはたちまち店内いっぱいに広がって、安永さんたちの鼻腔《びこう》を突き刺した。

ふたりで店じゅうに塩を撒《ま》き始めると、匂いはまもなく嘘のように収まったという。

絶叫坊【電話取材　二〇一八年六月十日　日曜日】

こちらは安永さんの義弟に当たる、落合《おちあい》さんが語ってくれた話になる。

時代が平成になってまもない頃だというから、すでに三十年近く前の話になろうか。

当時、高校生だった落合さんが休日、友人たちと原宿《はらじゅく》へ遊びにいった時のこと。

人波で賑《にぎ》わう竹下《たけした》通りを歩いていると、道の向こうから黒い法衣を纏《まと》った御坊さんが颯爽《さっそう》とした足取りで歩いてきた。

歳は七十代くらい。皺《しわ》だらけの顔は、干し芋のように痩《や》せ細っている。

お洒落《しゃれ》に着飾った若者たちが行き交う通りの風景には、まるで場違いな人物だった。

一体、何をしに来たものかと思いながら様子を見ていると、向こうも視線に気がつき、こちらへ向かって一直線に近づいてくる。

御坊さんはあっというまに落合さんの眼前まで迫ると、あんぐりとOの字に口を広げ、鼓膜が破れんばかりの大絶叫を張りあげた。

予期せぬ大声に堪《たま》らずその場にへたりこむと、友人たちが「何してんだよ」と笑った。

立ちあがって周囲を見てみれば、御坊さんの姿はどこにもない。友人たちに尋ねても「そんな坊主など見ていない」と、口を揃えて答えが返って来たそうである。

磯女《いそおんな》【対面取材　二〇一八年七月一日　日曜日】

次なる取材相手は落合さんが勤める職場の後輩で、辻村《つじむら》さんという男性だった。

昨年起きたばかりの話だという。

九月の初め頃、辻村さんは夕方近くに大井《おおい》埠《ふ》頭《とう》へハゼ釣りに出掛けた。

この日は平日で、空もぐずつき気味だったせいか、埠頭に見える人影はまばらだった。

波打ち際に無数の石が転がる岩場を歩き、目ぼしいポイントを見つけて釣り糸を垂らす。

釣果はなかなかといったところで、およそ一時間で三十尾ほどのハゼが針に掛かった。

まだまだ行けると感じ、波打ち際に向かって釣り糸を垂らす。

それから少し経った頃だった。何気なく視線をあげると、灰色に濁った前方の波間に何やら黒いものが浮かんでいるのが見えた。

一瞬、ゴミかと思ったのだけれど、そうではなかった。視線を凝らして見ている間に、それは海中からざぶりとさらに浮きあがり、鈍色《にびいろ》に霞《かす》む空の下にその全容を晒《さら》けだした。

ゴミかと思っていたのは、長い濡《ぬ》れ髪を頬筋に貼りつけた、色の白い女の顔だった。

女は静かにうねる波の動きに合わせ、上下に顔を揺らしている。

埠頭は遊泳禁止だし、誤って海に落ちたようにも思えない。

何者だろうと首を傾げながら見ていると、女はゆったりとした動きで鼻先を横に向け、眼前の海面に一文字を描くような形で平行に泳ぎ始めた。

波間を切り裂くように進んでいく女のうしろに、生白い輪郭が淀《よど》んだ像を描いて続く。色からして女の背中と思われたが、それにしては丈が異様に長い。

海面にちらつく背中とおぼしき輪郭は、常人の三倍か四倍ぐらいはあるように見えた。本当にそれが背中の影だとしたら、人の顔をした蛇のようなものである。

まさかと訝《いぶか》しみながらも、見れば見るほど女の身体は長いようにしか思えない。

まもなく背筋に鳥肌が立ち始めると同時に、女は再び水の中へ頭をとっぷりと潜らせ、首からうしろの細長い輪郭も波間に隠れて見えなくなった。

周囲の釣り人たちに視線を巡らせて見たのだけれど、いずれも自分の放った釣り糸に視線を投じ、不審な素振りを見せる者はいない。

もしかしたら、女の姿を見たのは自分だけではないかという気になってくる。

ならば幻でも見たのかと思いもしたが、それにしては仔細《しさい》をはっきりと覚えている。

結局、どっちつかずな心地を抱えて埠頭をあとにしたのだけれど、またぞろ同じ女を目にするのも嫌なので、この日の一件以来、大井埠頭には行っていないのだという。

天気になったら【対面取材　二〇一八年七月十六日　月曜日】

辻村さんから紹介されたのは、妹の伊沙子《いさこ》さんだった。

歳は三十代半ば。昔から怖い話が好きで、怪談関係の催しなどにも足繁く通っている。

そんな彼女自身も以前に一度だけ、恐ろしい体験をしたことがあるのだという。

今から五年ほど前、仕事の関係で金町《かなまち》にあるアパートに暮らしていた時のことである。

休日の明け方、布団の中で寝入っていると、頭の上から妙な声が聞こえてきた。

「天気になったら出掛けよう」

ががらと乾いた響きを帯びた男の声で、声音は明るく、楽しげな感じである。

「な？　今日は天気になったら出掛けよう」

この時、伊沙子さんは独り暮らしで、こんな声にもまったく聞き覚えがなかった。

ぎくりとなって目蓋《まぶた》を開くと、顔色の青黒く浮腫《むく》んだ中年男が枕元にどっしりと座り、満面に笑みを浮かべてこちらを見おろしていた。

悲鳴をあげて飛び起きるや、男は目の前から忽然《こつぜん》と姿を消してしまったそうである。

その後はしばらく警戒していたのだけれど、男が枕元に現れることは二度となかった。

こんな体験をしたのは生まれて初めてだったので、大層怯える羽目になったという。

取材はいつも利用している新宿の喫茶店でおこなった。

話を聞き終え、裕木がそろそろ切りあげようかと思っていたところへ、伊沙子さんがふいにこんなことを言いだした。

「実は今度、こういう話の好きな人たちが大勢集まる、怪談会が開かれるんですよ」

「自分も参加するので、よければ覗《のぞ》きに来ませんか？」と言う。

場所は大田《おおた》区の住宅地にある古民家。

主催はネットで怪談語りの動画を配信している、いわゆる怪談師の男性で、彼が語る演目を中心として、催しに集まった参加者たちも怖い話を披露していく趣向だという。

「こういう取材をされているんでしたら、絶対楽しめるし、役にも立つと思いますよ」

子供のように目を輝かせ、伊沙子さんは熱っぽい調子で誘ってくる。

折しも時節は夏の真っ盛り。件《くだん》の怪談会は、風物詩としての意味合いもあるのだろう。夏に限らず、こうした催しが都内の各所で年中開かれているのは、以前から知っていた。

けれども自分で足を運んでみたことはない。確たる理由はよく分からないのだけれど、なんとなく自分の肌に合わないような感があり、気後れしてしまうのである。

どうしたものかと逡巡《しゅんじゅん》したのだが、せっかくの誘いを無下に断るのも失礼かと思った。後学のためと腹を決め、裕木は彼女の提案に乗ることにする。

怪しき好事家たちの集い【対面取材 二〇一八年七月二十八日 土曜日】

それからおよそ二週間後の夕暮れ過ぎ、電車に乗って現地へ向かった。

駅から少し離れた会場の古民家へ到着すると、家内にはすでに十五名ほどの参加者が集まり、襖《ふすま》を外して二間に開いた座敷で楽しげに言葉を交わし合っていた。

その中には伊沙子さんの姿もある。裕木の姿に気づくと、彼女は笑みを浮かべながら寄ってきて、「みんなに紹介しますね！」と声を弾ませた。

主催の怪談師だという四十代の男性を始め、様々な年代の男女らに一通り紹介される。

それからほどなくして、怪談会が始まった。

参加者たちは、電気を消した座敷のまんなかに設置された行燈《あんどん》を中心に車座となって、怪談師が語る演目に顔を引きつらせながら耳を傾ける。演目が一話終わるごとに今度は参加者たちが数人、自前の怪談を披露して、それが済むと再び怪談師の演目に戻る。

斯様《かよう》な繰り返しが、この夜の大まかな流れだった。

以下に紹介する十話は、行燈の灯影《ほかげ》が怪しく揺らめく薄暗い座敷にて、参加者たちが語った話の要約である。

■真城《ましろ》さん・三十代
五年前の夏、友人たちと千葉県にある廃ホテルへ肝試しに行った。

　現地では何も起こらなかったのだが、帰宅して風呂《ふろ》に入ると背中が焼けるように痛む。鏡で確かめたところ、背中に女の顔のように見える赤痣《あかあざ》が大きく浮かびあがっていた。

■今泉《いまいずみ》さん・三十代
昔、実家の父は骨董《こっとう》品集めが趣味で、壺《つぼ》や絵など、琴線に触れた物を買い集めていた。ある時、そんな父が骨董屋で買ってきたのは、生首の描かれた昔の古い掛け軸だった。江戸《えど》時代に斬首《ざんしゅ》された罪人の首を描いたものなのだという。

　父が掛け軸を買ってから数日後、実家が半焼した。火元は父の部屋。出火原因は不明。蒐集《しゅうしゅう》品の大半が燃えてしまったのだが、掛け軸は無事だった。

だが、当の父も含め、家族全員が気味悪がったので掛け軸はまもなく処分した。

■巧子《たえこ》さん・四十代
現在暮らしている団地で、二年ほど前に起きた話。敷地内の広場でよく顔を合わせる結羽《ゆう》ちゃんという幼い女の子が、ある時から「あたし、来年、妹がふたりできるの」と言うようになった。彼女の母親はそのたびに苦笑していたのだが、翌年の末頃になってこの母親は、本当に双子の女の子を産んだ。

■美紀江《みきえ》さん・四十代
少女時代、実家の裏手にあった小さな畑の宙に髑髏《どくろ》が浮いているのを見たことがある。昼日中のことだった。髑髏はかたかた口を震わせながら消えたが、その時に植えていた野菜は数日のうちに全て枯れて駄目になってしまった。

■喜谷《きたに》さん・四十代
その昔、自殺したアイドルにまつわる怪談。名誉毀損《きそん》に関わる恐れを含む内容のため、筆者（郷内）の判断で割愛する。

■志奈子《しなこ》さん・三十代
今まで一度だけあった不思議な事件。夜、独り住まいのマンションでご飯を炊いたら、電子ジャーの中で炊きあがったご飯の上に、なぜか母の位牌《いはい》がのっていた。

■三森《みもり》さん・二十代
ケーキ屋でバイトをしている友人が体験した話。休憩時間にトイレの鏡を覗きこむと、鏡の中の自分は藍色《あいいろ》に染まる和服姿で映っていた。

■小金沢《こがねざわ》さん・五十代
高校時代に親しくしていた友人の話。ある日の朝、彼は「河童《かっぱ》を見た」と言いだした。登校中、自宅の近所に流れる川で、水飛沫《みずしぶき》をあげながら川面《かわも》を跳ねていたのだという。全身緑色で、頭の上には皿ものっていたと言うのだが、誰もまともに取り合わなかった。数日後、同じ川から水死体があがった。全身が深緑色に染まって腐乱していたという。のちの調べで、遺体は地元に暮らす中年男性だと分かった。自殺だったそうである

■角井《かどい》さん・三十代
四年ほど前の冬場、都内で大雪が降った日のこと。朝方、駅に向かって歩いていると、少し離れた前を歩く女の異様さに気がついた。道に積もる雪の上に足跡が付かないのだ。驚くさなかに女の背中は徐々に薄まり、まもなく霞《かすみ》のように消えてしまった。

■白川《しらかわ》さん・三十代
小学生の頃にあった話。夏休みに家族で山梨県の山中にバーベキューをしに出掛けた。辺りがすっかり暗くなった夜の帰り道、田んぼの中に延びる農道を車で走っていると、道の前方に立つ電信柱の上で黄色い光がちかちかと瞬いているのが見えた。

至近距離まで行った時、それが女の生首だと分かって家族全員の口から悲鳴があがる。首はこちらの悲鳴に呼応するかのように、闇夜の上空にふわりと浮かんで消えていった。

怪談会は三時間ほどで終わりを迎え、その後は座敷に並べたローテーブルを囲んでの懇親会となった。

取材はそれなりに捗《はかど》ったので、終幕を機に帰ろうとしたのだが、座敷を抜けだす間際、伊沙子さんに呼び止められてしまい、不承不承ながら付き合うことになる。

乾杯の音頭とともに酒を酌み交わしながら、参加者たちにあれやこれやと尋ねられた。開演前に自己紹介がてら、取材の趣旨を説明し、皆から許可ももらっていたのだけれど、自分のようなスタンスで怪談集めをしている人物は、やはり珍しいとのことである。

怪談会の席では裕木自身も、以前に自宅で背後から聞こえてきた笑い声に関する話を語ったのだけれど、参加者たちはそんな他愛もない話などより、メモ書き用のノートに記録してきた数多《あまた》の怪異にまつわる話のほうに俄然《がぜん》興味を向けてきた。

「ノートにまとめた話を聞かせて！」「ちょっとでいいからノートを見せて！」

声を弾ませ、目を輝かせ、次々と群がる参加者たちからしつこくせっつかれたのだが、裕木はそれらに逐一、曖昧《あいまい》な言葉と笑みを返し、やんわりとかわした。

先刻までの怪談会の興奮醒《さ》めやらず、酒が進めば進むほど陽気になって熱気が高まる彼らに対し、裕木はそこはかとない気後れと居心地の悪さを感じていた。

同時に自分が以前から漠然と抱いていた、こうした集まりを忌避する理由についてもようやく合点がいって、小さく肩が竦《すく》んでしまう。

たとえ同じものが好き同士であっても、かならずしも馬が合うとは限らないのである。裕木が怪談取材に血道をあげる情熱と、会の参加者たちが怪談を求めて止まない心には似ているようでその実、如何《いかん》ともし難い隔たりがあるように思えてならなかった。

みんな子供のように無邪気で楽しげなのだが、ただそれだけで真剣味は感じられない。お祭り騒ぎのような感覚が肌に合わず、場が盛りあがるほどに気分は後退していった。

「知り合いの怪談作家さんを紹介します！　今度、一緒に会いにいきましょう！」

「全生庵《ぜんしょうあん》に幽霊画、観にいきませんか？　俺、くわしいんで、なんでも教えますよ！」

然様《さよう》なさなか、酔っ払ってますます興に乗ってきた男たちに代わる代わる擦り寄られ、いかにも怪しげな誘いも受けた。下心が見え見えで、半笑いが苦笑いに変わっていく。

さらには主催の怪談師まで隣の席にやって来て、「実話怪談とはなんぞや」みたいな講釈を偉そうに滔々《とうとう》と宣《のたま》われた。けれども単に偉そうなだけで、中身の薄い駄弁である。

怪談師はどういうわけか、裕木のことを馴《な》れ馴れしく「真希乃ちゃん」と呼び続けた。それだけでもすこぶる気持ちが悪くてむかむかしていたのだけれど、挙げ句の果てには何食わぬ体を装って、肩に腕を回そうとしてきた。迫り来る手をかわして立ちあがると「そろそろ時間なので失礼しますね」と嘘をつき、急ぎ足で会場を出る。

スケベ親父が、ふざけんな。そんなにお化けが好きなら、自分の顔を鏡で見ろ。

駅へと続く路地を歩きながら胸の中で何度も毒づき、腸《はらわた》が煮えくり返るような思いと強い失望感を抱えつつ、裕木はずかずかとした足取りで家路をたどることになった。

離れ業【電話取材 二〇一八年八月三日 金曜日】

不快な思いをしながら退散した怪談会から数日後、伊沙子さんから紹介を受けたのは、高校時代の友人だという千穂美《ちほみ》さんだった。

彼女が小学二年生の時、稲毛《いなげ》にある伯母《おば》の家に独りで泊まりにいった時のことである。

おやつの時間に伯母がホットケーキを焼いてくれることになり、居間の床に敷かれたカーペットに寝転がって、できあがるのを待っていた。

明るいグレーの布地には、玉乗りに興じるピエロや火の輪くぐりをしているライオン、仲良く行列を組んで歩くペンギンなどの姿が、小さく無数に刺繡《ししゅう》されていた。

「サーカスの絵だなあ……」と思いながら、布地に散らばる絵をぼんやり眺めていると、背中にピエロを乗せた一頭の象が、生地からぺらりと剝《は》がれて起きあがった。

千穂美さんが啞然《あぜん》となって見つめるなか、象はカーペットの上をのしのしと闊歩《かっぽ》して、まもなく部屋の壁際に置かれた茶簞笥《ちゃだんす》の裏へと消えていった。

どきどきしながら覗《のぞ》いてみたのだけれど、象の姿は見つからなかった。

幻覚でも見たのかと思えばそうでもなく、先ほどまで象がいたカーペットの場所には、見るからに不自然な空白ができあがっていたそうである。

海を越えても【対面取材　二〇一八年八月十二日　日曜日】

千穂美さん宅の近所に暮らす、フエさんというベトナム人の体験談である。

彼女はコンビニでバイト勤めをしながら、都内の専修学校に通っている。

昨年六月、夜更け近くにバイトを終えて帰宅する途中にあったことだという。

その日は日暮れ頃から空がぐずつき、店を出る頃にはどしゃ降りの大雨になっていた。

傘を差しつつ、自宅アパートへ続く住宅地の歩道を歩くさなか、大きな雨音に混じって「フエ！」と声をかけられた。

振り向くと、雨糸に煙る背後の路上に真っ白い服を着た女が立っていた。

笑みを浮かべてこちらを見つめるその顔は、祖国に暮らす親友のチュックさんだった。

彼女がこんなところにいるはずがない。

「嘘だ……」と思いながらも「チュック！」と呼びかけ、急いで足を踏みだしていくと、チュックさんは両手を大きく振りながら、雨の中へ溶けるように姿を消してしまった。

とたんに嫌な予感を覚え、帰宅するなり実家へ電話を入れた。

母親に確認してもらったところ、チュックさんは現地時間でつい数時間前の夜半過ぎ、仕事帰りに路上で車に撥《は》ねられ、息を引き取っていたことが分かった。

お国が違えば【対面取材　二〇一八年八月十六日　木曜日】

フエさんに紹介してもらったのは、都内でベトナム料理店を営むダンさん夫妻だった。

　ふたりが店を開いたのは八年ほど前のこと。都内の不動産屋を血眼になって探し回り、ようやく見つけた格安の居抜き物件を改装してオープンに漕《こ》ぎつけた。

　商店街の片隅に立つこの物件は元々、個人経営の中華料理店だった。以前の経営者が店内で首を括《くく》っているとのことで、居抜き物件であると同時に事故物件でもある。

　改装前はどことなく湿っぽい雰囲気が漂っていたのだけれど、開店したあかつきには店内に祖国の仏壇を祀《まつ》ることにしていたし、何も問題はなかろうと踏んでいた。

　ところが開店からまもなくすると、怪しいことが次々と起こり始めた。

　店を訪れた客が食事中に突然、誰かに腕や足を摑《つか》まれたと言って騒ぐこともあったし、従業員たちが厨房《ちゅうぼう》で異様な気配を感じたり、男の唸《うな》り声を耳にしたりすることもあった。

　当のダンさん夫妻も例外ではなく、斯様《かよう》な現象を一通り体験することになってしまい、勘違いや気の迷いでは済ませられない事態になってしまう。

　仏壇は開店した時にきちんとお祀りしていたし、殊勝な気持ちで手も合わせていた。供物も欠かすことなく供えていたし、怪異が治まるように欠かさず願い続けてもいた。

それなのに一連の現象は少しも潰《つい》える気配を見せず、ばかりか客足のほうも日に日に少なくなっていった。夫婦で頭を抱えることになってしまう。

そうしたある日、開店した折からちょくちょく店に来てくれていた、野崎《のざき》さんという男性客からこんなことを言われた。

「もしかしてお国の文化が違うから、効かないんじゃないのか？」

日本の霊を祓《はら》うには、やはり日本の神さまの力を借りるのがいいのではないかと言う。物は試しということで、さっそく野崎さんが懇意にしている神社から、魔祓いの御札を拝受してきてくれた。

以前の経営者が首を吊《つ》って死んでいたという、厨房奥の壁に御札を貼ってみたところ、その日を境に怪異は嘘のように治まってしまった。客足もしだいに戻ってきたという。

以来、ダンさん夫妻は、店内にお祀りしている祖国の仏壇と、魔祓いの御札の両方に欠かさず手を合わせるようにしているそうである。

重なった　【対面取材　二〇一八年八月十九日　日曜日】

ダンさん夫妻が紹介してくれたのは、店に御札を持ってきてくれた野崎さんである。

今から二十年ほど前、彼が若かりし頃に施設警備員の仕事をしていた時の話だという。

当時、野崎さんは都心に立つ大きなビルの警備を担当していた。

ある日の夜中、いつものように懐中電灯を携え、ビル内を巡回しているさなかのこと。

暗い廊下を歩いていると、背後から誰かにつけられているような気配を感じ始めた。

振り返っても誰の姿があるわけでもないし、耳に聞こえるのは自分の足音だけである。

だから気のせいということになるのだが、この日はいつもと違い、なんだか妙に背筋がぞくぞくして、得体の知れない怖《お》じ気を感じていた。

これでは仕事にならないと思い、己を鼓舞するためにひとりごちる。

「大丈夫、なんでもない」

「大丈夫、なんでもない」

野崎さんの発した声に、すぐ真後ろから聞こえてきた女の声が重なった。

悲鳴をあげることさえなく、そのまま飛ぶような勢いで警備室へ逃げ帰ったという。

びこびこ音【対面取材　二〇一八年九月十六日　日曜日】

野崎さんから紹介されたのは、姪《めい》の恵茉《えま》さんだった。

彼女が勤めている渋谷のアパレルショップで、こんなことがあったそうである。

昨年の十一月頃だという。夜の九時過ぎ、同僚たちと閉店後の清掃作業をしていると、店内の片隅にある試着室の中から奇妙な音が聞こえることに気がついた。

「びこびこびこびこ」という、なんとなく湿り気を帯びた感じの忙《せわ》しない音である。

自然と頭に浮かんできたのは、小さなゴムボールのような物が試着室の壁に当たって、バウンドを繰り返しているような感じ。

不審に思ってカーテンを開けると、何やら肌色をした小さな物体がじくざくな軌跡を描きながら左右の壁に当たり、狭い室内の宙を跳ね回っている。

カーテンを開いてまもなく、それは床の上にぽたりと落ちて動かなくなった。

警戒しつつ見てみれば、手のひらほどの大きさをしたキューピー人形である。

客の忘れ物かと思ったが、保管しておく気になどなれず、ほうきとちりとりを使って回収するなり、迷うことなく店のゴミ箱へ放りこんだそうである。

誘い花【対面取材　二〇一八年九月二十四日　月曜日】

恵茉さんの取材に続き、今度は親戚《しんせき》の莉久《りく》さんから話を聞かせてもらうことになった。場所はすでに馴染《なじ》みとなって久しい、新宿駅の南口にある喫茶店。取材は昼過ぎから始まった。

今から十年ほど前の話だという。当時大学生だった莉久さんは、夏休みに友人たちと群馬県へ旅行に出掛けた。

宿泊先は、奥深い山中に立つ小さな温泉宿。いわゆる秘湯と呼ばれる穴場だった。宿の周囲には豊かに色づく深緑が生い茂り、近くの沢筋が奏でる爽《さわ》やかなせせらぎが、耳朶《じだ》をくすぐるように絶え間なく聞こえてくる。

宿泊二日目のことだった。夕方近く、温泉に浸《つ》かる前に身体を少し動かしたいと思い、莉久さんはひとりで宿を出た。

頭上の葉陰で蟬たちが盛んにすだく、宿の裏手に面した小道をしばらく歩いていくと、道の先に古びた小さな石橋が見えてくる。橋のまんなか辺りでは、若い女性とおぼしき人物が、欄干に頭頂部を押しつけながら蹲《うずくま》っていた。身体は小刻みに震えている。泣いているようにも見えたが、具合が悪いのかとも思う。

熱中症でも起こしているなら大変だと判じ、急ぎ足で女性の許《もと》へ近づいていく。

「大丈夫ですか？」

女の背中に向かって声をかけたとたん、姿がぱっと消えてしまった。

女が蹲っていた場所には、代わりに菊の花束が置かれている。

花束を目にするや、なんだかふいに「死ななくちゃ」という衝動に駆られてしまった。とにかくすぐに死のうと思い、橋の欄干に向かって片脚を掛ける。

「おい、やめろ！」

そこへ大きな怒鳴り声が聞こえ、たちまちはっと我に返った。振り向くと、橋の袂《たもと》に真っ青な色を浮かべた年配の男性が立っていた。

「もしかしたら、誘われちまったのかもしれないねえ……」

我が身に何が起きたのか分からずに戸惑う莉久さんの様子を見て、男性はつぶやいた。

ふた月ほど前のことだという。

他県からふらりとやって来た若い女が、夜中に橋の上から身を投げて亡くなっている。

花束は彼女の遺族や友人たちが供えているらしいとのことだった。

欄干越しに眼下を見やると、角ばった大きな岩がごろごろと転がる細い川筋が見えた。

橋からの高さは十メートル以上もある。落ちたらひとたまりもないだろうと思った。

震えた足で宿へ戻るなり、あとは二度と橋の近くへ近寄らないようにしたという。

莉久さんの取材は、午後の四時過ぎに終わった。

喫茶店の前で彼女と別れたあと、初めはすぐに高円寺へ戻るつもりだったのだけれど、途中で気が変わり、六本木《ろっぽんぎ》へ寄って行くことにした。

来月は母の誕生日だった。まだまだ日にちはあるものの、早めにプレゼントを選んで手元に置いておこうと思ったのである。

母は昔から銀細工のアクセサリーが好きだった。去年の誕生日にはピアスを贈ったし、その前の年にはブローチを贈った。六本木に品の良いアクセサリーを扱う店があるのだ。母の好みに合う品が揃っているので、贈り物を買う時はいつもそこに決めていた。

実家へは、今年の正月を最後に一度も帰っていない。

母とは電話やLINEで交流していたし、何度か顔を見せようと思ったこともある。ただ、思うだけでやめてしまい、実際に足を運ぶことはなかった。

同じく今年の一月、琉美慧に指摘を受けて以来、夏菜と会うのが怖かったのである。

夏菜からもたまにLINEで連絡が入った。相変わらず既読スルーにしていたのだが、去年までとは違い、LINEが届くと背筋が少し寒くなる。

母と交わす話題の中にも夏菜の名前はたびたび出るので、自分に妹が存在することは紛れもない事実である。今はそれを否定するどころか、事実として疑うこともなかった。

けれどもじかに顔を見たら、自分はどんな気持ちになって、どんな反応を来たすのか。ひどい挙動不審に陥って家族に怪訝《けげん》な顔をされるかもしれないし、あるいは前より一層、夏菜に露骨な拒絶反応を示して、口すら利かなくなるかもしれない。

微妙に怖い気持ちが半分と、醜態を晒《さら》したくない気持ちが半々といったところだった。だから帰りたいと思っても、そのたびに足が重くなっていたのである。

とはいえ、そろそろ十ヶ月になる。このまま忌避しているわけにもいかないと思った。母の誕生会には顔をだしたかったので、その日を区切りに気分を改めるつもりだった。

大江戸《おおえど》線に乗るため、駅の構内に四角い口を広げて延びる長い下り階段をおりていく。階段を半分近くまでおりた時だった。頭上でばさばさと乾いた音が聞こえてくるのに気がついた。何気なく視線をあげるなり、思わずはっとなって目を瞠《みは》る。

見あげた先、階段の傾斜に沿って斜めに傾いだ天井近くの宙では、真っ赤な羽をした鳥が一羽、じぐざぐな軌跡を描きながら忙《せわ》しくなく飛んでいた。

大きさは九官鳥と同じくらい。

羽の色は熟した苺《いちご》、あるいは鮮血を彷彿《ほうふつ》させるような濃い赤に染まっている。

ひと目見た瞬間、間違いないと思った。

それは去年、弁天町の幽霊坂と奥多摩の廃旅館で目撃した、正体不明の赤い鳥だった。

鳥はまるで裕木が姿を認めたのを見計らうかのように、じぐざぐにばたつかせていた両翼をやおら上方に向かってまっすぐ羽ばたかせていく。

そして天井パネルの溝に鉤爪《かぎづめ》を引っ掛けると、蝙蝠《こうもり》のごとく身を逆さまにぶらさげて、油粒を思わせる黒くて丸い目玉で裕木の顔を見おろした。

裕木は首を長く伸ばすような姿勢で頭上を仰ぎ、愕然《がくぜん》とした眼差《まなざ》しでその一部始終を見つめていたのだが、そこへふいに視界がぐらりと斜めに傾いた。

次の瞬間、身体が宙に投げだされ、長い階段の下り口に向かって落ちていく。

それもただ落ちていくのではなく、踏面に身体のあちこちを思いっきり打ち据えられ、ごろごろと糸巻きのごとく、横向きに転がりながら止めどなく落ちていく。

鳥に視線を奪われているうちに階段から足を踏み外したのだった。猛然とした勢いで階段を転げ落ちながら原因と状況は理解したのだけれど、もはや後の祭りだった。

十メートル近い高さから転がり落ちた身体は、下り口の冷たい床に叩《たた》きつけられると全身が燃えるように痛み始めて、意識が少し朧《おぼろ》に霞《かす》んだ。

それでも身悶《みもだ》えしつつ起きあがろうとしたとたん、今度は左腕に凄《すさ》まじい激痛が走り、裕木はガラスが割れるような悲鳴を張りあげた。

悲鳴はたちまち苦悶《くもん》を孕《はら》んだ嗚咽《おえつ》に切り替わり、涙で顔がぐしゃぐしゃになっていく。

倒れこんだ身体をぶるぶると震わせながら裕木は、異変を知って駆けつけた駅員たちに救助されるまでのつかのま、左腕に生じた信じ難い痛みに耐え続けた。

闇に火は灯《とも》りぬ

新宿駅の地下から担架で運びだされ、生まれて初めて乗った救急車で搬送されたのは、同じ新宿区内にある大手の総合病院だった。

診察の結果、左肩の骨にひびが入り、左上腕部の骨が綺麗《きれい》に折れていると告げられた。最悪だと思ったが、医師に言わせると「綺麗に折れた」のは不幸中の幸いらしい。

手術の必要はなく、ギプスで固定したうえで自然治癒させることができるのだという。肩のほうも軽度のひびなので、自然治療とリハビリでなんとかなりそうだと言われた。

ただし、家に帰るのはNGだった。やはり生まれて初めてとなる入院を勧められる。搬送されてすぐに鎮痛剤を打たれたので、痛みは少しだけ軽くなってはいたのだけれど、まだまだ我慢できるような状態ではなかった。素直に医師の指示に従うことにする。

順調に回復していけば、おそらく三週間ほどで退院できるだろうとのことだった。

病院に搬送されたのは五時過ぎ。それから一時間ほどして、裕木が処置を受けているさなかに母と夏菜が駆けつけてきた。

処置室の寝台に横たわる裕木に、母が引き攣《つ》った面差しで「大丈夫？」と尋ねてくる。

裕木は痛みを堪《こら》えて精一杯の笑みを浮かべ、「うん、なんとか大丈夫」と答えた。

続いて母の隣に立っていた夏菜が「大変だったね……」と曇った声音で言ってきた。

「うん、まあね……」と返しはしたものの、そこから先は言葉が湧いてこなかった。

久しぶりに見る母と夏菜の顔は、どちらも裕木の顔とは似ても似つかないものだった。けれどもふたりの顔は、互いによく似通っている。当たり前だ。実の母娘《おやこ》なのだもの。ふたりとも楚々《そそ》として上品な雰囲気が漂う、端整な顔立ちをしている。

代わりにふっとそんなことを感じてしまい、切ない思いに駆られてしまった。

入院中、同室の患者に気兼ねしたくなかったので、病室は一人部屋を選ぶことにした。入院病棟の四階に位置する、エレベーター付近の個室が自分の部屋に割り当てられた。簡素な造りの狭い部屋だったが、療養しながら過ごす分には快適そうな感じである。

裕木がストレッチャーで病室に運ばれ、入院の手続きが終わるまでの間、母と夏菜は付き合ってくれた。

骨を折った時の状況についてふたりにいろいろ尋ねられはしたものの、駅の階段から転げ落ちた本当の理由は伏せ、単に「ぼーっとしていて足を踏み外した」とだけ答えた。

大江戸線で六本木に向かおうとしていたことも伏せた。こちらについては夏菜の前で言いたくなかったのだ。母の誕生日プレゼントを買うために骨を折って入院したなんて、馬鹿な子供みたいに思われそうで恥ずかしかった。

ふたりが帰って狭い病室に独りになると、痛みがまたぞろ強くなってぶり返してきた。痛み止めの点滴をしてもらったけれど、その晩はなかなか寝付くことができなかった。

痛みがなんとかぎりぎりマシになってきたのは、入院から三日ほど経った頃である。ギプスでのっぺりと固められた左腕の上腕は、一日じゅう鈍く疼《うず》いて脈打っていたし、肩のほうは迂闊《うかつ》に大きく動かそうものなら鋭い激痛が走り、そのたびに「ぎゃっ!」と声があがるほどだった。だが差し当たり、ベッドに横になって大人しくしている限りは、大したトラブルが起こることはなくなった。

バイト先には入院の翌日に連絡を入れ、しばらく休むことを伝えた。

今年の一月から勤めていたショットバーは七月に辞め、その後は生花店に勤めている。またも半年ほどで職を変えていた。相変わらず、仕事を一通り覚えると長続きしない。もしかしたら、生花店もこのまま辞めてしまうかもしれなかった。

それに比べて、二十四時間体制で甲斐甲斐《かいがい》しく自分のケアをしてくれる看護師たちの立ち振る舞いを見るたびに、つくづく立派な仕事をしているなと感心させられた。

人に仕える仕事がしたい。いかにも献身的で崇高そうな思いを胸に抱いているくせに、裕木は看護や介護関係の業種に関しては、これまで一度も視野に入れたことがなかった。

理由は性に合わないなどの問題ではなく、単に資格を取るのが大変そうだからである。我ながら薄っぺらなことだと思う。そもそもこういうところが駄目なのだとも思った。

気づけばすでに歳も三十を超えている。自分は一体、何をどうしたいというのだろう。ベッドの中で煩悶《はんもん》するも、具体性を伴う答えが出てくることはなかった。

その翌日、入院から四日目の夜に、前回取材をさせてもらった莉久さんからメールで連絡が入った。裕木が骨折する直前に新宿の喫茶店で顔を合わせた女性である。

取材の件を兄に尋ねてみたところ、応じてくれるとのことだった。名を譲《ゆずる》さんという。彼も以前に奇怪な体験をしているのだという。

ありがたい話だったが、ただちに予定を組むのは無理だった。入院している旨を伝え、くわしい日程は退院後にまた改めて相談させてほしいと頼む。

返事はすぐに返ってきて、大丈夫とのことだった。そのうえで莉久さんは少し驚いた感じの文面で「実は兄が体験したのも、骨折にまつわる話なんですよ！」と添えてきた。奇遇なことだと思い、裕木も少し面食らってしまう。

そうした半面、話を聞かせてもらえるのは楽しみだった。

奇遇といえば、あの赤い鳥もそうである。入院して以来、ずっと考えてはいたのだが、その正体についてはやはり何も分からないままだった。

バッグに詰めこんでいたメモ書き用のノートを全部引っ張りだし、これまでの記録をつぶさに洗い直してみても、伊世子や緋花里にまつわる話の時とは違って、鳥のほうは裕木が幽霊坂と奥多摩で目にした時の記述以外に書かれているものはなかった。

奥多摩の時には自分を救《たす》けてくれたように思ったのだけれど、今度はなんだったのか。鳥が再び目の前に現れた動機すらも判然としなかった。

三度も見合うことになった鳥である。いずれまた、遭遇する機会があるかもしれない。

正体はおろか、目的も分からない以上、警戒だけはしておくべきだと思い做《な》す。

骨の痛みは日にちが経つにしたがい、緩やかなペースで薄まっていった。

入院から一週間ほどが過ぎる頃には鎮痛剤を使用する回数も減り、経過も順調だった。

だが、痛みと掏《す》り替わるようにして、裕木の中では言い知れぬ不安が現れ始めてもいた。

入院した翌日、母がマンションから替えの下着と私物を持ってきてくれたのを最後に、その後は家族の誰も見舞いに来てはくれなかった。

母にはＬＩＮＥで毎日、容態を報告し、その都度返事も来ていた。

夏菜から一度だけ届いたメッセージにも、珍しく返事をした。

スマホに映る文面を読む限り、ふたりは自分のことを心配してくれているようだった。

けれどもお見舞いに来てくれるという話は、一向に出る気配がなかった。

初めのうちは「今日か明日《あす》か」と期待しつつ、連絡が来るのを待っていたのだけれど、三日経っても四日経っても、ふたりからそうしたメッセージが届くことはなかった。

多分、自分のほうから「お見舞いに来てほしい」と伝えれば、応じてくれるとは思う。

だが、できれば向こうのほうから自発的に「お見舞いに行くね」と連絡が欲しかった。

淡い期待を抱きながら待っていたのだが、やはりそうした連絡が来ることはなかった。

期待はそのうち焦りに変わり、焦りは寂しさに変わり、寂しさは不安となって結実した。

やはり自分など、あの家に必要のない存在なのではないかという思いがぶり返してくる。

理性のうえでは馬鹿馬鹿しい考えだと分かっていたし、意固地にならず、こちらから素直に「来てよ」と頼めば、ただそれだけで済む問題だったのかもしれない。

だが、そのひと言がどうしても素直に表せず、心は日に日に萎《しお》れていく一方だった。

ねえ、ママ。わたし、ママの誕生日プレゼントを買おうと思ってこうなったんだよ？

真相を伝えたい気持ちもあったが、プライドが邪魔して言いだすことはできなかった。こうした鬱屈《うっくつ》も心にさらなる暗い影を落とし、気分をますます減退させることになった。

入院生活も痛みが引いて落ち着いてくると、ただ窮屈なだけで居心地はよくなかった。

同じ病院でも、院内の様子は『17歳のカルテ』と比べて何もかもが違っていた。

自分はスザンナではなかったし、ここにはリサやジョージーナやジャネットのような、互いに傷を舐《な》め合える相手もいなかった。毎日、笑顔で病室にやって来る看護師たちも仕事だから優しく接してくれるだけだと思うと、しだいに目を合わせるのが辛《つら》くなった。

そもそも裕木には、親しい友人と呼べる存在がいない。

幼い頃から自分に擦り寄ってくるのは、家の名前かお金目当ての子たちが大半だった。然様《さよう》な事情があって他者に対する警戒心が強く、容易に心を開くことができないのだ。

人前では努めて明るく振る舞うようにしているので誤解されることが多いのだけれど、それは相手に対する親愛の証《あかし》ではなく、他者との軋轢《あつれき》を避けるための処世術に過ぎない。

高校時代、上辺だけの友人たちに『17歳のカルテ』を悪し様にからかわれた頃からは、なおさらそうした傾向が強くなり、裕木の心は冷たく分厚い岩戸に塞《ふさ》がれていった。

親から仕込まれた社交術が功を奏して、表面的な人付き合いだけは上手《うま》くいっている。バイト先でも取材先でも、縁があって出会う人たちは、大抵自分によくしてくれた。だが、それ以上の関係性は望むところではない。己の内面を曝《さら》けだすのが怖かったし、深く付き合うことで他人の腹の中を知るのも怖かった。

普段はそれでいいと思っているくせに、入院して日が経つにしたがい、か細くなってへたった心は、やがて他者との触れ合いと温《ぬく》もりを強く欲するようになっていった。でも無理だった。そんなことを許してくれる相手は、周りに誰もいないのだから。

入院から二週間近くが過ぎた十月の上旬、母から誕生日を知らせるＬＩＮＥが入った。今夜は父と夏菜の三人で、誕生会を催すのだという。

一応「おめでとう」と返事はしたけれど、もはや心から祝福する気にはなれなかった。代わりに返事を送ったあと、涙が溢《あふ》れて止まらなくなる。

本当だったら自分もプレゼントを持ち寄って、一緒にこの日を祝うつもりだったのに、とうとう叶《かな》わない結果に終わったのだ。退院までに要する期間を考えれば当たり前だと覚悟していたつもりでも、こうしていざ現実となると悲しかったし、悔しかった。

「今度はみんなで快気祝いをしましょう！」というメッセージも一緒に来たのだけれど、素直に応《こた》える気にはなれず、「ありがとう」と曖昧《あいまい》な言葉を返して交信を打ち切った。

「お祝いなんか別にいいよ。そういうことは、本当の家族同士でやればいい……」

胸が張り裂けそうな気持ちを抱え、裕木はベッドの中で声を殺して泣き続けた。

二〇一八年十月十日。母の誕生日からさらに数日が過ぎた、昼さがりのことである。

気分は相変わらず、塞ぎこんだままだった。

昼食を食べ終えたあと、しばらくはスマホで映画を観て時間を潰《つぶ》していたのだけれど、退屈を凌《しの》ぐために観る映画は、どんなに面白そうなシーンでも他人事《ひとごと》のように感じられ、気持ちが上滑りしていくばかりだった。そのうち小腹が空《す》き始めてくる。

入院病棟からエレベーターを使って一階へ降りると、待合ホールの隅に売店があった。店の近くには、テーブルセットが並んだ休憩室もある。

どうせ暇だし、せっかくだからと思い、間食がてら、そちらで時間を潰すことにした。ギプスを巻かれ、三角巾《さんかくきん》で縛った左腕を胸元にぶらさげながら病室を出る。

頭が少し重ったるく、ふらつき気味だったので、食べるなら甘い物がいいなと思った。甘くて美味《おい》しくて、なおかつお腹にも溜《た》まる物は何かと考えた結果、食指が動いたのはポッキーだった。あれなら舌も胃も適度に満たされ、頭の疲れも和らぎそうな気がする。

待合ホールに出て店に着くなり、さっそくお菓子のコーナーへ向かう。

ところが商品棚にずらりと並ぶポッキーを見て、驚いた。

棚には普通のポッキーを筆頭に、芯《しん》の細い極細、チョコと一緒に砕いたアーモンドを混ぜこんだクラッシュポッキー、さらにはつぶつぶいちごポッキーと、実に四種類ものポッキーが揃っていた。いずれも美味しそうで、自《おの》ずと目移りが生じてしまう。

「ポッキー推しか、この店は。どうしよう……」

カラフルな外箱を眺めながら小さくつぶやき、どれを選ぶべきかと首を捻《ひね》る。

「迷いますよね。みんなそれぞれ、違った魅力と美味しさがありますから」

そこへふと耳元に、鈴を転がすような可憐《かれん》で楽しげな声が聞こえてきた。

振り向くと裕木の傍らに、長い黒髪をまっすぐに伸ばした綺麗《きれい》な女性が立っていた。濃紺色のジャケットに丈の長いプリーツスカートを穿《は》いた、二十代の中頃とおぼしき歳の若い女性である。彼女は小鹿のように大きく丸い瞳《ひとみ》で裕木の顔を見つめていた。

生白い細面には童女のようなあどけない笑みが浮かんでいたが、その面貌《めんぼう》を見た瞬間、裕木は背筋に氷塊をぶちこまれたような衝撃に見舞われる。

それは一昨年、平塚の取材から帰る電車で見かけた、つぶらな目をしたあの女だった。得体の知れない緋色《ひいろ》の女と一緒にいた、こちらも多分に謎めいた人物である。

「よろしいですか？」

女が一瞬、きょとんとした色を浮かべ、元の微笑に立ち戻って言った。

裕木が棚の前に立っているのが邪魔で、欲しいポッキーを取ることができないらしい。はっとなって「どうぞ」と答える。思いがけない邂逅《かいこう》に言葉はしどろもどろになって、「どうぞ」の声は「ろうお」と発せられた。

女は迷う素振りもなく、棚から普通のポッキーを一箱手に取った。飴《あめ》細工を思わせる細くて長い指のひらひらとした動きが、艶《なま》めかしくも儚《はかな》げな軌跡を描いて麗しい。

「迷った時はオリジンです。約束された美味ですから」

女を見つめる目は恐怖でひくついているくせに、彼女の言葉を受け取った裕木の耳は、なぜだか得体の知れない心地よさにくすぐられ、かすかに陶然となってしまった。

「失礼しました。では、ごきげんよう」

丁寧に礼を述べると女はレジで会計を済ませ、店の外へ出ていった。

裕木はつかのま、茫然《ぼうぜん》とした心地でその場に立ち尽くしていたのだが、俄《にわ》かに棚からクラッシュポッキーの箱を手に取ると、自分も会計を済ませて店を出た。

店の前に広がる待合ホールにぐるりと視線を巡らせてみたが、女の姿は見当たらない。

「ひょっとしたら」という思いを抱き、今度は休憩室のほうへ進んでいく。

すると、休憩室の片隅に設《しつら》えられたテーブルに、女の姿が見つかった。

独りで椅子に腰掛け、先ほど買ったポッキーを齧《かじ》っている。

寸秒、躊躇《ためら》いが生じたが、呼吸を整えると女の前へ向かい、静かに声をかけてみた。

「あの、さっきはどうも。裕木です。裕木真希乃といいます」

「あら、ご丁寧にありがとうございます。わたしは霜石。霜石湖姫と申します」

大きく丸い瞳を緩やかな弓形に細め、女はゆったりと首をさげて会釈した。

彼女の口から出てきた名前に虚を突かれ、再び背筋がぞっと凍りつく。

やはり接触するべきではなかった。怖《お》じ気がさらに強まり、動悸《どうき》も大きく乱れ始める。

だが、ここまで首を突っこんだのだ。この際だから真相を確かめようと意を決する。

「あの……変なことをお尋ねしてもよろしいでしょうか？」

怖じ怖じしつつ裕木が問うと、彼女はこちらと対照的におどけた素振りで小首を傾げ、

「なんでしょう？」と返してきた。

「もしかしたら、高校時代は中越地方の女子高で寮生活をされていませんでした？」

短い沈黙。

「ええ、少しの間ですけど、そうですね。わたしのこと、ご存じなんですか？」

「やはりな」と裕木は思い、背筋がますますうそ寒くなっていく。

杏里さんの話に出てきた、あの湖姫さんである。誰もがはっとするほど美しい顔立ち、大きくつぶらな瞳、長く伸ばした黒髪など、外見の特徴も一致する。

しかし、どうしても辻褄《つじつま》の合わないこともあった。

ひとつには年齢である。

眼前に座る湖姫は、どんなに多く見立ててもやはり二十代の半ばほどにしか思えない。杏里さんの話に登場する「湖姫さん」は確か、九〇年代の終わり頃に高校一年生だった少女である。仮に彼女と同一人物であるなら、今は三十代の半ば過ぎということになる。とてもそんな歳には見えなかった。何しろ彼女の容姿は、裕木よりも若々しいのである。

それに加えて姓も違う。

杏里さんの話に出てくる「湖姫さん」の姓は「月峯」なのに、目の前で微笑む湖姫は、自分の姓を「霜石」と名乗った。よりにもよって、あの「霜石」である。

件《くだん》の伊世子と緋花里にまつわる話がたちまち脳裏に色濃く蘇《よみがえ》り、ふたりと湖姫の間に確たる関連性を見いださずにはいられなくなった。

「実は、かなり変わった事情があって霜石さんのこと、少しだけ知っているんです」

震える舌でどうにか話を切りだし、これまで続けてきた怪談取材の概要を打ち明ける。

湖姫はさして怪訝《けげん》な色を見せることもなく、時折うなずきながら裕木の話に聞き入った。

「そうだったんですか……。なんだかすごく興味深そうなお話ですね。せっかくですし、こちらへお掛けになりませんか？　話の続きは座ってゆっくりお聞かせください」

一頻《ひとしき》り説明を終えると、湖姫が手のひらでテーブルの対面側にある椅子を指し示した。

その声風《こわぶり》の柔らかさに緊張の糸が少し解《ほつ》れ、促されるまま椅子を引いて席に着く。

「よろしかったらどうぞ。お近づきの印です」

封の切られたポッキーの子袋を裕木に向かってくるりと回す。

「あ、だったらわたしのも。こっちもポッキーですけど、ダブらないで良かったです」

裕木も先ほど買ったクラッシュポッキーをビニール袋から取りだし、湖姫の前に置く。

「シェアですか。嬉《うれ》しい。ふたりで仲良く、ふたつの種類のポッキーを楽しめますね」

胸元に手のひらを合わせ、微笑みながら湖姫が言った。裕木もつられて笑ってしまう。

彼女の笑顔もそうだが、何より目が優しかった。以前、電車の中で出くわした時には視線が重なり合ったとたん、まるで人の顔をした大きな蛇に射竦《いすく》められたような恐怖を感じてしまったものだが、今は違う。見ていてすこぶる気持ちが安らぐ目をしていた。

湖姫は「いただきます」と言って、裕木が差しだしたクラッシュポッキーの封を切り、さっそく一本手に取った。チョコレートがコーティングされた細い先端に浅く口をつけ、こりこりと削り取るように少しずつ齧っていく。

その様子は大きな瞳と相俟《あいま》って、なんだか清楚《せいそ》なハムスターのようで可愛らしかった。今まで長らく彼女に抱いていた不穏なイメージが一気に払拭《ふっしょく》されていく。

「『とっとこハム太郎』みたいですか？　前にも言われたことがあるから分かるんです。ハムスターぽいって。でも、こういうふうに食べるのが好き。変でしょうか？」

「変じゃないです。ごめんなさい、失礼かもだけど、可愛いなって思っちゃいました」

答えると湖姫は「ぷっ！」と噴きだし、裕木も堪《たま》らず一緒に噴きだしてしまった。

それですっかり話しやすくなる。さりげなく年齢を尋ねてみると、やはり湖姫は現在、三十代の半ば過ぎなのだという。信じられない話だったが、信じるより他なかった。

「二十代の頃から容姿がほとんど変わらないんです。まるで魔法にかかったみたいに」

羨《うらや》ましいことだと思ったが、その後に向けた質問の答えは、ある意味年齢の件よりも裕木を驚かせることになった。

「どんな仕事をされているんですか？」との問いかけに、湖姫は少し声を潜めて答えた。

「肩書きは違いますが、一種の霊能関係。悪いものを討ち祓《はら》うのがわたしの仕事です」

仕事は個人としてではなく、家業として古くから代々営まれているものなのだという。

湖姫は西東京の山中に居を構える、霜石家の第十四代目当主とのことだった。

ここまで素性が分かったところで、さらに質問を重ねてみる。

「霜石伊世子さんと霜石緋花里さん。ふたりとも、これまでの取材を続けていく過程で名前と多少の背景を知ることになったんですけど、ご存じないですか？」

再び短い沈黙。

「ええ、知っています。ふたりともわたしの身内です」

やっぱりな。湖姫の答えに「また繫《つな》がった」と、胸の内で感得する。

そこで「この際だから」ともうひとつ、気になることを尋ねてみた。

「じゃあ、菊月琉美慧さんっていう霊能師の方はどうですか？　港区に事務所を構えて仕事をされている方なんです。同じ霊能関係でしたら、ご存じじゃないかと」

「ええ、知っていますよ。でも、ごめんなさい。だいぶ込み入った話になってしまうし、こういう場所ではちょっと説明しづらいんです。本当にごめんなさい」

苦笑いを浮かべ、頭を振りながら湖姫が言った。

がっつきすぎたか。心証を悪くしてしまったかもしれない。どうしよう。

「でも、改めてお時間をいただくことができれば、お話させていただきますよ」

そこへ湖姫が、思いがけない提案を持ちだしてきた。断る理由は何もない。

「ありがとうございます！　わたしはいつでも大丈夫です。霜石さんのほうは？」

「裕木さんが退院されてからでいかがでしょう？　実は今、わたしも少し忙しいので」

退院後か。だったら最短で、あと一週間は待たなくてはならない。長いなと思った。

けれども提案自体はありがたかった。湖姫と思わぬ再会を果たしたことで、ここまで真相に近づくことができたのだ。ぜひとも彼女の口から事の全容を聞かせてほしかった。

「分かりました」と同意する。

再会と言えば、こちらの件についてはまだ話をしていなかった。この際だからと思い、以前、電車の中で湖姫の姿を見かけたことを打ち明ける。

「そうなんですか。確かにあの頃、仕事で神奈川方面に通っていたことがありますから、おそらくその時だったんでしょうね」

案の定、湖姫は覚えていなかった。だが、それに続いて彼女の口から出てきた言葉は、大層意外なものだった。

「あの、実はさっきからずっと気になっていたんですけど、間違えていたらすみません。もしかしたら裕木さんって、裕木財閥のご息女の真希乃さんではありませんか？」

ゆるりと小首を傾げながら、湖姫がつぶやく。

「ああ、ええ、確かにそうですけど……どうして知ってらっしゃるんですか？」

「かなり前なのですが、経済雑誌でお写真を見たことがあるんです。お父様とご一緒に写っていらっしゃいました。何かのパーティーの時の写真だったかしら」

それで思いだした。会社の創立記念パーティーである。裕木が大学生の時だったから、もう十年近く前のことになる。会場には確かに経済雑誌の記者と名乗る人物が来ていて、嫌だというのに無理やり父と並ばせられて写真を撮られてしまったのだ。

「父娘《おやこ》で、とても仲がよさそうに写っていらっしゃいましたよね」

そんなに仲はよくないし、本当の父娘でもありませんけどね。

そもそもあの人、お見舞いにすら来てくれないし。

思ったが、微笑む湖姫に調子を合わせ、裕木も「そんな」と笑い返す。

湖姫と連絡先を交換し合い、この日はそれでお別れとなった。裕木が退院する頃には湖姫も手が空くだろうとのことで、頃合いを見計らって連絡をくれるという。

「どこかで食事をしながら、今度はゆっくりお話ししましょう。裕木さんの快気祝いも兼ねて。短い時間でしたが楽しかったです。それではごきげんよう。お大事にどうぞ」

成熟した牝鹿《めじか》を思わせる優雅な所作で立ちあがると、湖姫は休憩室を出ていった。

かくして、嵐のような時間が過ぎ去る。

慄《おのの》いたり、驚いたり、笑ったりと、実に目まぐるしいひと時だった。

そして今は興奮している。ここに至って、ようやく真相に迫ることができそうだった。

巨大な糸巻きが手繰り寄せる終着点。二年半近くにも及ぶ怪談取材の中で集まってきた数々の不穏な符合の背景を如実に明かし、ひとつにまとめあげる縛り糸。

次に会う時、湖姫の口から開示される情報は、そうした仕上げになるべきものだろう。

彼女との思いがけない邂逅《かいこう》は、そんな確信めいた予感を抱かせるに十分足るものだった。

「骨を折って正解だったかも。おかげでまたいい波が来てくれた」

三角巾《さんかくきん》に包まれたギプス固めの左腕を見おろしながら、裕木は小さく声を弾ませた。

それからさらに一週間ほどが過ぎた十月十九日、金曜日の午前中に裕木は退院した。

退院当日は母が迎えに来てくれたのだけれど、やはりその日に至るまでの間、家族は一度たりとも見舞いに来てくれることはなかった。

病院を出ると母とふたりでタクシーに乗り、高円寺のマンションに帰った。

その車中、母から「ランチを食べていかない？」と誘われたのだが、「いかない」とすげなく断った。

「じゃあ、快気祝いをしないとね」などとも言われたけれど、これにも「別にいい」と素っ気ない言葉を返して話を打ち切る。

母はもうそれ以上、裕木を誘うことはなかった。

快気祝いなら、湖姫が今度してくれるという。とっておきの情報をプレゼントにして。冷たい家族に形だけのお祝いをされるより、裕木はそちらのほうがはるかに待ち遠しく、楽しみに思えてならなかった。

マンションの前で母と別れ、自宅に戻ってすぐ、湖姫にLINEで連絡を入れる。

無事に退院した旨を報告すると、すぐさま「おめでとうございます！」と返事が来た。予定が見え次第、近いうちにまた改めて連絡をさせてもらうとのことだった。

その日から裕木は、湖姫の誘いが届くタイミングを連日楽しみに待つようになった。

惨たる力【対面取材 二〇一八年十月二十六日 金曜日】

退院してから一週間後。入院中に莉久さんから打診を受けていたとおり、怪談取材の続きは兄の譲さんから始まった。こちらの勝手な事情で予定が不透明になっていたにもかかわらず、彼は快く取材に応じてくれた。

今から五年ほど前の夏、譲さんは幼稚園児の息子を連れてハイキングに出掛けた。目星をつけて向かったのは、山梨県の山中にあるハイキングコース。

現地は周囲を鬱蒼《うっそう》たる樹々に囲まれた狭くて細い道筋ながら、勾配《こうばい》は比較的緩やかで、要所に木製の階段や足場も設けられているため、小さな子でも十分踏破できそうだった。自然観察も兼ね、親子でのんびりコースを歩き始める。

その道中、譲さんは煙草を吸いつつ歩き続けた。吸い終えた煙草は靴の裏で揉《も》み消し、吸い殻は道端に繁茂する灌木《かんぼく》や樹々の間に向かって投げ捨てた。

ハイキングが始まって、一時間ほどした頃のことである。

隣を歩いていた息子がふいに「あっ！」と声をあげて、樹々のほうを指差した。

見ると道端に広がる木立ちの中に、真っ白い毛並みをした狐の姿があった。

両目は燃えるように赤く、鋭く尖《とが》った視線をこちらにじっと向けて立ち尽くしている。

「珍しい狐さんだねえ！」と息子に声をかけると、息子は言葉を返す代わりに譲さんの手首を片手でぎゅっと握り締めた。怖がっているのかと思ったとたん、手首を握る力がみるみる強まり、続いて「ばきり」と乾いた音が耳を突いた。

手首に絡みついていた息子の小さな手が離れるなり、地面に向かってだらりと垂れた手首がぶらぶらと揺れ始め、続いて腕の先が弾《はじ》け飛ぶような激しい痛みが巻き起こる。骨折したのだと、すぐに分かった。

譲さんが悲鳴をあげると、息子も「手が痛いよ！」と言って泣きだした。涙に視界を滲《にじ》ませながら見てみると、こちらも譲さんの手首を握った手のひらと指先が赤くなって腫《は》れている。どくどくと脈を打つ手首の凄《すさ》まじい痛みに何度も意識を失いかけながらも、息子の手を引き、死に物狂いで森の小道を引き返した。

救急車を呼び、搬送先の病院で診てもらった結果、痛みの原因はやはり骨折だった。息子のほうも手のひらと親指、中指の骨にひびが入っていたことが分かる。

凄まじい握力で譲さんの手首をへし折ったことによって、小さな手にも相応の負担が掛かったのだろうと言われたが、その原因については分からないとのことだった。

当の息子も自分が何をしたのか、まったく覚えていないという。

信じ難い出来事に譲さんはすっかり恐ろしくなってしまい、その後は自戒の念をこめ、煙草をきっぱりやめてしまったそうである。

やはり奇《く》しくも、骨折にまつわる話だった。

巨《おお》いなるもの【電話取材　二〇一八年十一月四日　日曜日】

続いて、譲さんに紹介された友人の久保井《くぼい》さんからは、こんな話を聞かせてもらった。

小学三年生の頃の話だという。当時、久保井さんが暮らしていた山梨県の田舎町では、毎年夏休みになると、近所の寺の庫裏《くり》で毎日勉強会が開かれていた。

地元の子供たちが夏休みの宿題を持ち寄って、老いた住職に問題を教えてもらったり、子供同士で分からない問題を教え合ったりする。

勉強会は寺の都合によって午前に開かれることもあれば、午後に開かれる日もあった。どちらも三時間ほど勉強をして、終われば軽い昼食かおやつが振る舞われる。

勉強は決して好きではなかったのだけれど、食事とおやつが目当てで、久保井さんもまめに参加していた。

そろそろ月遅れ盆を迎えようとする、八月の上旬辺りだったという。

その日は朝から空がぐずつき気味で、昼頃から雨足が強くなってきた。

斯様《かよう》な天気ゆえ、午後から始まる勉強会に参じた子供も数えるほどしかいなかった。

戸外に鳴り響く雨音を聞きながら宿題に取り掛かると、珍しく集中することができて、時間はあっというまに過ぎていった。

勉強会の時間が終わり、おやつが来るのを待ち侘《わ》びていると寺の奥さんがやって来て、今日は少し遅くなりそうだと言う。準備していたカップケーキが思うように巧《うま》く焼けず、新しいのを焼き直しているとのことだった。

無論、ケーキを食べたいので、みんなで代わりが焼きあがるのを待つことにする。

初めのうちは庫裏の中でおしゃべりをしたり、漫画を読んだりして待っていたのだが、しばらくすると亮太《りょうた》君という同学年の男の子が、「寺を探検しようぜ」と言ってきた。

勉強会にはいつも庫裏の通用口から出入りしていたので、庫裏から渡り廊下を通じて繋《つな》がる本堂のほうには、ほとんど行ったことがなかった。

退屈だったし、興味も湧いたので、「いいよ」と誘いに乗ることにする。

ふたりで向かった本堂は、なおも降りしきる雨のせいで夕暮れ時のように薄暗かった。内陣に祀《まつ》られた仏像の姿も鈍色《にびいろ》に翳《かげ》って、不気味な雰囲気を醸している。

仏像の前には、色鮮やかな仏花とともに、たくさんのお菓子や果物が供えられていた。さすがに手をつける気はなかったが、興味を惹《ひ》かれて近づいていく。

供物を眺めていると、亮太君が内陣の裏側に進んでいった。久保井さんもあとに続く。内陣の裏には、下へ降りる階段が延びていた。踏面の先は、墨を噴いたように薄暗い。

階段を見おろしながら、「どうする？」と亮太君が言った。

少々怖気《おじけ》づきはしたものの、本堂にやって来た目的は探検である。「行こう」と答え、ふたりで階段をおりていく。

みしみしと鳴る踏板を下った先は、四畳ほどの狭い板間になっていた。四方の壁には多段式の大きな棚が設《しつら》えられ、中には古びた位牌《いはい》や小さな仏像がみっしりと並んでいる。電気をつけても内部はまだ薄暗かったが、棚の中を物色するには十分な明るさだった。

端から順に視線を巡らせ、目ぼしい物を探し始める。

するとまもなく、古びた仏像たちの陰に隠れるようにして、棚の背板に小さな帳面が立て掛けられているのを見つけた。

学習ノートと同じぐらいの大きさで、手にしてみると表紙はごつごつとして固かった。色は濃紺。厚みはなく、外側は金色の紐《ひも》で十字に結ばれている。

紐を解《ほど》いて開いてみると、中には一枚の写真が貼りつけられている。

全体がセピア色に染まった古い写真で構図は縦向き。背景には松や皐月《さつき》が写っている。どこかの庭で撮影されたとおぼしい。写真の中央部には、煌《きら》びやかな法衣に身を包んだ僧侶《そうりょ》とおぼしき老人が四人、横並びに立っている。ここまでは普通の写真である。

だが、その背後に写っているものを目にするや、背筋がぞっと凍りついてしまう。

老人たちのすぐうしろには、彼らの倍近くも背丈のある、大きな女が突っ立っていた。周囲に生える松の木よりもはるかに大きい。

老人たちが皆、仏頂面を浮かべているのに対し、女は薄く歯を覗《のぞ》かせて嗤《わら》っていた。写真の色みで分かりづらいが、髪の色はおそらく真っ黒。異様に長く伸ばした頭髪が、無数の蛇を思わせる細長い房になって絡まり合い、ぞろぞろと腹の辺りまで垂れている。

身の丈に合う衣服がないからであろうか、それとも何か別の意味でもあるものなのか、女は一糸纏《まと》わぬ姿で屹立《きつりつ》していた。天日に晒《さら》された肌身の質感が生々しい。張り子や人形には見えなかったし、遠近感の錯覚や合成されたものとも思えなかった。古びた印画紙の中で、得体の知れない大きな女は確かな像を結んで写っている。

「なんだこれ、お化けかな……」

亮太君と一緒に写真を見ながら震えあがっていた時だった。

突然、「おい！」と怒鳴りつけられ、悲鳴をあげて跳ねあがる。

振り向くと階段をおりてきた住職が、凄まじい形相でふたりを睨《にら》みつけていた。

「さっさと出ていけ。こそこそと盗人《ぬすっと》みたいな真似をしやがって」

普段の柔和で温厚な人柄からは想像もつかない、殺気じみた声音にたちまち気圧《けお》され、久保井さんたちは脱兎《だっと》のごとく、寺から逃げだした。

その後は寺へ足を運びづらくなってしまい、勉強会に参加することは二度となかった。件《くだん》の写真に関しても、周囲に気安く漏らすことが憚《はばか》られ、長らく亮太君とふたりだけの秘密にしていた。

当時から数十年の月日が経ち、さすがに時効だろうという思いで打ち明けた次第だが、写真に写っていた女の正体は、未《いま》だに何も分からないままであるという。

徒花《あだばな》【電話取材　二〇一八年十一月十四日　水曜日】

続いて久保井さんに紹介してもらったのは、会社の部下に当たる都崎《とざき》さんだった。

夕暮れ時、電話口で彼が語ったのは、父親の恒夫《つねお》さんの身に起きたという話である。

今から二十年ほど前のこと、恒夫さんは職場の慰安旅行で熱海《あたみ》の温泉旅館に出掛けた。

夜更け近くまで続いた宴会が終わり、自室の布団に潜ってまもなくした頃である。

腹の上にずんと重たい衝撃が走り、弾みでぱっと目が開いてしまう。

電気の消えた薄闇の中に見えたのは、自分の腹の上に跨《また》がってこちらをじっと見おろす、男の姿だった。頬筋の尖《とが》った痩《や》せぎすの小男で、土気色に染まった顔には下卑《げび》た笑みが浮かんでいる。一目するなり、この世の者ではないと察した。

すかさず身を起こそうと試みたのだが、身体は麻酔を打たれたようにがちりと強張《こわば》り、声すらあげることもできない。

常人ならば恐怖に駆られ、パニックを来たすべき状況である。

ところが恒夫さんの反応は違った。若い頃から豪胆な気質で柔道の有段者でもあった恒夫さんは、恐怖を覚える代わりに激しい怒りを覚えてしまう。

男の顔をきつく睨み据えながら、すぐさま意識を麻痺《まひ》した四肢へと集中させる。

するとまもなく、指の先のほうからじわじわと感覚が蘇《よみがえ》り、身体の自由が戻ってきた。頃合いを見定めるや「貴様！」と怒声を張りあげ、勢い任せに上体を持ちあげる。

そのまま両手で男の首を摑《つか》んで絞めあげてやると、男は顔じゅうに苦悶《くもん》の色を滲ませ、煙が薄まるかのごとく目の前から姿を消した。

勝利を感じた恒夫さんは「してやったり」と満ち足りて、再び眠りに就いたのだった。

斯様な「武勇伝」を帰宅した恒夫さんから、得意げな口ぶりで聞かされたのだけれど、それから恒夫さんは日を追うごとに身体が衰弱し、半年ほどで鬼籍に入る運びとなった。死因は一応、心不全とのことだったが、あまりにも不審な末路だった。恒夫さんは筋肉質のがっちりとした体軀《たいく》で、体重も百キロぐらいはあったのだけれど、容態が末期に至る頃には半分近くにまで目方が落ちこみ、最期はほとんど骨と皮だけの身となった。

都崎さんを含む家族や周囲の間では、「祟《たた》りではないか」という話も出ていたのだが、当の恒夫さん自身は「くだらない」と一蹴《いっしゅう》し、聞く耳を持つことはなかった。代わりに都崎さんたちが菩提寺《ぼだいじ》にお祓《はら》いを頼み、御守りなども作ってもらったものの、容態が上向く兆しは一切見られず、恒夫さんはほとんど木乃伊《ミイラ》のような姿に変わり果て、静かに息を引き取ったのだという。

今でも都崎さんは、恒夫さんの死の原因を、祟りによるものと考えているそうである。

都崎さんの電話取材が終わったのは、午後の七時近くのことだった。

お礼の言葉を最後に通話を終えてまもなく、電話中に着信が入っていたことに気づく。

相手は湖姫だった。はっとなってすぐに電話を折り返す。

「ご無沙汰《ぶさた》しています。お取込み中だったでしょうか？」

耳元のスピーカーから聞こえてきた、雲雀《ひばり》のような軽やかな声音に一瞬、陶然となる。

相変わらず、声まで綺麗《きれい》な人だと思った。

「すみません。電話取材をしていたんです。こちらこそ、ご無沙汰しています」

「ご精が出ますね。お元気そうで安心しました。実はようやく時間の都合がつきまして、以前お約束していた食事にお誘いしたいと思うのですが、いかがでしょうか？」

「来た」と顔を綻《ほころ》ばせ、即座に「喜んで」と返す。

「では、急で申しわけないのですが、明日の夜はいかがでしょう？」

こちらの都合については「いつでも大丈夫」と伝えてある。それは本当のことだった。

生花店のバイトも結局辞めてしまい、今は再び求職中。時間は有り余るほど空いていた。

「もちろん、お付き合いします」と答える。

「お店はこちらで決めてもよろしいですか？」との問いにも「お任せします」と答えた。

すると湖姫は、「でしたらフレンチにしましょうか？」と言う。

銀座《ぎんざ》にいい店があるとのことだった。予約を入れれば、個室で食事も愉《たの》しめるらしい。

「秘密めいたお話をするには、最適なセッティングだと思いませんか？」と湖姫は笑った。

悪戯《いたずら》っぽい含みを帯びた彼女の言葉に胸が高鳴る。店についても異論はなかった。

承知すると湖姫は一旦《いったん》電話を切り、十分ほどで掛け直してきた。

無事に予約が取れたという。日時は明日の午後七時。六時半前ぐらいの時間を目途に、裕木が暮らすマンションの入口付近に車で迎えにあがるという。

「楽しい晩餐《ばんさん》会にしましょう。裕木さんもたくさんお話を聞かせてくださいね」

「ええ、わたしも楽しみにしています。ありがとうございます」

「それでは明日、お会いしましょう。ごきげんよう」

通話が終わると明日までのおよそ二十四時間が、さっそく待ち遠しくて堪《たま》らなくなる。

いよいよだなと思った。果たして湖姫の口から、どのような真相が飛びだすだろうか。

高まる期待に高揚しながら、裕木は明日の晩餐会に備えて準備を始めた。

片割れ月の晩餐会

翌日、午後の五時には身支度を整え、リビングで湖姫が迎えに来るのを待った。

昨晩からあれこれ悩んだ末に選んだ服は、薄めのグリーンに染まったカクテルドレス。胸元に小さな花の刺繡《ししゅう》があしらわれた、ミディ丈の落ち着いた雰囲気のドレスである。首にはチェーンが細くて短い、ファインシルバーのネックレスをつけた。

全体的に地味過ぎず、派手過ぎず、ほどよく品の漂う装いではないかと思う。

髪はどうしようかと迷ったが、髪束を後頭部でお団子に結った、ハーフアップにした。

去年から伸ばし気味になっていた髪の毛は、今や肩にすっかり掛かるまで伸びている。退院後に美容室へ行った時も毛先を整えてもらっただけで、長さはそのままを維持した。

今のヘアスタイルは外ハネボブ。髪は明るめのアッシュブラウンに染めている。

鏡で見ると、黒髪でピクシーカットだった頃の自分とは、別人のように思えてしまう。ハーフアップにすると、そうした印象はますます顕著なものになった。あなた、誰？

食事のために髪を整え、ドレスアップをするなんて、何年ぶりのことだろう。

最後は確かそう、夏菜が大学を卒業した折、家族で卒業祝いにイタリアンのコースを食べにいった時である。もう三年ほど前のことになる。

手荷物は余所《よそ》行き用のハンドバッグの他にもうひとつ、大きめのフォーマルバッグも用意した。中には清書した取材レポートとメモ書き用のノートが全冊入っている。荷物が増えると歩き姿が不恰好《ぶかっこう》になりがちだし、本当は小さなハンドバッグひとつが望ましいところだったのだけれど、あいにくこちらにノートは入りきらなかった。

今か今かと逸《はや》る気持ちを我慢しながら待ち続け、やがて時刻が六時十五分を過ぎた頃、湖姫からLINEで「マンションの前に着きました」と連絡が入った。

急いでエレベーターを降りて外へ出ると、マンション前の路肩にアイビスホワイトの清廉な白に染まった、一台のアウディが停まっているのが目に入る。

「これかな?」と思い、近づき始めたところへ運転席のドアが静かに開いた。

だが、車の中から出てきたのは湖姫ではなく、紺色のパンツスーツを着た女性だった。

歳は裕木よりも少し上に見える。ヘアスタイルは少し長めのショートボブ。控え目で大人しそうな顔立ちをしていたが、目の色は深く、知的な印象も感じさせる人物である。

「こんばんは、お初にお目に掛かります。霜石湖姫の身の回りの世話を務めております、玖条白星《くじょうしらほし》と申します。主人は後ろの席におります。どうぞ中へ」

白星が後部座席のドアを開けると、シートの上に湖姫の姿があった。

湖姫は上質なシルクの生地で仕立てられた、黒いイブニングドレスを身に纏《まと》っていた。長い髪はゆったりとしたシニヨンにまとめられ、露《あらわ》になったうなじの生白さが瑞々《みずみず》しい。少女のように頑是ない面貌《めんぼう》も今夜は一転、高貴で洗練された大人の魅力に彩られている。

「こんばんは。お待たせしました。では、さっそく出発しましょうか」

大きな瞳《ひとみ》を緩やかに細め、湖姫が裕木に笑いかけた。

「失礼します」と頭をさげ、彼女の隣に腰掛ける。四肢の均整の取れた細い身体からは、甘みを帯びた爽《さわ》やかな香りが仄《ほの》かに漂ってきた。マグノリアのフレグランスだと思う。

「白星、お願い」

湖姫が短く告げると、白星も短く「はい」と応《こた》え、車は路面をゆっくりと走りだした。

「素敵なドレス。グリーンがお似合いになるんですね」

「そんな、霜石さんのほうこそ綺麗です。わたしなんか全然……」

湖姫の褒め言葉にはにかんだ笑みを返し、小さく肩を窄《つぼ》めて見せる。

車窓から何気なく空を仰ぐと、ビルの谷間に青白い月が浮かんでいるのが目に入った。月はちょうど、円い球面のまんなかで垂直な線を描き、半分に欠けている。

「今夜は上弦の半月ですね」

裕木の半身へ身を摺《す》り寄せ、窓から一緒に空を眺めて湖姫が言った。鼻腔《びこう》に舞いこむマグノリアの香気が一段と濃くなって、気持ちが少しうっとりとなる。

「文学的な表現では弦月というそうですが、別には片割れ月という表現もあるそうです。わたしはこっちの呼び方が好き。綺麗な響きだけれど、何だか憂いも帯びて切なくて」

初めて聞いたが、裕木も同感だと思った。湖姫の独特な美意識にも感嘆する。

「いいですね」と答えた裕木に、湖姫は「でしょう?」と頰を緩めて見せた。

時間がまもなく七時に差し掛かる頃、車が停まったのは有楽町《ゆうらくちょう》駅からわずかに離れた、大きな商業ビルの前だった。店はビルの上階にあるという。

エレベーターを使って向かったフランス料理店は、フロアの一角に看板を掲げていた。裕木が思っていたよりもだいぶこぢんまりとした造りで、店内はオレンジ色の頼りない薄明かりに杳々《ようよう》と照らされ、全体的に地下室を思わせる暗い雰囲気を醸している。

「中世の光、蠟燭《ろうそく》の薄明かりを模しているそうです。キューブリックの映画みたいに」

湖姫に説明されて腑《ふ》に落ちる。言われてみれば、確かにそんな感じの明るさである。

店のスタッフに案内されたのは、八帖《じょう》ほどの四角い個室だった。部屋のまんなかには純白のクロスが掛けられたふたり用のテーブルセットが設《しつら》えられてある。

「コースにしたんですけれど、お酒は何がいいですか？」

テーブルに着き、さっそく湖姫に尋ねられるも、裕木はほとんど酒が吞《の》めなかった。グラスワインを軽く一杯吞んだだけで、時に酩酊《めいてい》してしまうこともある。

事情を説明すると、湖姫は個室にやって来たソムリエにペリエをオーダーしてくれた。湖姫のほうは食前酒としてキール・ロワイヤル、その後はペアリングを所望する。

まもなく運ばれてきたグラスを手に取り、テーブル越しに見つめ合いながら乾杯した。

「思いがけない素敵な出逢《であ》いと、裕木さんのご快復を祝って」

「ありがとうございます。こちらこそ、素敵な出逢いに感謝しています」

中世の薄明かりを再現した仄暗《ほのぐら》い個室の中、互いにグラスを向けて掲げ合う。

オードブルはムール貝のマリニエールだった。白ワインで蒸した殻付きのムール貝に、細かく刻んだハーブとエシャロットが添えられている。

殻に付いた身を綺麗《きれい》にそつなく剝《は》がすのは、簡単そうに思えて存外難しいものである。だが、裕木が慎重な手つきで殻から身を剝がしていくのに対し、湖姫は優雅な手捌《てさば》きでナイフとフォークを器用に使い、あっというまに剝がしてしまった。

「セ・デリスィユ」

山吹色をした細い貝肉をゆっくり咀嚼《そしやく》して嚥下《えんげ》すると、湖姫は小粒な白い歯を覗《のぞ》かせ、おどけた笑みを浮かべて見せた。フランス語で「美味《おい》しい」と言ったのだ。

個室の天井付近に設置されたスピーカーからは、バッハの『ゴルトベルク変奏曲』が静やかに流れていた。奏者はグレン・グールドだと思う。高校時代にCDを持っていた。ピアノが奏でる斬新《ざんしん》だけれど、幽《かす》かに退廃的な含みも帯びた旋律に聞き覚えがある。

「あの、行儀が悪いかもしれませんけど、今までの怪談取材の記録をまとめたノートを持ってきたんです。よかったら、食事をしながらご覧になっていただけますか？」

遠慮がちに裕木が尋ねると、湖姫はすぐに「ええ、ぜひ読ませてください」と答えた。

フォーマルバッグからノートを全冊引っ張りだして、湖姫の前に差しだす。

「楽しみです。さて、わたしのことはどんなふうに書かれているのかしら？」

ノートを受け取った湖姫は、キール・ロワイヤルが注がれたグラスに口をつけながらさっそく一冊目の表紙を開き、紙面に視線を落とし始めた。

左右に流れる目の動きが速い。ページを捲《めく》るペースも速かった。いつぞや、琉美慧がメモ書き用のノートを読んでいた時の様を漠然と思いだす。

「杏里さんか。こうして読むと懐かしい。わたしに謝りたいと言っていたんですか？」

高校時代、寮生活をしていた頃の話を読んだのだろう。湖姫がか細い声でつぶやいた。

「ええ、すごく後悔しているみたいでした。味方になってあげられなかったって」

「別にいいのに。ある意味、わたしは救いようのない人間だから。仮にあの頃、彼女がどんなふうに思っていたのだとしても、きっと受け止めきれなかったと思います」

「どうして？」と裕木が問うより先に、湖姫のほうが自分で言葉を継いだ。

「あ、これですね。電車の話。確かにわたしです。気になる点もあるかと思いますけど、こちらはちょっと保留にさせていただいて、先に確認のほうから進めさせてください」

そう言って再びノートを読み進め、まもなく「これも」と言ったのは、優枝さんから聞かせてもらった自然学校にまつわる話だった。話中に登場する謎めいた姉妹のごとき少女のうち、つぶらな目をした娘が当時の湖姫だという。加えて、もうひとりの女の子「ヒカリ」についても、霜石緋花里で間違いないとのことである。

ここまでは概《おおむ》ね、裕木が推測していたとおりだった。答え合わせのようなものである。

だが、そこからさらに続いた湖姫の告白は、まったく予期せぬものだった。

「これもわたしですね」

湖姫が指で示したノートの紙面には、廃病院の女にまつわる記録があった。

それは去年の四月、浅井さんという心霊マニアの男性から取材をさせてもらった話で、彼がその昔、八王子の町外れにある廃病院にて、黒いワンピースを着た気味の悪い女に出くわしたという体験談だった。

驚き始めているところへ、湖姫がさらに「これもわたし」と別のページを指し示す。

こちらは去年の五月、穂美さんから聞かせてもらった、居酒屋での異様な一件だった。店内でたまたま隣り合わせた綺麗な女性客に穂美さんの友人が絡み、その後にトイレで再び顔を合わせた彼女から、大きな花瓶に入った水を飲まされたという話である。

言われてみれば、穂美さんの話に登場する女性客の雰囲気は、湖姫の特徴と一致する。さらに驚きながらも、裕木はふいに「ならば」とも思った。

これまで取材をしてきた話の中にもうひとり、湖姫と特徴が一致する女性がいるのだ。穂美さんの取材を終えてから間を置かず、思わぬ線から出てきたあの話である。

「そして、これもわたしです」

案の定、湖姫が続いて明かしたのは去年の六月、鏡香の口から聞かされた静原素子と、魔除《まよ》けの結界符で四方を固められた「要塞《ようさい》の家」にまつわる話だった。

二〇一一年三月十一日、東日本大震災が発生した直後、素子の家に突然現れた謎の女。鏡香を含む、その場に居合わせた関係者をひとり残らず前後不覚にして、素子の祭壇に祀《まつ》られていた人魚のような干物を奪い去っていった、若くて髪の長い綺麗な女。

まさかこの女の正体までもが湖姫だったとは、今まで夢にも思っていなかった。

「今の六つの話に出てくる女性……本当に全部、霜石さんなんですか？」

動揺を隠せず尋ねた裕木に、湖姫は「ええ、いずれも間違いありません」と答えた。

そこへスープが運ばれてきた。ポルチーニとゴルゴンゾーラのクリーミーポタージュ。給仕のスタッフが、こなれた手つきでテーブルに器を置いていく。

「いただきながら話しましょう。語るべきことは語りますので」

スープをスプーンで掬《すく》いながら湖姫が笑む。こちらを見つめる大きくつぶらな双眸《そうぼう》は、瞳の奥に宇宙のような深みを湛《たた》え、視線を重ねていると吸いこまれそうな心地になる。

否。むしろ、自分のほうが彼女の瞳に飛びこんでいきたい気持ちになってしまうのだ。湖姫の瞳に見入り始めてまもなく、乱れた気分は急速に落ち着きを取り戻していった。

「ええ」と応え、裕木もスプーンを手に取り、笑みを浮かべてスープを啜《すす》り始める。

「静原素子の件は、この間少し話した、わたしの特殊な仕事に関する事案だったんです。尊い家業と思って励んでいますけど、綺麗な仕事ばかりをしてきたわけではありません。目的を達するためには手段を選ばず、過去には何度か手荒い真似をしたこともあります。あれもそうした事案のひとつでした」

しめやかな声風で湖姫は語り、最後に「わたしのこと、怖いですか？」と言った。

裕木は「いいえ」と答えた。二年前に電車の中で初めて見かけた時は、確かに怖いと思ったけれど、今はそんな気持ちになれない。逆に湖姫の謎めいた魅力に惹《ひ》かれていた。今夜は彼女の内面について、もっと深く知りたいと思っている。

「他に気になることはありますか？　あればぜひ、ご遠慮なくどうぞ」

だが、いざ水を向けられると訊《き》きたいことが多すぎて、尋ねる言葉に困ってしまった。

霊能関係の一種だという、霜石家の家業に関してくわしく聞きたい気持ちもあったし、素子の家に祀られていた、干からびた人魚のような物体についても正体が知りたい。

今から十五年近く前、夜の闇に包まれた八王子の廃病院で湖姫が何をしていたのかも多分に気になったし、穂美さんの友人や鏡香たちの心を一瞬で意のままにしてしまった仕掛けについても真相が知りたいところだった。湧きだす疑問の種は尽きない。

そこで気持ちを初心へ立ち戻すことにした。今日という日に至るまで、湖姫の口からいちばん聞きたかった答えを、まずは尋ねてみるべきだと思う。

「伊世子さんと緋花里さんについて、お話を聞かせていただけますか？」

「ええ、勿論《もちろん》。ですが少々、複雑な話題になってしまいますので、適切な流れに沿って話をさせていただきますね。とりあえず、先にスープをいただいてしまいましょう」

答えると湖姫は、スープの残りを飲み始めた。裕木もうなずき、スープを飲みきる。

続いて供されたポワソンは、テナガエビのエチュベだった。頭とハサミを取り外され、背中のまんなかで殻ごとふたつに割られた蒸し煮のエビが、ハーブと野菜を添えられて白い皿の上にのっている。頭と長いハサミも盛りつけのアクセントに使われていた。

味はともかくとして、テナガエビというのも綺麗に食べるのが難しいので苦手だった。ナイフとフォークで殻から身を剥いでいるうちに、かならず皿を汚してしまう。

「さて。美味しそうな海老《えび》さんを愉《たの》しみながら、そろそろ話を再開しましょうか」

スタッフが退室したのを見計らうようにして、湖姫が静かに口を開いた。エチュベと一緒に注がれたシャルドネのグラスを軽く呷《あお》り、幽かに潤んだ瞳《ひとみ》を裕木に向ける。

「杏里さんに聞かせてもらった話の中にもあるとおり、わたしの旧姓は月峯といいます。今は家筋が絶えて久しいですが、月峯の家というのはかつて、山梨の山中にありました。母の名前は澄玲《すみれ》といいます。母は二人姉妹の姉でした。五つ歳の離れた妹は二十歳の頃、東京都下のとある家に嫁いで、その後にひとりの娘を授かっています」

そこで湖姫は言葉を切り、ほんのつかのま、裕木の顔を潤んだ瞳でふわりと見つめた。まるで「本当に言ってもいいの？」と語りかけるかのように。

思わずこくりとうなずくと、湖姫はやおら言葉を継いだ。

「母の妹が嫁いだ家の名は小泉。生まれた娘は真希乃と名づけられ、両親が交通事故で亡くなる三歳までふたりに手厚く育てられたそうです。あとはもうお判りですよね？」

エビの身を切っていたナイフが斜めに大きくずれ、殻から飛び出た肉片で皿が汚れた。心臓が「ばくり」と跳ねるように高鳴り、みるみる動悸《どうき》が速まっていく。

「悪いとは思ったんですが、思い做《な》し気になるものがあったので、あれから裕木さんの素性を調べてみたんです。予感は的中。続柄を手繰り寄せると互いの血が繋《つな》がり合って、貴方《あなた》はわたしの従妹《いとこ》ということになります。改めて、よろしくお願いいたします」

涙が急にどっと溢《あふ》れた。化粧が崩れると思ったが、涙は堰《せき》を切ったように止まらない。

「それは本当に、間違いのないことなんですか？」

「ええ、資料もあります。勝手なことをして本当にごめんなさい。嫌でしたよね？」

「いえ、違います。そういうんじゃないんです」

裕木がこぼす涙を見つめ、顔色を曇らせる湖姫に向かって即座に言葉を返す。

本当に違った。嫌なのではない。そんな思いは微塵《みじん》もなかった。だが、今の気持ちを言葉にうまく言い表せない。他になんと伝えたら、彼女にこの意は伝わるだろう。

「では、安心した？」

「そうです。多分、いちばんはそれ……」

湖姫のこぼした短いひと言が、何より正鵠《せいこく》を射ていた。

今の自分がいちばん強く感じているのは、孤独からの解放。言いようのない安らぎに胸中が満たされ、熱い涙を流して歓喜に打ち震えているのだった。

「よかった。じゃあ、そろそろ本題に入りましょう。まずは緋花里についての説明から。霜石緋花里は、わたしの双子の姉なんです。といっても、腹違いの義姉なんですけどね。でも、双子というのは本当です。わたしたちは、同じ年の同じ日に生まれているので」

淀みのない口調で湖姫は語り始めたが、気分が高揚しすぎて、言葉がうまく頭の中でまとまらない。差し当たり、湖姫と緋花里が姉妹なのだと理解するのがようやくだった。

「ね？　これだけでも事情が随分複雑でしょう？　何しろ変な家ですから」

困ったような笑みを浮かべつつ、湖姫がさらに言葉を紡ぐ。

「続けましょう。次は霜石伊世子について。伊世子は、緋花里の伯母《おば》に当たる人物です。緋花里の母親は伊吹。伊世子さんの妹ですね。ふたりともすでに鬼籍に入っていますが、わたしは生前の伊吹さんとは、それなりに面識があります」

伊吹は緋花里の母であったと同時に、霜石家の先代当主でもあった人物なのだという。霜石家は代々、女が当主を務めることを定めとした、特殊な家系であると湖姫は語った。

「そして最後はわたし。わたしの父は名を久央《ひさお》といって、伊吹さんの夫だった人物です。母の澄玲は、久央の妾《めかけ》。要するにわたしは『妾の子』として、この世に生を受けた存在。小学四年生の頃、ひょんなことから母とふたりで霜石の家に引き取られ、月峯姓のまま、屋敷の別棟で暮らし続けてきました。霜石の姓に改めたのは、成人してからのことです。ひと口では語りきれないくらい、これまでいろいろなことがありました」

伊世子と伊吹の姉妹と同じく、久央と澄玲もすでに故人だという。都内西部の山中に広大な敷地を有する屋敷に今も暮らしているのは、湖姫と白星だけとのことだった。

「ああ、そうだ。叔父の弥太郎さんが小学生の頃、お祖父《じい》さまの車に隠れて迷いこんだ屋敷というのは、霜石の家で間違いないでしょう。敷地の中に立っている家屋の様子や位置関係が一致します。弥太郎さんが視たというお化けも多分、伊世子さんでしょうね。あの頃はもう、亡くなっていたはずですから。……大体こんなところかしら？」

一頻《ひとしき》り語り終え、思案げな眼差《まなざ》しで湖姫が問う。メモは一応取ってはいたのだけれど話の構成要素が複雑で、果たして自分がどこまで理解できているのか自信がなかった。

「まだまだ打ち明けられる話はありますけど、やっぱり一気に全部語るのは駄目みたい。もしもよければ時間はまた作りますから、その時に改めてお話ししましょうか？」

「了解です」とうなずき、ノートを閉じる。涙は止まっていたけれど、気持ちのほうは未《いま》だ半分うわの空で、思うように湖姫の説明に集中することができない。

そもそも今夜、裕木が最も驚かされたのは、霜石家に関わる人物たちの素性ではなく、自分と湖姫が血縁関係にあったという、あまりにも意想外な事実のほうだった。

「さながら、怪談が結び合わせた縁といったところでしょうか。あるいは怪談が生んだ奇談と言い換えてもいいかもしれません。どちらも不思議な話に違いはありませんけど、わたしは勝手に『出逢《であ》うべくして出逢ったんだ』と思っているんです。嫌ですか？」

「いいえ。すごく嬉《うれ》しいです。わたしも霜石さんと知り合うことができてよかった」

素直な思いを告げると湖姫は一瞬、軽く目を伏せた。それから再び視線を裕木の顔にひたりと据えるや、潤んだ瞳を熱っぽく輝かせ、甘やかな声で囁《ささや》くように言葉を紡ぐ。

「ねえ、これからは真希乃って呼んでもいいかしら？　もしもいいって答えてくれたら、わたしのことも湖姫と呼んでください。それでどう？」

「うん、いいですよ。ＯＫ。問題なしです。でも、わたしのほうが呼び捨てにするのはちょっと緊張しちゃうので、わたしは湖姫さんって呼んでもいいですか？」

「うん、分かりました。ＯＫ。問題なしです。ありがとう、真希乃」

飾り気のない純真な笑みを浮かべる湖姫の顔を見て、真希乃も一緒に微笑んだ。

その後はしばらく、ふたりで料理とおしゃべりに熱中して、娯《たの》しいひと時を過ごした。好きな食べ物の話、音楽の話、ヘアメイクの話、最近ハマっているスマホのゲームや便利なアプリの話。心が思いつくまま、互いに口から出てくる言葉を諾々《だくだく》と重ね合う。

テナガエビのエチュベは、やはり綺麗《きれい》に食べることができなかった。

食べれば食べるほど、殻からフォークで摑《つか》み損ねた細かな肉片と、身から滴り落ちるソースが白い皿の余白を汚し、元は小洒落《こじゃれ》て上品だった盛り付けが、まるで惨殺されたエビの死体発見現場のようになっていく。

それに比べて湖姫がエビを食する様は、見事というよりなかった。

真希乃のようにナイフでうっかり殻の縁を砕いたり、フォークで刺した淡白い身からソースをこぼしたりすることもなく、外科医の執刀を彷彿《ほうふつ》させる、正確かつ無駄のない手《て》捌《さば》きで殻から綺麗に身を剝《は》がし取っていく。すっかり食べ終えて身のなくなった殻は元の形をそのまま残し、皿の余白にはついに一片の汚れも付くことがなかった。

「すごい」と真希乃が感嘆の声を漏らすと、湖姫はくしゃりと鼻を縮めて笑った。

「でも、本当はポッキーがいちばん好き。それも普通のポッキー。緋花里も大好きでね、ふたりで食べるお菓子はいつでも大体、ポッキーだった。ポッキーがいちばん好き」

機会があればいずれ、緋花里とも顔を合わせる日が来るかもしれないと湖姫は言った。ちょっとした事情があって、湖姫も長いこと彼女には会っていないのだという。

「会いたい？」という問いかけに、真希乃は「ええ、もちろん」と答えた。

話題が映画の件に及んだ時、躊躇《ためら》いながらも『17歳のカルテ』が好きだと言ったら、湖姫は馬鹿にすることも訝《いぶか》しむこともなく、映画に強い関心を示してくれた。

「『自殺しようとしたんじゃない。消そうとしたの』か。分かるよ、スザンナの気持ち。自殺未遂はないけど、わたしも若い頃、そんなふうに思ったことが何度もあるから」

劇中、スザンナが発した台詞《せりふ》を感慨深げに独白したあと、湖姫は赤裸々な所感を述べ、それから今度、わざわざDVDを買って映画を観てみると言いだした。

「いいです。わたし持っているから、貸しますよ！」

興奮気味にテーブルから首を伸ばした真希乃に、湖姫は「じゃあ、お願い」と微笑み、新たに運ばれてきた南水梨《なんすい》のソルベを口に含んだ。

探しに行こう。心にできた隙間を——埋めてくれる何かを。

映画のキャッチフレーズが脳裏に浮かび、真希乃はますます満ち足りた気分になった。

怪談取材という長い旅路を経た末に、とうとう自分は巡り逢えたのだ。幼いみぎりから心にずっと冷たい風を吹かせてきた、苦しく耐えがたい亀裂《きれつ》を塞《ふさ》いでくれる存在と。

湖姫は、真希乃が生まれて初めて接する血縁者であると同時に、今後の自分にとって唯一にして最たる理解者となり得る人である。そんな確信を抱かずにはいられなかった。

仮に仕えるならば、こんな人にこそ仕えてみたい。

満ち足りて前のめりになっていく心は、実体の見えない漠然とした靄《もや》を描きながらも、そうした願いすらも抱き始めるようになっていく。

アントレはシャトーブリアンのビフテック、デセールは富有柿《ふゆう》のミルフィーユだった。綺麗に食器が片づけられたテーブルで、食後のコーヒーとマドレーヌを愉しんでいた時、湖姫がふいに両目をふっと円く膨らませたかと思うと、小さな口をおもむろに開いた。

「ねえ、また急な話で申し訳ないんだけれど、明後日の夜って、予定は空いている？」

「ええ、空いてます。何かあるんですか？」

「良かったら、わたしの仕事に付き合ってみない？」

千葉県の奥深い山中に位置する、廃工場に行くのだという。「付き合う」というのは、言葉どおり同伴してもらうだけで、具体的に何かを手伝わせる気はないと湖姫は言った。ただ、自分の仕事というのがどんなものなのか、見てもらいたいだけだという。

「口で説明するよりも、その目で判断してもらったほうが分かり易いと思う。どう？」

断るわけがない。誘ってくれて嬉しかった。すぐに「お付き合いします」とうなずく。

「うん、じゃあ決まり。ちょっと怖い思いもするかもしれないけれど、真希乃のことはわたしが責任を持って守るから安心して」

「ありがとうございます。今からすごく楽しみです」

当日は、再び自宅マンションの前まで車で迎えに来てくれるという。出発は午後十時。目指す廃工場は房総半島にあるそうで、到着は深夜零時頃になりそうとのことだった。

「心霊スポットなんですか？」と尋ねた真希乃に、湖姫は「大体そんな感じ」と答えた。くわしいことはその日に説明するという。

白星が運転する帰りの車中でも、湖姫とずっとおしゃべりに興じた。

今夜も嵐のようなひと時だったし、話し疲れて声も少し掠《かす》れかかっていたのだけれど、湖姫と別れるのが名残り惜しく、黙っていることができなかった。

やがてマンションの前に車が停まり、湖姫に感謝の言葉を伝える。

「今夜は本当に楽しかったです。明後日、また会えるのを楽しみにしています」

「ええ、わたしもすごく楽しかった。最高の晩餐《ばんさん》会だったと思う」

大きく首をうなずかせると、湖姫は真希乃の身体を両手で引き寄せ、優しくハグした。

マグノリアの甘い香りが鼻腔《びこう》を伝い、脳まで沁《し》みてくるような感覚に恍惚となる。

「じゃあまたね。おやすみ、真希乃」

「うん。おやすみなさい、湖姫さん」

真希乃を降ろした車が走りだしたあとも、ボディが道の先に消えて見えなくなるまで歩道に立って、しばしの別れを惜しんだ。

見あげた夜空には、青白く光る片割れ月が未だに浮かんで、真希乃を見おろしていた。

本当に素敵な晩餐会だったと改めて感じ入り、余韻を楽しみながら自宅へ戻る。

次は明後日か。たかだか二日だというのに、早くも待ち切れない気持ちになっていた。

高鳴る期待に胸を膨らませ、真希乃はその日が来るのを待ち侘《わ》びた。

奈落《ならく》の女

当日は出発予定の二時間前、午後の八時には身支度を済ませ、居間で待機を始めた。

服装はスウェットにジーンズ、アウターはレザーのジャケットを着ていくことにした。どちらかといえば地味めな装いだったけれど、行き先を考えればこれぐらい動きやすく、なおかつ丈夫な服装のほうがよいだろうと判断したうえでの選択である。

ベランダから夜空を仰ぐと、この日は半月よりも球面がやや左に膨らんだ白銀の月が、黒々と染まる中天にくっきりとした輪郭を描いて浮かんでいた。

ネットで調べてみたら、十日余りの月というらしい。一昨日、湖姫に教えてもらった片割れ月のほうが綺麗な響きだと思う。

九時四十分過ぎに湖姫からLINEで「着きました」と連絡が入った。ジャケットに袖《そで》を通し、急ぎ足で部屋を出ていく。マンション前の歩道に出ると、目の前の路肩には白いアウディの代わりに、黒塗りのフェアレディZが停まっていた。

「こんばんは。今夜もいい夜ね。さあ、乗って」

真希乃が戸惑うまもなく助手席側の窓が開いて、運転席に座った湖姫が顔を覗《のぞ》かせた。

「はい」と応《こた》え、車に乗りこむ。

「今夜は玖条さんの運転じゃないんですね」

「ええ、白星は家でお留守番。仕事の時はなるべく自分で運転するようにしているの」

この日の湖姫は、首元に細身のリボンタイを結わえた白いブラウスに、ショート丈のブレザージャケット、腰から下はミモレ丈のフレアースカートという装いだった。

色はブラウス以外、全部黒い。

スカートの裾《すそ》から覗く脛《すね》の先に履いているのも、エナメルの光沢が輝く黒いパンプス。艶《つや》みを帯びた黒髪も今夜はすとんとおろされ、肩から背中にケープのごとく流れている。とてもこれから、深夜の廃工場に潜入するような支度には思えなかった。

「着いたら着替えるんですか？」と尋ねたのだけれど、湖姫は「このままよ」と笑って、車を発進させた。

出発してほどなく、車は山手《やまて》通りから首都高速中央環状線へ乗り入り、道路照明灯の仄白《ほのじろ》く冷たい光に照らされた路面を走り始める。

一般道に比べると交通量は比較的まばらだった。前方を走る車との距離が近づくたび、湖姫は流れるようなハンドル捌《さば》きで車線を変え、すいすいと追い抜きながら走ってゆく。その時にエンジンルームで一瞬高鳴る、回転音の滑らかな唸《うな》りが耳に心地よかった。

乗り心地も素晴らしい。湖姫の高い運転技術も加算されているのかもしれないけれど、スポーツカーにありがちな下から突きあげるような感覚や、がたつきがほぼ感じられず、シートも背中を包みこむようにふかふかとしていて気持ちよかった。

「かっこいい車ですよね。こういうタイプの車が好きなんですか？」

「ええ。デザインや性能も好きだけれど、名前も麗しいって思わない？　究極の貴婦人。もう割と長い付き合いになるのかな。……まあ、元は呪いの中古車だったんだけれど」

「え……？　本当ですか？」

「嘘。こういう話、好きだと思って言っただけ」

小さくちゅっと舌をだして、湖姫が笑った。真希乃も「もう！」と返して苦笑する。

「でも、ここから先は本当の話よ。これから向かう房総半島の廃工場に関しては話が別。何かが居るか居ないかでいえば、確実に居る場所だし、しかも決して良いものではない。ただ、そういう場所ではあっても厳密には『心霊スポット』ではないのよね」

「ん……どういうことでしょう」

「広義における心霊スポットというのは、部外者が足を踏み入れたという実績があって、世間からそれなりに所在を認知されている場所を指すものでしょう？　でも、これから向かう廃工場に、そういう実績は多分ないはず。工場の存在と詳しい事情を知っていて、尚且《なおか》つ出入りまでしているのは、ごく少数の関係筋だけだと思う。そういう意味合いで『違う』と言っているの。敢《あ》えて言い表すならば、『世に知られざる悪い場所』といったところかしら？　ちょっと回りくどい表現だけれどね」

外枠の事情については大体呑《の》みこめた。理解した旨を伝えると湖姫は小さくうなずき、さらに話を続けていった。

「震災の年に静原素子の件で、わたしが彼女の家から回収した物を覚えている？」

「はい。なんだか、人魚みたいな姿をした干物だったって聞いてます」

「ああいう干物が工場の中に隠されているのよ。わたしは今夜、それを回収しに行くの。ちなみに静原の家にあったあれは、浮沈《ふちん》の人魚と呼ばれていた物。で、これから工場で回収するのは、苦楽の双頭の双生児といって、その異名が示すとおり、ひとつの身体にふたつの頭を生やした赤ん坊の干物。どちらも強い力と念を有する人工的な神の一種で、所有者が変則的な呪具《じゅぐ》として用いるために造られた物。これらを拵《こしら》えたのは他でもない、我が霜石家の先代たちなの」

　耳を疑う告白にぎょっとしたが、湖姫のほうは顔色ひとつ変えずに言葉を継いでいく。

「正式には鵺神《ぬえがみ》と呼ばれる物で、一定の資格を持ち得る一族の関係者や、特殊な事情を抱えた依頼主から乞《こ》われて造り、単に授与するのではなく、様々な制約を下したうえで我が家が貸しだしていた物。ちなみに鵺っていう化け物のことは知っている？」

「はい。くわしくはありませんけど、顔が猿で、身体が狸で、尻尾《しっぽ》が蛇みたいな感じで、いろいろな動物の特徴がひとつの姿に混ざり合っているみたいな妖怪《ようかい》ですよね？」

「そう。鵺神の鵺は、その『混ざり合う』というのが名の由来。既存の動植物を材料にそれぞれ特徴的な部位を切り離し、それらをひとつに繋《つな》ぎ合わせて加工した異形の姿を素体として偽りの神を造りあげる、霜石家に古くから伝わる秘伝中の秘伝よ」

　ハンドル越しの薄闇に視線を向けながら、面白くもなさそうな口ぶりで湖姫は言った。

「互いに性質の異なるもの同士を合一《ごういつ》して造られた鵺神は、陰と陽の相反する両の気を御身に宿らせる。そして、所有者には富や幸運を齎《もたら》す陽気の恩恵を。所有者に仇《あだ》をなし、安寧を脅かす対象には、陰気の念をもってこれを粛清する、正邪両有の守り神になるの。夢のような神様だけれど取り扱いが難しく、心得を間違えると荒ぶる神に転じてしまう。わたしの考えとしては、在野の一個人が私利私欲のために所持すべき代物ではないのよ。不幸中の幸いで鵺神製造の秘伝そのものは、長い時代の流れの中で霜石の家から失われ、今の世に現存するのは、古くに製造された鵺神たちの目録と、その由来を記した備忘録。そして、性根の歪《ゆが》んだ腹黒い連中に貸しだしたまま返ってこない、哀れな鵺神たちだけ。それら全ての鵺神を回収するのが、今のわたしの大きな仕事」

そこで湖姫は言葉を切ると、真希乃のほうに顔を向け、大きく眉《まゆ》を吊《つ》りあげて見せた。

「今まで自分のほうから返してくれる人はいなかったんですか？」

「いるにはいたけれど、素直に返してくれる人はいなかった。ちなみにこれから向かう工場の所有者もそう。一昨日からずっと廃工場って言い続けてきたけれど、実際は違う。鵺神を秘匿するため、廃工場に偽装して造られた建物。工場として稼働した実績はゼロ、出入りをしていたのは所有者自身と彼の取り巻きたちだけで、建物は単なる張りぼてよ。実際に見てみればなんとなく分かるかもね。幸いにもこの間、どうにか彼を説き伏せて現地に立ち入る許可と、奥部に分け入る鍵《かぎ》も譲ってもらった。無論、鵺神の回収もＯＫ。それなりに手こずる交渉だったけれど、ようやく目的が達成できそう」

「……あの、さっきから気になっているんですけど、苦楽の双頭の双生児でしたっけ？それって要は、生身の赤ちゃんを使って造られた物ってことですか？」

「まさか！　さすがに本物の人体は使っていない。備忘録に書かれていた資料を読むと、体毛を剃《そ》った子猿を赤子に見立てて造った物みたい。浮沈の人魚や他の鵺神たちもそう。鵺神が陰と陽、ふたつの性質を兼ね合わせる存在であるのと同じく、かつての霜石家もある意味互いに相反する、ふたつの顔を持っていた家なのよ。明るい陽が射す領域では、依頼主から持ちこまれた悪鬼邪気の討ち取りや憑《つ》き物落とし、土地屋敷の祓《はら》い清めなど、世間一般に広く知られる霊能師や拝み屋の務めと大差ない事案を、粛々とこなしてきた。でもその一方、陽の当たらない暗い領域では鵺神の製造や呪詛《じゅそ》の代行、怨敵《おんてき》の調伏など、主には依頼主の暗い願望を満たす、限りなく黒に近い仕事も長きに亘《わた》って手掛けてきた。自分の家のことながら、おぞましくも恥ずべき所業をしてきたものだと思う」

「だから」と一拍置いたのち、湖姫は少し語気を強めて斯様《かよう》に話を結んだ。

「過去を消し去ることはできないけれど、せめて当家がこの世に残した負の遺産だけは、わたしの代で全て回収し、あるべき形に収めたいと思っているの。おそらく霜石の家は、わたしの代で絶えるでしょう。この先、わたしは誰かと契りを交わすつもりもなければ、子供を作ったり、譲り受けたりするつもりもないので、わたしが死ねばあの家は終わる。その前までに霜石家の最後の当主として、成すべきことを成し遂げておきたいのよ」

切々と言葉を連ねる湖姫の瞳《ひとみ》は、珍しく猛禽《もうきん》のように険しく鋭かった。

その後、大井JCTから首都湾岸線《わんがんせん》に入り、アクアラインと館山《たてやま》自動車道を経由して房総半島の一般道へ降りたのは、午後十一時半過ぎのことだった。

車は市中から郊外へ進み、ほどなく眼前に見えてきた黒々と聳《そび》える山中へと分け入る。対向車と一台もすれ違うことのない、樹々の鬱蒼《うっそう》たる葉陰にどす暗く染められた山道をしばらく進んでいくと、車は道端に延びる砂利の敷かれた細い脇道へと曲がった。

目指す廃工場は、脇道をまっすぐ進んでいった、そのどん詰まりに立っていた。

ヘッドライトに照らしだされたフロントガラスの向こうには、無骨な四角に角ばった二階建てとおぼしき建屋が三棟、暗闇の中にくっきりとした像を結んで立ち並んでいる。それらの奥には軒高がさらに数メートル高い、塔のような物が立っているのも見える。

周囲は乾いた泥土で薄汚れたコンクリート塀に囲まれ、門柱の間には縦向きに連なる格子の柵《さく》が赤黒く錆《さ》びついた、スライド式の大きな鉄扉が嵌《は》められていた。

時計はちょうど、午前零時を示す頃だった。辺りの闇は、身が竦《すく》みあがるほどに深い。

「予定通り、無事到着。じゃあ、さっそく開けてくるね」

「あ、わたしも手伝います」

運転席のドアを開ける湖姫に声をかけ、真希乃も勇気を奮って一緒に車を降りる。

湖姫は鉄扉の左端のほうへ向かうと、ジャケットの腰ポケットから数本の鍵が付いたキーリングを取りだした。そのうちの一本を鍵穴に挿しこんで回す。

森閑とした夜の静寂に「がちゃり」と響いた鈍い音が、言葉にならない開錠を告げた。

湖姫が鉄扉の柵に手を掛けると、建具の下に付いた戸車が轟々《ごうごう》と重苦しい音をがならせ、レールに沿ってゆっくりと滑り始める。

真希乃も一緒に手を添え、鉄扉を動かした。鼓膜に響く轟音《ごうおん》と足元に伝わる振動から、初めはひどく重いような印象を受けたのだけれど、鉄扉は大して力を入れることもなく、レールの上をすいすいと滑っていく。柵に両手を掛ける、湖姫の力が強いのかと思った。

あっというまに鉄扉は全開となり、湖姫とうなずき合いながら車中へ戻る。

「鵺神が隠されているのは、あの中」

敷地の中へ車を進ませながら、湖姫が敷地の奥に見える塔のような建築物を指差した。

「でも、すぐには中に入れない。小癪《こしゃく》なことに、ちょっとした手順が必要とのこと」

小さな鼻先をくしゅりと縮め、呆《あき》れたような笑みを浮かべて湖姫が言う。

黒塗りのフェアレディZは、土石が剥《む》きだしになった敷地内の路上をゆるゆるとした低速で進み、まもなく間近に迫ってきた塔のような建築物の少し手前で停まった。

ふたりで車を降り、上向きに切り替えたヘッドライトの光芒《こうぼう》に煌々《こうこう》と照らしだされたそれに向かって視線を凝らす。

正面から間近に見た横幅は、およそ五メートル。建材は鈍色《にびいろ》がかった濃い銀色を湛《たた》え、壁面には縦に沿って細長い溝が等間隔に連なっている。材質はステンレス鋼だろうか？

雨風に晒《さら》され、全体的に古びてはいたが、分厚く頑丈そうな風合いを醸しだしている。

側面の横幅も同じ。塔の外形は、綺麗《きれい》な正方形に整っている。外壁を一周してみたが、壁には細い溝が見えるばかりで、窓や入口らしきものは見当たらなかった。

「ふむ。やっぱり証言どおりか。仕方がない、大人しく手順に従うとしましょう」

踵《きびす》を返し、車へ戻る湖姫のあとを追う。車の後方へ回った湖姫は、トランクを開けた。中には黒いガーメントバッグと、黒鉄《くろがね》色をした大きなジュラルミンケースが入っている。

「はい、これ」

湖姫はガーメントバッグの中から懐中電灯を二本取りだし、片方を真希乃に手渡した。続いてジュラルミンケースの封印錠を解いて蓋《ふた》を開く。中に入っている物を見たとたん、真希乃ははっと息を呑《の》むことになった。

ケースの中には、長さの異なる日本刀が二振りと、黒革の帯刀ベルトが入っていた。刀もベルトも、それぞれの形にくり貫《ぬ》かれた灰褐色のスポンジシートの中に埋もれて、ケースの下部に整然と収められている。

刀のうちの一振りは、刃長がおよそ六十センチ。もう一方は、半分程度の長さである。こちらは脇差《わきざし》と呼ばれる物ではないかと思った。二本の刀はどちらも鈍い光沢を帯びた黒塗りの鞘《さや》に刃を包まれ、上下に並んで横たわっている。

鍔《つば》と頭の色は、双方ともに暗い銀色。柄《つか》には、蛇の姿を模した目貫《めぬき》が嵌められている。こちらは少し青みがかった銀色。目貫の蛇たちは細長い身をどろどろとうねらせながら、荒ぶる波のごとき形となって鎌首を擡《もた》げ、薄墨色の柄の上から鋭い目を光らせていた。

「安心して。竹光《たけみつ》よ。それなりの強度はあるけれど、これで人を斬ることはできない」

湖姫はくすりと鼻を鳴らすと、長いほうの刀を摑《つか》み、鞘から刀身を抜いて見せた。

緩やかに棟の反り返った銀色の刀身は、切っ先のふくらが鋭利な半月状の輪郭を描き、一見した限りでは本物と見紛《みまが》うほど、精緻《せいち》な拵《こしら》えをしている。

だが両目を近寄せ、仔細《しさい》をまじまじ検《あらた》めてみると、銀は刀身そのものの色みではなく、上から塗料で染められたものだと分かった。安堵《あんど》する。

「材質は槐《えんじゅ》。重さは真剣の半分くらいだから、ただ振り回す分には楽なんだけれどね」

言いながら、湖姫が抜き身を鞘へ収め直す。納刀した時、鍔と鯉口が互いに触れ合う「ちん」と甲高い音が、真希乃の耳を震わせた。

続いて湖姫はケースの中から脇差も取りだし、二本の刀を真希乃の前へ掲げてみせる。

「これらも霜石の家に古くから伝わる仕事道具の一種。号は万斬蝮《まんぎりまむし》。こっちは姫波布《ひめはぶ》。これらが斬るのは人ではなく、別のもの。何であるかは、言わなくても分かる？」

帯刀ベルトを装着し、腰の左に開いたホルダーに二本の刀を差しながら、湖姫が問う。

黒い貴婦人を思わせる瀟洒《しょうしゃ》な装いには、およそ似つかわしくない添物だろうと思ったが、いざ腰に刀を差したその姿は、黒薔薇《くろばら》を彷彿《ほうふつ》させる退廃的な美しさへと趣きを変えた。

「……うん。悪霊とかお化けとか、そういうものですよね？」

「ご名答。さあ、行きましょう」

真希乃の答えに湖姫は笑むと自分の分の懐中電灯を携え、暗闇に向かって歩きだした。

「わたしが用があるのは一号棟だけなんだけれど、真希乃はどうする？　せっかくだし、他の場所も見て回りたい？　お望みだったら付き合うけれど」

「ううん、いいです。大丈夫。湖姫さんについていく」

「そう。じゃあ、なるべく最短で用を済ませてしまいましょう」

　隣を並んで歩く湖姫の細腕に、真希乃は自分の腕をそっと絡めて闇の中を歩いた。

　今さらになって去年の八月、奥多摩の廃旅館で起きた惨禍を思いだしていたのである。自業自得だったし、その後に潮目が戻って助かりもしたけれど、あんな思いをするのは二度と嫌だった。湖姫の意向どおり、なるべく最短で事を済ませるべきだと判じる。

「あの、何か視えたり、感じたりとかしています……？」

「いいえ、今はまだ何も。でも、この先どうなるかは分からないから用心はしていて」

　こくりとうなずき、真希乃は湖姫の身体に半身をきゅっと押し付けた。

　ほどなくたどり着いた一号棟は、鉄扉のいちばん近くにある建屋だった。

　外壁は、周囲を囲むコンクリート塀と同じ灰色。壁の表面には、波形に凹凸した溝が縦向きに延々と連なっている。湖姫が語るには「波板スレート」と呼ばれる壁らしい。

　怪しい造りをした塔とは違い、こちらは正面に固く閉ざされたシャッター扉があった。

　湖姫が再び腰ポケットからキーリングを取りだし、シャッターの前に屈《かが》んで鍵《かぎ》を開ける。

　真希乃も隣に屈んで手伝おうとしたのだが、真希乃が手を掛ける前に湖姫はひとりで軽々とシャッターを押しあげてしまった。

内部を懐中電灯の明かりで照らしつけると、漆黒の暗がりにのっぺりと押し包まれた広々とした空間に、雑多な工作機械が肩を並べてひしめき合っているのが見える。

「雑多な」というのは、まさに言葉のままだった。無数の工作機械は一見、それらしい流れを作って並び合ってはいるのだけれど、機械の形を一台一台つぶさに検めていくと、素人目にも統一感がまるでないことが分かる。小さな子供が玩具《おもちゃ》の機械を並べて造った、拙《つたな》い工場ごっこの風景。むしろそうした印象のほうをまざまざと感じた。

「方々から不要になった機械を捨て値で買い集めて、一応それらしく装っているみたい。でもどうせ偽装するなら、もう少し配置に気を遣ったほうがいいと思うんだけれど」

LEDの薄明かりに照らされた内部を見やり、苦笑混じりに湖姫が言う。

「おそらくだけれど、あれがあるから慢心して、杜撰《ずさん》になってしまったのかしら?」

小首を傾げながらひとりごちたあと、湖姫が「行きましょう」と促した。

再び湖姫の華奢《きゃしゃ》な身体に半身を貼りつけ、半ば彼女の身体の一部のようになりながら、不気味な翳《かげ》りに覆われた建屋の中を奥へと向かって進んでいく。

湖姫はわずかに動じる素振りすら見せず、時には軽い笑みさえ浮かべて歩いていたが、真希乃のほうは心拍数が少しずつあがり始め、しだいに息も苦しくなってきた。

湖姫が一緒にいるという安心感は強く、途中で悲鳴をあげたり、歩をもたつかせたり、無様な真似をすることはなかったけれど、気持ちのほうは異様なまでにざわめいている。

まさか現地に至って、これほどまでに怯《おび》える羽目になるとは信じられなかった。

コールタールのようにどろついた闇の黒さを吸いながら雑然と並ぶ、工作機械の間を歩くさなか、頭の中では廃旅館で遭遇した女の姿が、何度も繰り返し反復された。

そのたびに鼓動が速まり、またぞろあんな化け物が出てきたらどうしようと萎縮《いしゅく》して、暗闇の方々に視線を泳がせてしまう。湖姫の片腕に絡めた腕の力も、半身を寄り添える身体の力も、その都度勝手に強くなっていくのが感じられた。

「ふむ。確かにちゃんと機能しているみたい。これがあるから、招かれざる客人たちに無闇に踏みこまれて荒らされずに済んでいるのよ。ある意味、心霊スポット防止よね」

建屋の奥へ達してまもなく、湖姫が内部の角に面した波板スレートの壁面に向かって、懐中電灯の明かりを差し向けた。円い光の輪の中には、黄土色の縄で結ったとおぼしき、リボンのような物が浮かびあがって見えた。

大きさは人の顔と同じくらい。壁に打たれた太い釘《くぎ》に縄目を掛けられ、真希乃たちの視線よりも少し上からぶらさがっている。複雑な形状に絡み合わされた縄の隙間からは、稲妻形に切られた紙垂《しで》も数本、幽《かす》かに揺らめきながら垂れ落ちているのが見えた。

「なんですか、これ？」

「広義には道切りと呼ばれる物。本来は、外から来たる魔性や疫病の侵入を防ぐために使われる物なんだけれど、これは少々特殊な仕様になっていて、視えざる災厄ではなく、生身の人間の侵入を防ぐために設置されている。ということはもうお判り？」

語り終えると、湖姫は顎《あご》の先で周囲の様子を示してみせた。

確かに言われてみれば、そうである。場内は工作機械の配置がおかしく見えるだけで、ひと目で荒らされたと思える形跡は見当たらない。

「二号棟と三号棟にも同じ物が設置されているとのこと。それから鵺神が隠されている、あの奇妙な塔の中にも。今や不当な所有者となり果てて久しい、我が家の鵺神を擁するお歴々は、あの手この手で回収に抵抗しようとするから一層質《たち》が悪い」

湖姫は「ふぅ」と短い息をこぼし、「さあ、気を取り直して進みましょう」と促した。

続いて向かったのは、道切りが掛けられていた壁から少し戻った先にある倉庫だった。こちらもドアノブについた鍵穴に湖姫が鍵を挿しこみ、容易《たやす》く開けてしまう。

中は十帖《じょう》ほどの広さになっていた。黴《かび》と火薬の混ざり合ったような臭気が仄《ほの》かに漂う室内にあるのは、湿り気を帯びたコンクリート床の中央に横たわる、伸縮式の梯子《はしご》のみ。

湖姫は梯子に目を留めるや、パンプスのヒールを固い床にかつかつと打ちつけながら、梯子の前へ一直線に向かっていった。半身を摺《す》り寄せる真希乃も一緒に進んでいく。

「これが欲しかったの。さて、無事に見つけたところで、再び塔の前に戻りましょう」

梯子は収縮した状態で、一メートルほどの長さがあった。湖姫を前方にして縦に並び、小脇で支柱を抱える形で持ちあげる。重厚そうな見た目に反し、大した重さはなかった。

慎重な足取りで部屋を抜けだし、一号棟の外へ出る。

湖姫から半身を引き離したせいか、そのさなかにおいて胸中に渦巻く得体の知れない恐怖と不安は、ますます悪化の一途をたどっていくのが分かった。

視界に何かが視えるわけでもなく、耳に何かが聞こえてくるわけでもない。

ただ、暗々と染まった周囲の方々から、何かにそっと様子を見られているかのような、静かに息を潜めた何かに、こちらの動向を探られているかのような感覚を覚えていた。

湖姫に事情を説明しようかとも思ったのだけれど、なんだか口にすることも怖かった。当の彼女は平然とした様子を崩さなかったので、おそらく大丈夫なのだろうと判断して、敢《あ》えて口を噤《つぐ》むことにした。足手まといに思われるのも嫌だったのだ。

ふたりで梯子を小脇に抱え、塔の正面まで戻ってくると、湖姫は収縮している梯子を壁のちょうどまんなか辺りに立てかけ、ロックを外して上へと向かって伸ばし始めた。

梯子はみるみるうちにステップを伸長させ、およそ五メートルの高さまで伸びきった。

塔の頂きは、梯子の頂点からさらに二メートルほど高い。もしかしたら屋根の部分に内部へ通じる階段でもあるのかと思っていたのだが、これでは尺が足りなかった。

「悪いけど、押さえていて」

湖姫に頼まれ、梯子の下を両手で押さえる。湖姫は懐中電灯を腰ポケットに突っこみ、長いスカートの裾《すそ》をひらつかせながら、流れるような足取りでステップを上っていく。

そうしてすぐに頂上へ達すると、ポケットから抜きだした電灯で眼前の壁面を照らし、続いてもう一方のポケットから例のキーリングを取りだした。

闇夜の宙に灯《とも》る薄明かりの中、湖姫が壁に向かって鍵を挿しこむ様子が幽かに見える。

その直後、壁の一部が左に動き始め、湖姫の前へ長方形に切り取られた漆黒が現れた。

とたんに辺りの空気がずんと重たくなったのを感じ、胸の鼓動が一際大きく高鳴った。気息も急激に乱れ始め、わけも分からないまま歯の根もかちかちと震えだす。

そこへ湖姫が、急ぎ足でするすると梯子をおりてきた。真希乃が物凄《ものすご》い動揺に駆られ、満面を引き攣《つ》らせているのに対し、湖姫の顔には弾んだ笑みが浮かんでいた。

「隠し扉。本当に小癪《こしやく》なものでしょう？　中に階段が延びていて、下までおりていける。鵺神は内部の地上階をさらに下った、地中深くにあるとのこと。さあ、行きましょう」

同じく弾んだ声で言われたが、視線を見あげた先に見える長方形の漆黒を見つめると、気持ちがさらに強張《こわば》って、とても梯子を上っていく気にはなれなかった。

梯子の頂上は、二階建てをした一般住宅の屋根に相当する高さがある。こんな心境でタラップを伝っていったら途中で足を踏み外し、死んでしまうかもしれないと思った。

「ごめんなさい。怖い……。無理です。わたしは怖くて、上れないと思います……」

とうとう弱音を吐いてしまう。悔しさと恥ずかしさに頭の芯《しん》が一瞬、かっとなったが、全身を駆け巡る恐怖のほうがさらにその上をゆき、言葉を撤回する気にはなれなかった。

「うん……分かった。確かに怖いよね。頑張ったね。気づいてあげられなくてごめんね。じゃあ、真希乃は車の中で待っていてくれる？　すぐに戻って来るから」

真希乃の顔を潤んだ大きな両目で覗《のぞ》きこみ、その生白く、人形のように整った細面に今度は慈愛に満ちた聖母のような微笑を浮かべて、湖姫が言った。

彼女の期待に応《こた》えられない口惜しさに絶望したけれど、駄目だった。

「そうします。本当にごめんなさい……」

湖姫に付き添われ、塔から五メートルほど手前に停められた、フェアレディZに戻る。助手席のシートに座ると、暖房の効いた車内の空気が冷えた身体にじんわりと染みこみ、気分がいくらか落ち着いてきた。乱れた呼吸も鎮まり始める。

湖姫も一緒に運転席へ乗りこみ、ルームライトを点《つ》けてくれた。気晴らしにラジオか音楽を流そうかと言われたけれど、そちらは「大丈夫です」と断った。

「じゃあ、いってくるね」

真希乃の鼻先近くまで顔を差し寄せ、つぶらな瞳《ひとみ》をまっすぐ向けて湖姫が言った。

「うん、気をつけて」

真希乃が答えると、湖姫はささめくような小さな声で、何かを短くぽつりと言った。

訊《き》き返すまもなく彼女は車を降りると、足早に塔の前へと戻っていく。

なんて言ったんだろう？

思いながら、湖姫の背中をフロントガラス越しに目で追った。長い髪を左右に靡《なび》かせ、長いスカートの裾をひらつかせ、やはり素早い身のこなしであっというまにタラップの頂上まで上り詰める。そして、眼前に開かれた真っ暗な戸口の中に身を滑りこませると、それっきり姿が消えて見えなくなった。

すぐに戻ると湖姫は言ったが、どれぐらいで戻ってくるのかまでは告げられなかった。

一刻も早く帰ってきてほしいと希《こいねが》う。

それから十分経った。湖姫は戻ってこない。

さらに十分経った。やはり湖姫は戻ってこない。

車内のデジタル時計を見やると、時刻はそろそろ午前一時を迎えようとする頃だった。

車外の暗闇では、五分ほど前から俄《にわ》かに雨が降り始めてきた。

初めのうちはしょぼしょぼと、空がすすり泣くような感じで、絹のように細い雨糸がまばらに降っていたのだけれど、雨足はしだいに強くなってゆき、一時を過ぎる頃には土砂降りの大雨に変わってしまった。

気分はだいぶ落ち着き、スマホをいじるくらいの余裕も出てきたところだったのだが、そこに不測の事態発生である。黒塗りのルーフを引きも切らず叩《たた》きつける無数の雨粒は、爆竹を思わせる猛々《たけだけ》しい破裂音をがならせ、嫌でも真希乃の不安をぶり返らせた。

それに加えてもうひとつ、なんだか無性に気になることも起きていた。

車中で独りになってほどなくしてから、五感にかすかな異変を覚えるようになった。

心なしか、視界が最前よりも鮮明に感じられ、耳朶《じだ》に触れる物音が平素よりも大きく、生々しい臨場感を帯びて聞こえてくるような印象を覚える。ヒーターから流れる温風や、シートを震わすエンジンの振動なども、肌身に細かく伝わってくるように感じられた。

いずれも初めのうちは気のせいだろうと思っていたのだが、時間が経つにしたがってそれらは全て、ますます鋭敏なものになっていった。

しだいに募り始めた疑念は、雨が降りだしてまもなく、鼻腔《びこう》に覚えた違和感によって強い確信へと切り替わる。匂いがあまりにも強すぎたのだ。

雨粒が地面を濡《ぬ》らして立ち上る泥土の匂いが、窓を閉めきった車内のガラス越しにもはっきりと嗅《か》ぎ取れる。まるで地面に顔をへばりつかせているかのようだった。

試しに窓を少し開けてみると、匂いはますます強く感じ、思わず顔をしかめてしまう。暗闇の中に頻降《しきふ》る雨糸も、その一本一本を瞬時に見分けて数まで数えられそうなほど、鮮明な線を描いて網膜に映った。

耳に届く雨音も、地面で砕ける全ての水音を聞き分けられるのではないかと思うほど、明瞭《めいりよう》かつ鮮やかな立体感を伴って鼓膜を静かに震わせる。

慣れない環境に身を置いているせいだろうか？　我が身に生じた異変に戸惑いながら車外の暗がりに視線を流していると、視界の端で何かがゆらりと動くのが見えた。

場所は、入口の鉄扉側に面した一号棟の角。真希乃が素早く視線を振り向けたとたん、それは建屋の角から陰へ向かって、姿をすっと引っこめた。

見えたのはほんの一瞬だったが、人ではないかと思った。

蠟燭《ろうそく》を思わせる、色白の細い人影だった。年頃や性別までは判然としなかった。

それにも増して、相手が生身か、生身でないかについても分からなかった。

どちらであっても不安は禁じ得ないが、場所が場所だし、おまけに雨まで降っている。

今目にしたものが「生身の生きている者」とは、到底思えないものがあった。

固唾《かたず》を呑《の》んで一号棟の建屋に目を向けていると、今度は助手席の窓から正面に見える、二号棟のほうから気配を感じた。位置は建屋の右手に面した側壁辺り。

すかさず視線を向けるや、側壁の近くに立っていた薄黒い人影のようなものがふたつ、建屋の裏手へ向かって猛然と走り去っていくのが見えた。姿はよく見えなかったけれど、地面にできた水溜《みずた》まりを踏み拉《しだ》く、ばしゃばしゃという足音ははっきりと聞こえた。

そこへ今度は、背後のほうから視線のようなものを感じた。

振り返った先には、運転席の窓越しに立つ三号棟が見える。距離はおよそ七メートル。運転席のほうへ身を乗りだし、恐る恐る視線を凝らして見たのだが、こちらのほうには不審な人影を認めることはできなかった。だがその代わり、建屋の奥に広がる暗闇から何かにじっと見られているという気配だけは、ありありと感じ取ることができた。

気息が再び乱調し、心臓もここぞとばかりに早鐘を打ち始める。首筋と腋の下からは、じわりと冷や汗が滴るのも感じた。半面、口の中はからからに干上がっていく。

ふうふうと荒い吐息をつきながら三号棟に視線を留め置き、様子をうかがっていると、そのうち激しい雨音に混じってばさばさと、潮が波打つような音が聞こえてきた。

音は頭上から聞こえてくる。窓から振り仰いだ上空では、盛んに降りしきる雨の中を泳ぐかのように、真っ赤な羽をした鳥がぐるぐると円を描いて飛んでいた。

大きさは九官鳥と同じくらい。

羽の色は熟した苺《いちご》、あるいは鮮血を彷彿《ほうふつ》させる濃い赤に染まっている。

間違いなく、あの鳥だった。高鳴る心臓が、ぎゅっと潰《つぶ》れるような苦しさを感じる。

啞然《あぜん》となって様子を見ていると、鳥はふいに軌道を変えて車の屋根を一直線に横ぎり、助手席側の上空に向かって羽ばたいていった。真希乃も一緒に運転席の窓から身を引き、背後に身体を向け直す。

振り向いた助手席側の窓外では、鋭い目をした女がガラスに両手をべたりと貼りつけ、真希乃の顔を見つめていた。

女は緋色《ひいろ》の衣を身に纏《まと》い、妍《しな》やかに伸びた黒髪を首の両脇から胸元に垂らしている。鋭利に切れあがった両目から覗く黒い瞳は、研ぎ澄まされた針のごとくぎゅっと窄《つぼ》まり、凍《い》てつくような冷たい光を帯びて、真希乃の顔に注がれていた。

一昨年、電車の中で見かけたあの女だった。

同時にそれは、菊月琉美慧の顔でもある。あるいは霜石緋花里だろうか？

答えの代わりに悲鳴があがり、跳ねるような勢いで窓からうしろへ身を仰《の》け反らせる。ところが背中はすぐさま何かにぼすりと当たって、尻《しり》が運転席まで引かなかった。

振り返ると運転席に緋色の女が座って、真希乃の顔を見つめていた。

再び喉《のど》から悲鳴が絞りだされる。同時に女が両手をぬっと突きだしてきた。

生白く長い指で両肩をがっしりと摑《つか》まれる。その感触は心臓が縮みあがるほど冷たく、まるで荒鷲《あらわし》の鉤爪《かぎづめ》に突き刺されたかのように強々《こわごわ》として痛かった。

頭の中が真っ白になる。それでも自分が悲鳴をあげ続けていることは分かっていた。

声を絞りすぎて噎《む》せ返った瞬間、はっと我に返って目を瞠《みは》ると、女はさらにこちらへ向かって大きく顔を近づけてくるところだった。

「やめて!」と叫び、ありったけの力をこめて女の身体を押し返す。同時に思いっきり上体を捻《ひね》らせ、助手席側の窓のほうへ身体を向けると、肩から女の手が引き剝《は》がされた。

とっさにドアを開け、外へ飛びだす。ざあざあとけたたましい音をたてて篠突《しのつ》く雨が、脳天と足元の両方から襲い掛かり、全身を一瞬で濡れ鼠に変えてしまった。

車外に出たことで、漆黒の闇空から降り注ぐ雨粒の形はますますくっきりと目に映り、遠くのほうで地面を叩く微細な飛沫《ひまつ》の音さえも、耳に届いてくるような感覚を覚える。

もう何もかもが異様だ。異常だ。異質すぎる。目まぐるしく勃発《ぼっぱつ》する異変の連なりに真希乃の理性は半ば壊れかかっていた。

背後を振り返る。車中に女の姿は見当たらない。だが、安心してなどいられなかった。雨の形や音と同じく、先刻から周囲で感じていた気配も一段と強く感じていた。

雨音に混じって、足音や衣擦《きぬず》れの音も感じる。ひとつではなく複数。それもたくさん。

はっとなって、ぐるりと視線を振り向けると、雨露に煙った工場の陰からぞろぞろと無数の人影が出てくるのが見えた。

白い着物姿の女、茶色い作業服を着た男たち、白髪を振り乱した老婆、片腕のない男、花魁《おいらん》風の煌《きら》びやかな着物を肩のところで開《はだ》けた女。目鼻口のない全身真っ白の人形。

それらは三棟、全ての工場の陰から出てくる。数は目に映る限りでも三十ほどはいた。

濡れ髪が逆立つほどの凄《すさ》まじい恐怖に駆られ、ありったけの大絶叫を張りあげるなか、頭の中に出てきた言葉はなぜか「ママ」だった。

救《たす》けて、ママ！　怖いよ、ママ！　お願い、わたしを守って、ママッ！

今すぐ逃げねば。でもどこに？　視界のどこを見回しても、この世ならざる者たちのおぞましい姿があった。それも恐ろしく素早い足取りでこちらに向かって近づいて来る。

逃げ場はおろか、対抗しうる手段さえも思いつかない。代わりに「終わった」と思って、目から滂沱《ぼうだ》の涙が滴り落ちる。

その時だった。背後の頭上で「ごとり」と硬い音が聞こえた。

顔を向けると、塔の上方に開いた暗い戸口に湖姫が立って、真希乃を見おろしていた。

声をかけようとした刹那《せつな》、湖姫が戸口の足元を蹴《け》りつけ、漆黒の闇空へと身を投げる。

地上までおよそ五メートル。二階建て家屋の屋根部分に相当する高さから飛び降りた湖姫の身体は一瞬のうちに地面へ達し、二本の足でしっかと地べたを踏みしめた。

雷鳴にも似た、耳をつんざく衝撃音が「ずん！」と木霊《こだま》し、真希乃の身体を竦《すく》ませる。

一方、当の湖姫は平然とした顔で膝《ひざ》を伸ばすと、こちらへ向かって足早に近づいてくる。

「伏せて」

歩みながら湖姫が、腰に掛けた万斬蝮の柄《つか》に手を掛けた。すかさずぱっと身を伏せる。

「去《い》ね」

ぽつりと発した直後、湖姫は鞘《さや》から抜いた刀を前方の闇に向かって一文字に薙《な》いだ。

　とたんに周囲の空気ががらりと変わる。四方から間近に迫りつつあった、異形たちの気配がひとつ残らず消え失《う》せ、おまけになぜか雨の音までふつりと止んだ。

　屈《かが》みこんだ地面を凝視すると、焦げ茶色に染まる土石は、かすかな湿り気を含むだけ。辺りの地面を見回しても水溜まりはおろか、わずかに濡れた形跡さえも見当たらない。

　信じられない心地で立ちあがるさなか、自分の身体も濡れていないことに気がついた。見あげた空には雲ひとつなく、十日余りの月が煌々《こうこう》と輝いているだけである。

　異形たちの姿もすっかり消えていたが、まるで狐に抓《つま》まれたような心地に茫然《ぼうぜん》となる。

「ごめんなさい。危ないところだったね。危機一髪。もう大丈夫だから、安心して」

　刀を鞘に「ちん」と収め、小さく息をこぼしながら湖姫が言った。

「うん……ありがとうございます。怖かった……」

「回収した鵺神、上の戸口のところに置いてあるの。持ってくるから少し待っていて」

　息も絶え絶えに真希乃が応《こた》えるなり、湖姫は踵《きびす》を返して梯子《はしご》のほうへ戻り始めた。

「独りにしないでッ！　独りにしないでッ！」

　予期せぬ流れに強い恐怖心が舞い戻り、背中を向けた湖姫を追って取り縋《すが》ろうとする。けれどもすぐさま、苦笑を浮かべた彼女にやんわりと制された。

「梯子を上っておりてくるだけ。そこで見ていて。わたしもちゃんと見ているから」

　仕方なく梯子の下に立ち、タラップを上る湖姫の姿を見守る。湖姫は相も変わらず、するすると器用な足取りで戸口まで達すると、片腕に四角い箱を抱えておりてきた。

「ミッションコンプリート。少々手こずったけれど、無事に回収することができた」

湖姫が手にした箱は、全ての面が三十センチほどの長さに揃った正方形の木箱だった。表面は全体的に黒ずんで、あちこちに薄白い染みが浮いている。

「特別よ。付き合ってくれた御礼にお見せしましょう。とくとご覧あれ」

満面に悪戯《いたずら》っぽい笑みを浮かべた湖姫が、木箱の蓋《ふた》をそっと開いて真希乃に向けた。

斜めに傾いだ箱の中には、暗めの琥珀色《こはくいろ》に染まってからからに干からびた赤子の猿が、ちょこんと座って収まっていた。

小さな両手は胸元に交差して添えられ、首から上にはふたつの異なる頭が付いている。

左の頭は猿のそれだったが、右の頭は鼻面の長い子犬のような面貌《めんぼう》をしていた。

どちらの頭も乾いて少し縮んでいるうえ、皮膚からは綺麗《きれい》に毛も剃《そ》り落とされている。ゆえに生前の面影を想像するのは難《くなん》しかった。けれども、左の猿の頭は薄笑いを浮かべ、右の獣の頭は歯を剥《む》きだして、苦悶《くもん》の表情を拵《こしら》えているように見える。

これが、苦楽の双頭の双生児……。

息を呑《の》みつつ、恐々と顔を近づけたとたん、互いの首の表情ががらりと変わった。

左の猿は苦悶の表情に変わり、右の獣は薄笑いを浮かべ、目玉の潰《つい》えたがらんどうの黒い眼窩《がんか》で真希乃の顔を爛々《らんらん》と見あげた。

その瞬間、もはや何度目になるのか分からぬ大きな悲鳴が、真希乃の口から放たれる。

だがその声は、この夜いちばん大きく、そして凄まじい恐怖を孕《はら》んだものとなった。

竜頭蛇尾《りゅうとうだび》

■都崎さんの職場の後輩、清水橋《しみずばし》さん【電話取材　二〇一八年十一月十九日　月曜日】

二年前の夏、伊豆の温泉旅館へ泊まった時のこと。夜中にふと温泉に入りたくなって、部屋を出た。廊下を歩いていると、前方から真っ黒い影法師が向かってくるのが見えた。輪郭から女のようだと思ったが、影の主は見当たらず、黒い輪郭だけが歩いてくる。身の危険を覚えて部屋に引き返したが、その後は就寝中に強烈な金縛りに見舞われた。

■清水橋さんの友人、島崎《しまざき》さん【対面取材　二〇一八年十二月二日　日曜日】

高校時代、週末に友人たちが遊びに来てボードゲームに興じた。そのさなか、友人のひとりが怖い話を始めたのだが、語り終えたとたん、盤上に並べていたゲームのコマが一斉に宙へ浮きあがった。コマは数秒静止したあと、ばらばらと盤面に落ちてきた。

■島崎さんの学生時代の後輩、詩《うた》さん【対面取材　二〇一八年十二月十二日　水曜日】

昔、アパートで独り住まいをしていた頃、台所にゴキブリが出たので、丸めた雑誌で叩《たた》き潰《つぶ》した。その瞬間、ゴキブリは男の声で「ぎゃあ！」と断末魔の叫びをあげた。

■詩さんの叔母《おば》、浜子《はまこ》さん【対面取材　二〇一八年十二月十六日　日曜日】

今年の春の彼岸、雑司が谷の墓地で幽霊を見た。自家の墓前に手を合わせていた時に不審な視線を感じたので振り向くと、近くの墓石の陰から大勢の子供たちが顔を覗《のぞ》かせ、笑っていた。いずれも坊主頭の男の子で、こちらと目が合うなりさっと首を引っこめた。恐る恐るそばまで行って確かめたのだが、墓石の裏にはひとりの子供の姿もなかった。

■浜子さんの知人、平岡《ひらおか》さん【対面取材　二〇一八年十二月二十一日　金曜日】

二年前の夏、仕事を終えた夜の七時頃、山手線《やまのて》の車内で目にしたもの。鮨詰《すしづ》め状態で混雑している車両の隅に、やたらと背の高い女を見つけた。目算で二メートル以上ある。驚きながら様子を見ていたのだが、電車が停まってドアが開いた時、間違いに気づく。女は背丈が高いのではなく、床から足が五十センチほど浮いていた。ぞろぞろと電車を降りる乗客たちに交じって、女も宙を浮きながらホームの彼方《かなた》へ姿を消していった。

■平岡さんの従妹《いとこ》、由梨枝《ゆりえ》さん【対面取材　二〇一九年一月十日　木曜日】

大学時代の夏休み、夜中に友人から「心霊スポットに行かない？」との電話があった。怖いから「イヤよ」と答えて電話を切ったのだけれど、とたんに頭の上からぱちぱちと、視えない誰かに拍手をされた。

裕木が湖姫とふたりで、房総半島の山中に位置する怪しげな廃工場に出掛けて以降も、怪談取材の記録は今年の一月上旬まで六件続いていた。

だが、いずれの記録も文面が拙《つたな》い。

これまでだったら、どんなに小さく地味に思えるような話であっても、取材相手から丹念に聞き取った情報を的確な筆致でまとめ、時には注釈も添えるなどして、全体的に理解が容易で、極めて完成度の高い記録を書き連ねてきた。

廃工場の件から続く取材記録には、その精彩さがまるで感じられない。

例えば、島崎さんの友人が、ボードゲームのさなかに語ったという怖い話についても、その詳細に関する記述がない。以前の裕木であれば、こうした話もきちんと聞きだして記録に残していたはずなのに、明らかにおかしなことだった。

おまけに字まで汚くなっている。一読しただけで、やっつけ仕事の感が否めなかった。まるで面倒くさそうに最後の仕上げに臨んだか、あるいは記録の完成度を二の次にして、仕上げることだけを優先に形ばかりをまとめたものか。そうした印象を強く感じた。

そのくせ、湖姫と時間を共に過ごした記述の面に関しては、互いの細かなやりとりや自身の心の機微に至るまでを長々と克明に書き記し、多くのページを割いている。

だがその半面、件《くだん》の廃工場で「苦楽の双頭の双生児」とやらを発見してからの記述は、ノートに一切記されていない。これもあからさまにおかしなことだった。

あの後、裕木の身に何があったというのだろう。

先日、新宿の喫茶店で彼女と顔を合わせた時には、特に不審な点は見られなかったと思うのだが、今となってはもう自信がない。何せこちらは、以前のような特異な感覚が薄れて久しいのである。あの時、もしくは裕木の身に何かが起こっていたのだとしても、それを感じ取ることができなかったという可能性も大いに考えられる。

いや、むしろこの期に及んでは、「起きていなかった」と考えることのほうが難しい。絶対に何かが、それもかなり良からぬ「何か」が起こっていたと思わざるを得なかった。

霜石伊世子、霜石緋花里、そして霜石湖姫。

果たして早い段階から危惧《きぐ》していたとおり、取材記録の端々に幾度も顔を現していた得体の知れない三人の謎めいた人物たちは、互いに複雑怪奇な血脈をもって繋《つな》がり合い、挙げ句の果てには取材主である裕木とも、意想外の血縁で結び合わされることになった。

こうした結果を鑑《かんが》みて、何も起こらないと思い做《な》すことのほうがおかしいのである。

おそらく裕木は、あの後も湖姫と関係を続けているのだろうと思った。

それも多分、ノートに記されていた時よりもさらに一層、親密な関係となって。

思いを巡らすなか、新宿の喫茶店で裕木が話していたことを思いだして、ぞっとした。

あの日、裕木は「長いバイト生活の末に、ようやく自分が心からしてみたいと思える仕事が見つかった」と言っていたのだ。

それに加えて「これから先は就職活動に専念したい」とも言っていた。

仮に仕えるならば、こんな人にこそ仕えてみたい——。

かの優雅な晩餐《ばんさん》会の記述で、裕木が湖姫を指して綴《つづ》った想いの一文が脳裏に湧きたち、怒濤《どとう》のような不安に駆られた。

やはり仮にである。ふたつの言葉が重なり合って結実しているのであれば、裕木は今、どんな「就職活動」に専念しているというのだ？

いや、やはり「仮に」などとは思えなかった。もはや絶対にそうだとしか思えない。

確かあの日、裕木は面接に関する最適な時期についてや、これから就職するにおいていろいろとアドバイスが欲しいと私に尋ねてきたはずである。それは覚えている。

だが、彼女が具体的にどんなことを尋ね、それに対して私がどんな言葉を返したのか。その仔細《しさい》については、まるで思いだすことができなかった。

あの日のやりとりを改めて振り返ると、何もかもが夢の中で体験した出来事のように感じられ、記憶がおぼつかなくなってくる。一部ははっきり覚えていることもあったが、覚えていても思いだすと、齟齬《そご》が生じるやりとりもあった。

ちょうど会社を辞めて半年も経たない頃で——。

先日は確か、こんなことも言われたと思うが、矛盾している。

今から三年半前、新宿の喫茶店で初めて裕木と話した時、今後の身の振り方について悩む彼女に、私は「やりたいことが見つかるまで、それを探すのも立派な仕事です」と答えたのだという。その発言自体は覚えている。

だが、その三年半前、裕木はすでに二十代後半だったのである。

大学卒業後に就職した会社は、一年ほどで辞めていると聞いているから、この時点で退職から少なくとも、三年は経過していることになる。「半年も経たない頃」ではない。現に取材レポートの文中では、彼女が六年以上もバイト生活を送っていた記述もある。

こちらの記憶力を試すためにわざと嘘をついたのだろうか？　それとも裕木のほうが、単に言い間違いをしただけだろうか？　どちらとも判断がつかなかった。

代わりに間違いないと思えるのは、今の状況が尋常ではないということである。

外はすでに日が昇り、時刻は午前八時を過ぎていた。居ても立ってもいられなくなり、卓上に置いていた携帯電話から裕木の番号をコールする。

十回ほど鳴らしてみたが、応答はなかった。時間を置いて掛け直すことにする。

一時は眠気が差して朦朧《もうろう》としかけていた意識も、今はすっかり冴《さ》えて張りつめている。待っている間にもう一度、今度はノートを最後のページから逆に捲《めく》って検《あらた》めてみる。

稚拙に書かれた取材記録のページを捲り戻し、廃工場の記録まで折り返した時だった。最後のページの欄外に、薄い鉛筆書きで電話番号が記されているのが目に留まる。

番号は、ページを開いたちょうどまんなか、綴《と》じ目の部分の右側に小さくひっそりと、縦になって書かれていた。携帯電話の番号である。筆跡は裕木のものではない。

ならば誰が書いたもので、誰の携帯電話の番号なのか。

すぐに見当はついた。

霜石湖姫。おそらくあの女の番号で間違いないだろう。取材レポートから飛びだして、こちらとリアルに接触を図らんという魂胆か。だがその意図はなんだ？　目的は？

分からない。分からないなら、直接聞いてみるしかなかろう。

裕木の安否が気掛かりだった。予見していた以上に事が大きくなりそうな懸念も抱き、身の竦《すく》む思いもあったが、このまま放っておくことなどできない。

そもそもこんなことになってしまったのは、私が彼女に怪談取材などを勧めたことに原因があるのだ。迂闊《うかつ》だった。たとえどんなことになっても責任を取らねばならない。

呼吸を整え、意を決するなり、ノートに記されている番号をプッシュする。

発進ボタンを押すと、まもなく液晶画面に発進先の登録情報が表示された。

「都内出張相談　依頼主　二〇一四年二月七日」

嘘だろうと思って画面を凝視したが、表示に間違いはなかった。

なんだ？　五年前？　自分で登録している？　前にも私はこいつと会っている？

漠然と思い惑うさなか、電話は三度目のコールで繋がった。

画竜点睛《がりようてんせい》

「おはようございます。ご無沙汰《ぶさた》しておりました。首を長くしてお待ちしていましたよ。貴方《あなた》からこうして直接、ご連絡のいただける日を」

笛の音のように澄んだ女の声が、受話口から聞こえてきた。

「おはようございます。こちらは霜石湖姫さんの番号で、間違いはないでしょうか？」

「ええ、相違ありません。以前登録された番号は、まだ残っていらっしゃいました？」

「はい。記憶にはありませんが、どういうわけかしっかり登録されていましたよ」

「そう。思ったとおり、覚えていらっしゃらなかったんですね。まあ、詮《せん》なきことです。時は十日の菊を吹き散らばしてゆくものですから。近くにPCはありますか？」

卓上には昨日から原稿執筆に煮詰まって、そのまま放置しているノートPCがあった。

「ある」と答えると、湖姫は「では少々お待ちを」と言って、つかのま言葉を切った。

「今、そちらのPCにメールを送りました。ご覧になってみてください」

言われるままにメールソフトを開き、受信ボックスを検める。「湖姫」という件名で、画像ファイルが添付されたメールが一通届いているのが確認できた。

ファイルを開くと、そこには長い黒髪を妍《しな》やかに伸ばした若い女の笑顔が写っていた。

「今、自撮りした写真です。これで思いだしていただけたかしら？」

記憶が意識の深い水脈《みお》から、間欠泉《かんけつせん》のごとく蘇《よみがえ》る。同時に額から冷たい汗が滴った。

「ええ、思いだしました。確かに私は以前、都内であなたと会っている」

まさしく裕木がノートに綴り続けた記述どおりだった。写真の中で微笑む湖姫の顔は、どんなに多く見積もっても二十代の中頃にしか見えない。

五年前の冬場に初めて会したあの時からも、彼女は寸分たりとも衰えてはいなかった。まるで二十代のまま、時が永遠に凍りついてしまったかのようなその面貌《めんぼう》にぞっとする。

「それは祝着。記憶が戻ると二〇一四年の二月八日、わたしたちが顔を合わせた翌日に柳原鏡香が東京西部の森の中で、全身をズタズタに引き裂かれた桐島加奈江と遭遇した理由もお判りになりました？」

それは今指摘されて初めて腑《ふ》に落ちた。喜ばしい事実ではなかったが。

「あれをやったのはわたしのタルパです。でも故意ではなく、正当防衛だったんですよ。何しろ先に手をだしてきたのは、あの娘《こ》のほうだったんですから。許してくださいね」

丁寧な口ぶりだが悪びれる素振りはなく、しれっとした調子で湖姫は言った。

「さっき『お待ちしていました』と言いましたよね？　ノートに紛れこませた電話番号。回りくどいサインを使って、私との接触を望んだ理由はなんなんです？」

「ふむ。それは大事なご質問ですね。ですがこちらの用件を伝える前に、まずは貴方のご用件を先に聞かせていただいたほうがよろしいかと思います。いかがでしょう？」

「ええ、いいでしょう。私が知りたいのは、裕木真希乃の件です。房総半島の廃工場にあなたとふたりで出掛けて以来、彼女はどうしているんです？　あなただったらきっと、彼女の今をご存じではないかと思いまして」

「勿論《もちろん》、知っていますよ。大変元気にしています。ちなみに今現在は、私の家の別宅に暮らしているのですけれど、それが何か？」

最悪だ。頭の中にはひたすら不穏でおぞましい画《え》しか浮かんでこない。

「失礼ながらあなたの家柄と、あなたに対する裕木の執着心を合わせて考えてみる限り、何か尋常ではないことが起こっていると思わざるを得ません。とても心配しています」

短い沈黙。

「なるほど。それで？　心配だからどうしたいとおっしゃるのでしょう？」

「仮に今、彼女の身にとって良くないことが起こっているんだとしたら、救いだしたい。今回の件は、私に原因の一端がある。問題があるなら対応する責任があると思います」

「おやおや、何を今さら……。彼女が抱える心の闇に気づくこともできなかったくせに、一体どの口が囀っているのです？　しがない田舎の拝み屋風情が。三流は一流どころか、二流にさえなれないものです。身のほどを弁《わきま》えたほうがよろしい。彼女を救いだすなど、子供じみた英雄願望に裏打ちされた戯言《たわごと》ですよ。まったくもって聞くに堪えない」

「虫唾《むしず》が走る」と吐き捨て、それから湖姫は「ふっ」と短く鼻で笑った。

返す刀で湖姫がさらに言葉を紡ぐ。

「そもそも今の貴方は、光を失いかけている。これまで視えていたものが視えなくなり、感じるべきものが感じられなくなって久しい。挙げ句の果てには、自身の手に負えない白無垢《しろむく》の魔性から被る障りを自前のタルパに肩代わりさせ、ようやく生きているという体たらく。そんな惨めな状態で何ができるというのです？」

すらすらと歌を詠むかのごとく発した湖姫の言葉は、全て当たっていた。電話越しにこちらの現状を感じ取ったものか、それとも何か別の手を使って調べあげたものなのか、手段は不明だったが思いがけない指摘に動揺を隠せず、返答に窮する。

「そのうえで正直に申しあげるのでしたら、貴方が危惧《きぐ》しているとおりです。確かに今、わたしが真希乃にしていることは、彼女が望むと望まざるとに拘《かかわ》らず、世間の価値観に照らし合わせれば、決して褒められたことではないでしょう。ですが生憎《あいにく》、わたしにはわたしの事情というものがあります。できれば邪魔はしていただきたくないんです」

「だったら私に何をしてほしくて、連絡を待っていたというんですか？」

「いい質問です。では、そろそろ本題に入らせていただきましょう。喜んでくださいね。決して悪い話ではないはずだから。貴方にひとつだけ、お願いしたいことがあるんです。快く応じてくださるのでしたら、真希乃を解放してあげてもいい。加えてこのお願いは、貴方が長らく望んでいた大きなリターンにもなってくれるはずです。いかがでしょう？聞いてくださいますか？」

是非は答えず、まずは仔細《しさい》だけを尋ねた。

「桐島加奈江と合一した、白無垢の魔性。わたしはその白無垢が欲しい」

まるでお菓子をねだる子供のように朗らかな声で、湖姫が言った。

「そんなものを欲しがって、何をどうしようって言うんです？」

「それは一旦《いったん》、保留にしましょう。でも、わたしが欲しいのは本当に白無垢のほうだけ。タルパのほうはいらない。わたしの力をもってすれば、おそらく分離できると思います。応じてくだされば、素敵なレディに成長して綺麗《きれい》になった加奈江ちゃんが、貴方の許《もと》へめでたく帰って来ますよ。今の貴方に、それが視えるかどうかは別として」

確かにそれは願ってもない破格の取引だったが、手放しで喜ぶことなどできなかった。申し出た人物に問題がありすぎる。頭の中には相変わらず、嫌な予感しか湧いてこない。

魍神という おぞましい言葉が脳裏をよぎり、「もしや」という思いに胸がざわめいた。魍神とは陰と陽、正と邪、両極の性質を兼ね合わせる、紛《まが》い物の神なのだと読み知った。湖姫は「加奈江のほうはいらない」などと言っているが、果たしてどうだか。

湖姫が語ったとおり、加奈江は去年の春先、純白の花嫁衣装を纏《まと》う規格外の魔性から私を守るため、自らが白無垢にとり憑《つ》く形で難を収めた。以来、加奈江と白無垢の女はその身がひとつに混ざり合い、木偶《でく》のように物言わぬ存在となって私のそばにいる。

その有り様は、魍神たちの性質によく似ていると思った。あるいはすでに回収済みの魍神たちとひと揃えに、湖姫は加奈江も良からぬことに使おうとしているのではないか。そんな疑念を抱かずにはいられなかった。

「おおよそ。ええ、おおよそ」

　そこへ湖姫がぽつりと言葉をこぼした。

「貴方《あなた》が抱いている疑念については察しがつきます。どうやら咀嚼《そしやく》が必要なようですね。そこで再びメールに注目です。機密文書。貴方ほどの文才はないかもしれませんけれど、わたしなりに読み易くまとめてあります。よければご覧になってみてください」

　受信ボックスに目をやると、今度は「記録」という件名で文書ファイルが添付されたメールが送られてきた。

「何が書いてあるっていうんです？」

「簡単に申しあげるなら、自叙伝といったところでしょうか？　少々気恥ずかしい条《くだり》もいくらかありますが、公平を期するためにもわたしの全てを赤裸々に綴《つづ》ったつもりです。嘘は一切書いていません。今回、わたしが白無垢を欲する理由についても書いてあるし、真希乃がまとめた取材レポートを補完する情報も記されています。ご参考にどうぞ」

「いつまでに答えをだせばいい？」

「できれば早めにいただけると助かります。それなりに急ぐので。第一、貴方のほうも真希乃の今が気になるのでしょう？　貴方も答えを急いだほうがよろしいかと」

　確かにそうだ。時間はあまり掛けられない。

「仮にあなたの願いに応じる場合は、どうしたらいい？　そちらのお宅に直接出向けばいいんですか？　その時には、裕木にも会わせてもらうことができますか？」

「そうですね。こちらがお願いするのに不躾《ぶしつけ》かとは思いますが、わたしのほうが貴方を我が家に招待するほうが、手っ取り早いかと思います。勿論、真希乃にも会わせますよ。ただ、ひとつだけ約束してください。これから先、我が家を訪ねられることになっても、くれぐれも妙な気だけは起こさぬよう。加減は多分、してあげられませんから」

声色を少し尖《とが》らせ、湖姫が言う。

「多分に怯《おび》えながらも、露骨な敵愾心《てきがいしん》も感じていますので、敢《あ》えて忠告しておきますね。わたしがこの世界のてっぺんです。真希乃の取材レポートを通読して、もうすでに十分ご承知のこととは思いますが、たとえ何をどう足掻《あが》いたところで勝負にすらなりません。貴方の出方次第になりますけれど、わたしは貴方という人間にとって、人生史上最悪のヴィランになれる自信がありますよ。或《ある》いは空前絶後の死神にも。お解りですね？」

ヴィラン。死神。その言葉の語感を楽しむかのように、軽やかな声音で湖姫は言った。

「ええ、分かります。今こうして話しているだけでも正直、身体の震えが止まらない」

本当だった。電話を握る手も、言葉を紡ぐ唇も、先刻から小刻みに震えている。

「此度《こたび》の件は、できうる限り穏便に済ませたいんです。ご協力をいただければ幸いです。これは決して、お互いにとって悪い話にもならないはずです。お願いします」

「いいでしょう。文書を読み次第、返事をさせていただきます」

「ありがとう。色よいお返事を期待しています」

人を上げたり下げたり、ほとほと忙しい女だ。こっちのほうこそ虫唾が走る。

「最後にひとつだけ、よろしいですか？」

「なんでしょう？　どうぞ」

「目ですよね？　あなたはその目に宿る妙な力で、他人を意のままにすることができる。少女時代に自然学校や女子寮で起こしたトラブルもそうだし、長じて廃病院や居酒屋で起こした悪ふざけもその目を使ってやったんでしょう？　静原素子の件もそうだろうし、おそらく裕木にもその目で何かをしたと思っている。そして、五年前の私自身にさえも。だから敵愾心と猜疑心《さいぎしん》を同時に強く抱くんですよ。ご理解いただけたでしょうか？」

「穏便に、と言ったそばから苛々《いらいら》させてくれる。むかついたのでご明察とは返しません。そんなことは真希乃の記録を読めば、大体察しがつくでしょう？　目の詳細についてもさっき送った文書に書いてありますから、あとはそちらをご参照ください」

「分かりました。そうさせてもらいます」

「これでもわたしは、貴方にそれなりのご縁を感じているんですよ？　確かに真希乃に怪談取材を勧めてこんな事になってしまったのは、貴方のせいであるのでしょうけれど、わたしの視点から見れば、こんな流れにしてくれたのは貴方のおかげだと思っています。せっかく結び直された二度目のご縁です。せいぜい大事に致しましょう」

「そうですか。願わくは、あなたに二心のなからんことを期待しています」

「ふふっ！　今のはウィットに富んだ素敵なご返答でしたね。できれば常にそうであれ。あとから追って、もう一通メールをお送りしますけれどよろしいでしょうか？」

「ええ、どうぞ。その間に私のほうは、最初にいただいた文書に目を通しておきます」

「かくて討議はまとまりぬ。それではいずれ、再びお目に掛かれる日までごきげんよう。メメント・モリ」

麗しく透き通った声風《こわぶり》で言い終えるや、湖姫はこちらの返事を待たずに電話を切った。

長い沈黙。

ようやく静寂を打ち破ったのは、己の肺が平らになるほど大きく喉《のど》から吐きだされた、太くて長い溜《た》め息だった。息を吐く時、喉も唇も凍えたようにぶるぶると震えていた。

改めて、とんでもないことになってしまったものだと思い知る。

これほどまでに凄《すさ》まじい恐怖と絶望に打ちのめされるのは、初めてかもしれなかった。

この二十年近く、拝み屋という特異な仕事を営むなかで、それなりに多くの修羅場をくぐってきたつもりだったが、それらのいずれとも全く別種の怖れを抱いていた。

だが、逃げだすこともできなかった。そもそも裕木が湖姫のそばにいるという時点で、私はすでに退路を塞《ふさ》がれてしまっている。

おそらく湖姫はこの機を虎視眈々《こしたんたん》と狙い、何があっても私が誘いに乗らざるを得ない状況を作りあげたうえで、こちらから連絡が来るのを待ち続けていたのだろう。

こちらに非の一端があるとはいえ、まんまと嵌《は》められ、これから先は彼女の意のまま、何やらとてつもなくおぞましい所業に付き合わされることになるのだ。

できれば夢であってほしいと思ったが、その夢すらも見られなくなって久しかった。

それからさらにたっぷり半日をかけ、夕暮れ近くに湖姫から送られてきた「記録」を全て読み終えた。裕木の取材レポートを補完する、十三番目にして最後の文書である。

今より三十五年以上も前、当時はおそらく清廉潔白で、無辜《むこ》なる存在だったはずの娘、月峯湖姫はいかにしてこの世に生まれ、育《はぐく》まれ、歪《ゆが》められ、踏み躙《にじ》られ、長じて稀代《きだい》の怪物となり果てたのか。文書にはその全てが、余すことなく克明に書き記されていた。

否。怪物と言うよりは魔人か。

霜石湖姫は、この世にいながら人の器を超越した、前代未聞の忌むべき存在である。

当の本人から事前に忠告されたとおりだった。こんな相手を敵に回して、今の自分に一体、何ができるというのだろう。蟻が恐竜に立ち向かうようなものだと思った。

その一方で、湖姫がこれから何を計画しているのかも理解できた。こちらについては、あるいはわずかなりとも立ち入る隙があるかもしれない。

最前より危惧《きぐ》していた加奈江の身の安全についても、文書が記す内容どおりであれば、ぎりぎり信用できそうなラインだった。全てを鵜呑《うの》みにするのは危険とは思いながらも、どの道、あとにはもう引けない。こちらに誘いを拒否するカードはないのである。

「記録」を読み進めるさなか、昼過ぎには湖姫から二通目のメールが届いた。

こちらには都内西部の山中に位置する、件《くだん》の霜石邸を訪問するに際しての細々とした条件や提案などが書き綴られていた。

大半が予想していたとおりのものだったが、中にはこちらにとって福音とも言うべき好条件も含まれていた。全てを読み終えたところで、さっそく準備に取り掛かる。

いずれ警察案件ではない。裕木も多分、表向きは己の意志で湖姫の許にいるのだろう。とにかく最大限の支度を整えたうえで、首尾よく立ち回るしかないと思った。

上手《うま》くいけば、これでようやく加奈江を元の姿に戻すこともできる。

どうせ挑むなら希望を胸に、前向きな気持ちで精一杯挑んでみようと腹を括《くく》った。かならずやり遂げる。今までだって、そうしてきた。今度もきっと大丈夫。

仕事場の空《くう》を見ながら、視えない加奈江と自分に向かって、強く思いを漲《みなぎ》らせる。

だがそのさなか、加奈江が声にならない声で「行くな」と言っているような気もした。

「もういいから、絶対に行っては駄目。これ以上あいつに関わらないで」と。

大丈夫。何も心配ない。一緒に希望を摑《つか》みにいこう。

視えざる加奈江に伝えるも、それから私の胸は酷寒の北風に吹かれたように震えだし、しだいに鼓動は息が苦しくなるほど速まっていった。

本書は、角川ホラー文庫のための書き下ろしです。

拝《おが》み屋《や》念珠怪談《ねんじゅかいだん》　奈落《ならく》の女《おんな》
郷内心瞳《ごうないしんどう》

角川ホラー文庫　23267

令和4年7月25日　初版発行

発行者――堀内大示
発　行――株式会社KADOKAWA
〒102-8177　東京都千代田区富士見2-13-3
電話 0570-002-301（ナビダイヤル）
印刷所――株式会社暁印刷
製本所――本間製本株式会社
装幀者――田島照久

●お問い合わせ
https://www.kadokawa.co.jp/（「お問い合わせ」へお進みください）
※内容によっては、お答えできない場合があります。
※サポートは日本国内のみとさせていただきます。
※Japanese text only

ISBN978-4-04-112447-5　C0193

角川文庫発刊に際して

角川源義

第二次世界大戦の敗北は、軍事力の敗北であった以上に、私たちの若い文化力の敗退であった。私たちの文化が戦争に対して如何に無力であり、単なるあだ花に過ぎなかったかを、私たちは身を以て体験し痛感した。西洋近代文化の摂取にとって、明治以後八十年の歳月は決して短かすぎたとは言えない。にもかかわらず、近代文化の伝統を確立し、自由な批判と柔軟な良識に富む文化層として自らを形成することに私たちは失敗して来た。そしてこれは、各層への文化の普及滲透を任務とする出版人の責任でもあった。

一九四五年以来、私たちは再び振出しに戻り、第一歩から踏み出すことを余儀なくされた。これは大きな不幸ではあるが、反面、これまでの混沌・未熟・歪曲の中にあった我が国の文化に秩序と確たる基礎を齎らすためには絶好の機会でもある。角川書店は、このような祖国の文化的危機にあたり、微力をも顧みず再建の礎石たるべき抱負と決意とをもって出発したが、ここに創立以来の念願を果すべく角川文庫を発刊する。これまで刊行されたあらゆる全集叢書文庫類の長所と短所とを検討し、古今東西の不朽の典籍を、良心的編集のもとに、廉価に、そして書架にふさわしい美本として、多くのひとびとに提供しようとする。しかし私たちは徒らに百科全書的な知識のジレッタントを作ることを目的とせず、あくまで祖国の文化に秩序と再建への道を示し、この文庫を角川書店の栄ある事業として、今後永久に継続発展せしめ、学芸と教養との殿堂として大成せんことを期したい。多くの読書子の愛情ある忠言と支持とによって、この希望と抱負とを完遂せしめられんことを願う。

一九四九年五月三日

拝み屋怪談　怪談始末

郷内心瞳

〈拝み屋怪談〉シリーズの原点！

――「拝んで」始末した怪異を、怪談として「仕立てる」。戸の隙間からこちらを覗く痩せこけた女。怪しげな霊能者に傾倒した家族の末路。著者につきまとう謎の少女。毎年お盆に名前を呼ぶ声……。東北は宮城県の山中で拝み屋を営む著者が見聞きした鮮烈な怪異に、自身の体験談をも含む奇奇怪怪な話の数々。第5回『幽』怪談実話コンテスト大賞受賞者による、〈拝み屋怪談〉シリーズの原点にして極め付きの戦慄怪談！

角川ホラー文庫

ISBN 978-4-04-107216-5

拝み屋怪談　禁忌を書く

郷内心瞳

現役の拝み屋が語る多彩な怪異

優しい母として逝った依頼主、忌まわしき白無垢姿の花嫁、昵懇の間柄だったひと、心に怪物を抱えた女——。４人の女性の存在と彼女たちとの顛末を中心に、現役の拝み屋が体験・見聞した最新怪異譚を収録。決して触れてはいけない深く暗い闇と、ときとして人の温情がもたらすあたたかな光。双方が生み出す不可思議な事象は、そのどちらも怪異が持ち得る姿である。生者と死者が灯した火が妖しく揺らめく、厳選の53編！

角川ホラー文庫

ISBN 978-4-04-104465-0

拝み屋怪談　鬼神の岩戸

郷内心瞳

その女は消えてはまた、現れた——

都内で起こった幽霊騒動。女性霊能師に解決を要請された現役拝み屋の著者は、自身の過去を見つめざるを得ない状況にすげなく断ってしまう。しかし、現地で現れ続けているという紫色のワンピースを着た女が、宮城にある自宅にまで出現するに至って重い腰を上げ、解決に動く。原因があるとされる地下室の扉を開けようとしたが、そこには残酷でおぞましい現実が広がっていて——。取材をもとにした怪異譚も収録。震撼の実話怪談！

角川ホラー文庫

ISBN 978-4-04-106896-0